Studien- und Übungsbuch zur Investmentanalyse

Von
Univ.-Prof. Dr. Udo Hielscher
und
Dr. Sven Beyer

R. Oldenbourg Verlag München Wien

Die Deutsche Bibliothek - CIP-Einheitsaufnahme

Hielscher, Udo:
Studien- und Übungsbuch zur Investmentanalyse / von Udo Hielscher
und Sven Beyer. – München ; Wien : Oldenbourg, 1999
ISBN 3-486-24323-3

Rosenheimer Straße 145, D-81671 München
Telefon: (089) 45051-0, Internet: http://www.oldenbourg.de

Gedruckt auf säure- und chlorfreiem Papier
Gesamtherstellung: Huber KG, Dießen

ISBN 3-486-24323-3

Kurzübersicht

Inhaltsverzeichnis

2. Teil
Märkte und Instrumente der Investmentanalyse

3. Teil
Juristische und steuerliche Aspekte der Vermögensplanung

Vorwort

Langjährige Erfahrungen bei der Ausbildung von Universitätsabsolventen sowie von Praktikern im Rahmen von Post Graduierten-Seminaren haben gezeigt, daß sich eine Verinnerlichung von Problemen der Investmentanalyse und das Erkennen von Zusammenhängen meist doch erst bei der Anwendung der Stoffinhalte bzw. durch die Lösung von Übungsaufgaben einstellt. Das vorliegende Studien- und Übungsbuch soll in diesem Sinne als Ergänzung und Vertiefung der 2. Auflage des im gleichen Verlag erschienenen Lehrbuchs „Investmentanalyse" dienen, es kann aber bei entsprechenden Vorkenntnissen auch als eigenständiges Studienbuch Verwendung finden.

Das Buch richtet sich an Studierende wirtschaftswissenschaftlicher Studiengänge an Universitäten, ferner an Fachhochschulen sowie Berufs- und Wirtschaftsakademien und vor allem auch an interessierte Praktiker. Die Übungsaufgaben orientieren sich weitgehend an dem Inhalt des genannten Lehrbuches. Einige Fragen gehen inhaltlich allerdings auch etwas darüber hinaus. Sofern die Aufgaben in der vorgesehenen Reihenfolge durchgearbeitet werden, sind jedoch auch die weitergehenden Fragen mit den bis dahin erworbenen Vorkenntnissen lösbar.

Dem Charakter eines Studien- und Übungsbuches entsprechend, finden sich im ersten Hauptteil (S. 1-80) die Aufgabenstellungen, die zur Arbeitserleichterung weitgehend nach dem Vorbild des Lehrbuches „Investmentanalyse" gegliedert sind. Im zweiten Hauptteil werden neben den Lösungen auch die Aufgabenstellungen nochmals kleingedruckt wiederholt (S. 81-260). Damit soll denjenigen, die eine schnelle Wiedereinarbeitung in bereits bekannte Stoffgebiete oder ein Selbststudium im Sinne des „learning by doing" anstreben, das störende hin- und herblättern zwischen Aufgaben- und Lösungsteil erspart werden.

Unser besonderer Dank gilt Herrn Dr. Manfred Eberts, ferner Herrn Dipl.-Kfm. Karsten Mitzinnek für die Unterstützung bei der Konzeption von Aufgaben zur Portfoliotheorie. Für die technische Hilfeleistung bei der Erstellung des Manuskriptes danken wir Frau Grit Israel, Anne Fischer und Sandra Flössel sowie den Herren Ralf Dähne und Thomas Katzsch.

Udo Hielscher Sven Beyer

Aufgaben

1. Teil: Grundlegende theoretische Konzepte der modernen Investmentanalyse

11 Finanzmathematische Grundlagen der Investmentanalyse

111 Das Barwertmodell

Skizzieren Sie den Grundgedanken des Barwertprinzips.

112 Elementare Bewertungsansätze der Rentenanalyse

1121 Zero-Bond

a) Erläutern Sie verbal, was man unter einem Zero-Bond versteht.

b) Nennen Sie die Formel für den Barwert B eines Zero-Bonds, der nach n Jahren zu dem Betrag T getilgt wird. (Unterstellen Sie im folgenden stets die übliche, jährlich nachschüssige Verzinsung.)

c) Ein Zero-Bond sei mit folgenden Merkmalen ausgestattet: Laufzeit 7 Jahre, Rückzahlungskurs 1.000 DM. Berechnen Sie in eindeutig nachvollziehbarer Weise den Barwert des Zero-Bonds bei einem Kalkulations-Zinssatz von 5 % p.a.

d) Auf dem Markt wird ein Zero-Bond mit den Ausstattungsmerkmalen unter c) zu 700 DM angeboten. Leiten Sie in nachvollziehbarer Weise die Gleichung zur Bestimmung des internen Zinsfußes eines Zero-Bonds her und berechnen Sie die interne Rendite dieses Zero-Bonds.

1122 Ewige Rente

a) Erläutern Sie verbal, was Sie unter einer ewigen Rente verstehen.

b) Leiten Sie die Formel für den Barwert einer ewigen Rente mit jährlichen nachschüssigen Rentenzahlungen r aus der Summe der Einzelbarwerte der Rentenzahlungen r ab.

c) Eine Anleihe mit zeitlich unbegrenzter jährlicher Zinszahlung, aber ohne Tilgung, wird am Markt zu 700 angeboten. Mit welcher jährlich gleich hohen Rate können Sie bei einem Zinssatz von 7 % rechnen?

1123 Zeitlich begrenzte reine Rente

Leiten Sie aus den Barwertformeln für den Zero-Bond und der ewigen Rente die Formel für den Barwert einer Rente ab, die bei einer auf n Jahre begrenzten Laufzeit eine jährlich nachschüssig gezahlte Rate r bietet.

113 Elementare Bewertungsansätze der fundamentalen Aktienanalyse

1131 Dividend Discount Model

a) Nennen Sie die Formel für ein einfaches Dividend Discount Model, bei dem infolge der großen Unsicherheit ad infinitum pauschal mit jährlich konstanten Dividenden D gerechnet wird.

b) In welche Phasen wird in der Praxis der erwartete Dividendenstrom beim Dividend Growth Discount Model häufig unterteilt? Charakterisieren Sie diese Phasen zusätzlich hinsichtlich ihrer Zeitdauer und der jeweils unterstellten Dividendenwachstumsrate.

c) Ein Unternehmen hat soeben eine Dividende D_0 von 10 DM pro Aktie ausgezahlt. Für die nächsten 4 Jahre (D_1,..., D_4) wird ein Dividendenwachstum von 20 % p.a. erwartet. Anschließend vermuten Experten eine gleichbleibende Dividende in Höhe von D_4 ad infinitum (Constant Dividend Discount Model). Berechnen Sie den Aktienkurs, wenn während der gesamten Laufzeit der Diskontierungssatz 15 % beträgt.

d) Führen Sie die gleiche Rechnung durch wie unter c), jedoch mit dem Unterschied, daß die Dividenden nach dem 4. Jahr jährlich durchschnittlich mit der Wachstumsrate w = 3 % (Constant Dividend Growth Discount Model) zunehmen.

e) Begründen Sie, warum die Dividendenwachstumsrate w in dem Constant Dividend Growth Discount Modell kleiner sein muß, als der Kalkulationszinssatz.

1132 Price-Earnings-Ratio

Bei der fundamentalen Einzelaktienanalyse spielt die Kennzahl Price-Earnings-Ratio (PER) nach wie vor eine große Rolle.

a) Wie lautet die Formel dieser Kennzahl?

b) Welche einschränkende Prämisse wird generell bei der Anwendung der PER unterstellt?

c) Wie versucht man in der Praxis, bei der Abschätzung der einer bestimmten Aktie „angemessenen" PER der unter b) genannten Prämisse Rechnung zu tragen?

114 Bewertung zusammengesetzter Renten

1141 Gesamtfällige Anleihen und Duplizierungsprinzip

a) Was ist die zentrale allgemeine Aussage des Duplizierungsprinzips?

b) Leiten Sie mit Hilfe des Duplizierungsprinzips aus den Barwertformeln für den Zero-Bond und die ewige Rente die Formel für den Barwert einer gesamtfälligen Kuponanleihe ab, die nach n Jahren Laufzeit zu dem Betrag T getilgt wird. Erläutern Sie die einzelnen Schritte zusätzlich auch verbal und stellen Sie zusammenfassend den Grundgedanken qualitativ in einer Graphik dar.

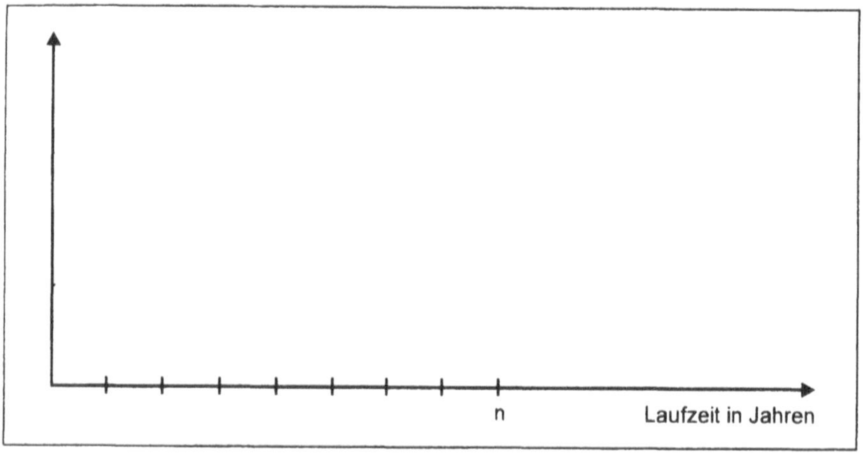

Abb. 1: Koordinatensystem zu Aufgabe 1141 b)

c) Dem Kurszettel ihrer Tageszeitung entnehmen Sie die drei folgenden Anleihekonditionen. Begründen Sie mit einer eindeutig nachvollziehbaren Berechnung, in welche der drei Anleihen Sie 1 Mio. DM investieren würden. Begründen Sie Ihre Entscheidung kurz verbal mit Hilfe Ihrer Rechenergebnisse und berechnen Sie, wieviele Anleihen des ausgewählten Typs Sie kaufen können. Die Tilgung der gesamtfälligen Anleihen erfolgt jeweils zum Nennwert.

	Laufzeit in Jahren	Restlaufzeit in Jahren	Kupon	Nennwert	Kurs in %
1.	10	3	7,50 %	100 DM	110,00 %
2.	8	3	6,75 %	1.000 DM	105,50 %
3.	5	3	5,25 %	100 DM	101,50 %

Am Markt besteht eine flache Zinsstrukturkurve mit 4,5%.

1142 Tilgungsanleihen

a) Erklären Sie kurz verbal und durch Aufzeichnen des Zahlungsstroms den Unterschied zwischen einer gesamtfälligen Anleihe und den beiden Erscheinungsformen der Tilgungsanleihe aus Sicht des Emittenten.

b) Berechnen Sie aus der Sicht eines Anleihekäufers nachvollziehbar den Kapitalwert für die folgende Anleihe und treffen Sie eine Aussage bezüglich der Preiswürdigkeit. Stellen Sie hierzu für jedes Jahr den noch nicht getilgten Nennwert, die anfallenden Zinszahlungen und die Tilgungszahlungen einander gegenüber. Berechnen Sie daraus den Barwert für jedes Jahr und dann den Kapitalwert.

Laufzeit: 6 Jahre; Kupon = 8 % p.a.; Tilgung erfolgt in vier gleichen Raten in den letzten Jahren der Laufzeit; Laufzeitadäquate Marktrendite = 6,8 %; Nennwert = 5.000 DM; Ausgabekurs = 102 %.

Jahr	nicht getilgter Nennwert (30. Dez.)	Zinszahlung (31. Dez.)	Tilgung (31. Dez.)	Zahlungs-strom	Barwert
0					
1					
2					
3					
4					
5					
6					

1143 Anleihe mit Rückkaufvereinbarung (Call)

a) Welche Bewertungsmethoden gibt es, um den Wert von Anleihen mit Kündigungsklauseln im Vergleich zu gewöhnlichen gesamtfälligen Anleihen festzustellen?

b) Die Sachsen-AG begibt eine 10-jährige gesamtfällige Anleihe mit dem Nennwert der Anleihestücke von 100 DM und einem Kupon von 7,5 %. Der Emissionspreis führt zu einer Effektivverzinsung von 6,75 %. Berechnen Sie den Emissionspreis der Anleihe.

c) Berechnen Sie die Zahlungsströme, die der Sachsen-AG nach Ablauf des ersten, des fünften und des zehnten Jahres aus der Erfüllung der Anleiheverpflichtungen entstehen, wenn der Nominalwert der Gesamtemission 1 Mio. DM beträgt.

d) Unterstellt sei, daß sich die Sachsen-AG bei der Emission das Recht vorbehielt, ab dem Ende des 7. Jahres 2.000 Anleihestücke pro Jahr zum Nominalwert vorzeitig zurückzukaufen. Berechnen Sie die von der Sachsen-AG zu entrichtenden Zahlungen vom 7. bis zum 10. Jahr, wenn diese den Call ausübt.

1144 Komplexe Anleihe

Die Landwirtschaftliche Rentenbank emittiert am 15.4.1991 eine Anleihe mit folgenden Konditionen: Laufzeit 2 Jahre; Nominalwert 1.000 DM; Kupon 10,25 % p.a.; Ausgabekurs 100,875 %.

Rückzahlung nach Ablauf von 2 Jahren:

Entweder 100 % oder 47,9 % + 2 Commerzbank-Aktien, wobei die Wahl der Rückzahlungsvariante durch den Emittenten erfolgt.

Der aktuelle Marktzins liegt bei 8,5 %, die Aktie der Commerzbank notiert zum Ausgabezeitpunkt bei 260,50 DM.

a) Wie läßt sich die Preiswürdigkeit obiger Anleihe prinzipiell beurteilen? Erläutern Sie kurz die dabei auftretenden Schwierigkeiten.

b) Zeichnen Sie in das nachfolgende Schema das Renditeszenario der Anleihe in Abhängigkeit vom Commerzbank-Kurs ein.

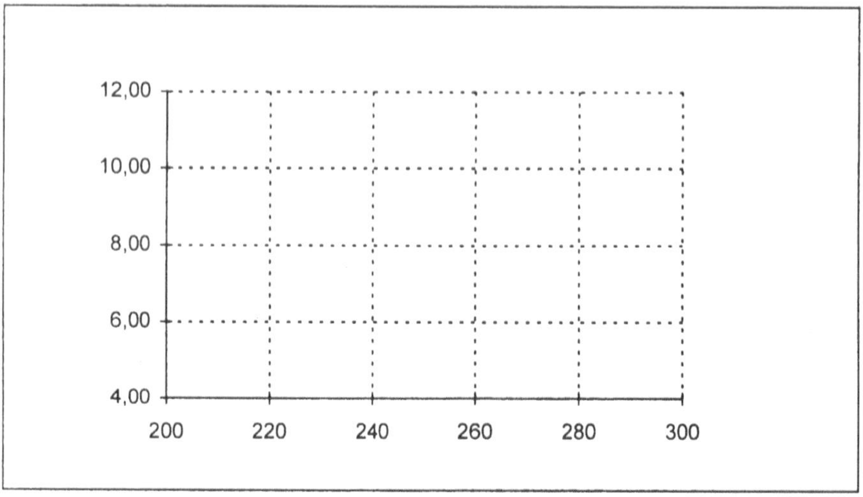

Abb. 2: Koordinatensystem zu Aufgabe 1144 b)

c) Welche Position geht der Käufer der Anleihe offenbar zusätzlich ein?

d) Für die Berechnung des Optionspreises auf die Commerzbank-Aktie mit der Black/Scholes-Formel steht Ihnen folgende Information zur Verfügung: Marktvolatilität der Commerzbank-Aktie am 15.4.1991: 28 %. Ergänzen Sie die noch benötigten Ausgangsdaten zur Berechnung des Optionspreises (siehe auch Abschnitt 13).

e) Der Preis für eine Option gemäß d) errechnet sich zu 26,20 DM. Beurteilen Sie jetzt die Preiswürdigkeit der Anleihe.

1145 Bull-Save-Return-Optionsschein

Ein innovatives Bankhaus hat einen Optionsschein begeben, bei dem der Käufer an steigenden Aktienkursen partizipieren bzw. mit einer sicheren Rückzahlung rechnen kann. Der Inhaber eines Optionsscheines hat das Recht:

1. entweder einen Betrag von 100 DM zuzüglich der in DM ausgedrückten Differenz, um die der am Stichtag in 5 Jahren festgestellte Stand des FAZ-Index den Stand von 660 überschreitet, wobei ein Anstieg des FAZ-Index um 1 % einer Differenz von 1 DM entspricht,
2. oder einen Betrag von 124,61 DM zu verlangen.

Der aktuelle Stand des FAZ-Index ist 660. Das Optionsrecht kann mit Ablauf der fünfjährigen Laufzeit am Stichtag ausgeübt werden. Die Auszahlungsstruktur dieses Optionsscheines kann durch die Kombination zweier einfach zu bewertender Finanzinstrumente dargestellt werden, nämlich einer „sicheren“ Anlage und einer Option (Bull-Schein).

a) Welcher Anleiheform entspricht der sichere Zahlungsstrom und wie hoch ist der Barwert dieser Komponente bei einem Renditeniveau von 7 %?
b) Wie hoch ist der gegenwärtige „Kassakurs“ und der „Basispreis“ des Underlying (FAZ-Index) der Optionskomponente?

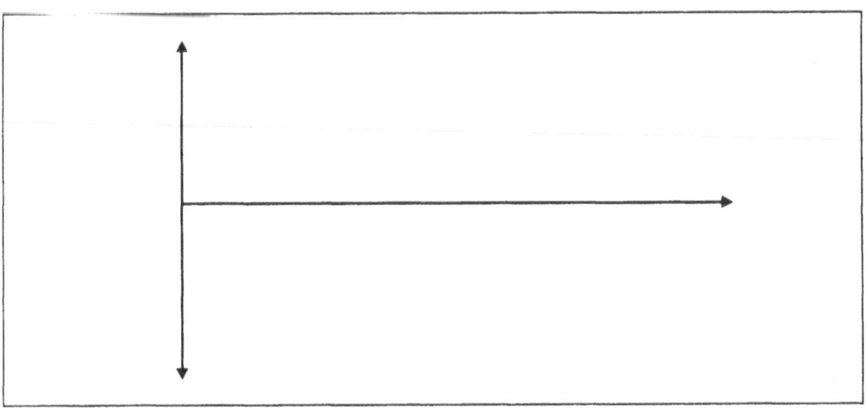

Abb. 3: Koordinatensystem zu Aufgabe 1145 b)

c) Der Schein soll insgesamt 103,50 DM kosten. Bestimmen Sie die Preiswürdigkeit des Scheins, wenn der Preis einer Option auf den FAZ-Index mit dem unter b) ermittelten Basispreis bei 15,50 DM liegt.

1146 Gleitzinsanleihe

Eine Bank emittiert Anfang des ersten Jahres eine Anleihe in zwei gleich großen Tranchen mit variablen nachschüssigen Kuponzahlungen. Die beiden Papiere mit einer Laufzeit von zehn Jahren sind wie folgt ausgestattet:

Jahr	Kupon Tranche I	Kupon Tranche II
1	1,50 %	15,00 %
2	1,75 %	12,50 %
3	2,25 %	10,00 %
4	3,00 %	8,00 %
5	4,00 %	6,00 %
6	6,00 %	5,00 %
7	10,00 %	4,00 %
8	15,00 %	3,00 %
9	21,50 %	2,50 %
10	28,00 %	2,00 %

Die Anleihe wird zu pari emittiert und am Ende der Laufzeit zu 100 getilgt. Die Emissionsrendite beträgt für Tranche I 7,70 % und für Tranche II 7,68 %.

Um sich eine genauere Vorstellung über die beiden Tranchen bilden zu können, berechnet ein Investmentanalyst die theoretischen Kurse für jedes Jahr unter der Annahme einer konstant bleibenden flachen Zinsstrukturkurve, und zwar in Form des jeweiligen Barwertes des jeweils zukünftig noch verbleibenden Cash-Inflows. Die berechneten theoretischen Kurse stellt der Analyst wie in Abb. 4 graphisch dar.

a) Kennzeichnen Sie in der Graphik eindeutig, welcher theoretische Kursverlauf zur Tranche I bzw. zur Tranche II gehört.

b) Begründen Sie verbal, warum die theoretischen Kurse der beiden Tranchen (unter den oben angegebenen Prämissen) den in der Abb. 4 dargestellten Verlauf aufweisen.

c) Welche Strategie wird ein steuerehrlicher Anleger mit einem Investment in den beiden Tranchen der Anleihe verfolgen (konstant bleibende, flache Zinsstrukturkurve unterstellt)?

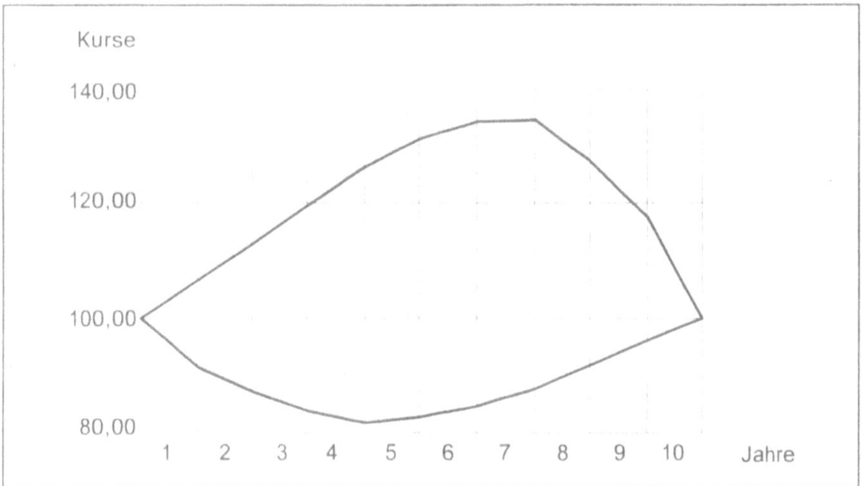

Abb. 4: Kursentwicklung der Gleitzinsanleihe

d) Berechnen Sie die interne Rendite der Strategie gemäß c) vor Steuern und nach Steuern (Ertragssteuersatz 50%), wenn die Wiederanlage der Kupons zu 7,7 % möglich ist.

e) Unter welchen drei Prämissen, deren tatsächlicher praktischer Eintritt allerdings ungewiß ist, geht die unter c) gefragte Strategie auf?

1147 Doppelwährungsanleihe

Wenden Sie das Duplizierungsprinzip an, um eine Doppelwährungsanleihe mit folgender Ausstattung zu bewerten: Nennwert 3.000 DM; Laufzeit 9 Jahre; Kupon 7,5 % jährlich nachträglich in DM gezahlt; Tilgung zu 1.100 US-\$. DM-Zinssatz in diesem Laufzeitsegment 6,6 %; \$-Zinssatz 10,9 %; Wechselkurs 1 \$ = 2,93 DM; Emission der Anleihe in DM zu pari.

1148 Anleihe mit an den DAX gekoppelter Tilgung

Ein für seine innovativen Finanzprodukte bekanntes Bankhaus beabsichtigt, eine Anleihe zu emittieren, deren Rückzahlung an den DAX gebunden ist. Die Anleihe ist mit einem Kupon von 11 % bei einer Restlaufzeit von drei Jahren ausgestattet. Der DAX steht augenblicklich bei 1.600 Punkten. Beträgt der DAX-Stand zum Fälligkeitszeitpunkt mehr als 1.400 Punkte, sinkt der Tilgungsbetrag pro 25 Punkte um jeweils 1 %. Ein DAX von 1.425 zum Fälligkeitszeitpunkt bedeutet somit eine Tilgung zu 99; 1.450 Punkte bedeuten eine Tilgung zu 98 usw. Das Papier soll zu pari emittiert werden. Dreijährige Anleihen rentieren zur Zeit mit 9 % p.a.

a) Ermitteln Sie den Barwert der Anleihe unter der Annahme,

1. daß der DAX zum Fälligkeitszeitpunkt 1.400 Punkte beträgt,
2. daß der DAX zum Fälligkeitszeitpunkt dem aktuellen Stand (1.600) entspricht,
3. daß der DAX zum Fälligkeitszeitpunkt auf 1.800 angestiegen ist.

b) Ist der angestrebte Emissionspreis gerechtfertigt?

1149 Optionsanleihe

Ein Unternehmen hat eine Optionsanleihe begeben mit folgenden Parametern: Anleihebetrag 200 Mio. DM; Zinssatz 8,5 % p.a.; Laufzeit 10 Jahre; Bezugspreis je Aktie im Nennwert von 50 DM = 520 DM; Emissionskurs der Optionsanleihe 134,5 %; Anzahl der Optionsrechte je 5.000 DM nominal der Anleihe = 20; Anzahl der optierbaren Aktien 800.000.

a) Welche beiden Finanzierungsarten vereint die Emission einer Optionsanleihe aus der Sicht des Emittenten?

b) Welcher Unterschied besteht zu einer Wandelanleihe?

c) Im Zusammenhang mit der Begebung von Optionsanleihen taucht häufig der Begriff „Vorratsbeschluß" auf. Was versteht man darunter?

d) Welchen Fremdkapitalzufluß erhält das Unternehmen durch die Anleihe, welches bedingte Kapital muß zur Verfügung gestellt werden und wie hoch wäre der Eigenkapitalzufluß, wenn alle Optionsrechte ausgeübt werden?

e) Wie hoch ist der Barwert pro Anleiheeinheit von 5.000 DM, wenn ein Marktzinssatz von 8,5 % unterstellt wird?

f) Wie hoch ist der Preis eines Optionsrechtes?

115 Spezielle Probleme der Rentenrechnung

1151 Risikomaße

a) Was versteht man unter dem Begriff „Duration"?

b) Duration und Standardabweichung sind beides Risikomaße. Bei der Anwendung einer dieser beiden Größen werden bestimmte Voraussetzungen bezüglich der Zinsstruktur unterstellt. Erläutern Sie kurz die entsprechenden Zusammenhänge.

c) Die Standardabweichung wird neben der Duration als Risikomaß benötigt, da die Aussagefähigkeit der Duration begrenzt ist. Erläutern Sie dies.

d) Welche zusätzliche Information liefert die Convexity?

1152 Duration

a) Eine dreijährige Anleihe besitzt folgende Charakteristika:

Jahr	1	2	3
Auszahlung Z	6	6	106

Der Marktzinssatz beträgt 6,5 %. Berechnen Sie die Duration dieser Anleihe in nachvollziehbarer Weise.

b) Berechnen Sie mit Hilfe der unter a) ermittelten Duration den Kursverlust, der sich einstellen müßte, wenn sich das Zinsniveau von 6,5 % (zum Emissionszeitpunkt) innerhalb kurzer Zeit auf 7,565 % erhöht. Wie lautet der geschätzte zukünftige Börsenkurs?

c) Bestimmen Sie die Duration eines 20-jährigen Zero-Bonds und einer 3 %igen ewigen Rente. Geben Sie weiterhin die allgemeine Formel für die Duration D_p eines Rentenportefeuilles an.

d) Berechnen Sie die Duration der Anleihe mit an den DAX gekoppelter Kündigung gemäß Aufgabe 1148 und zeigen Sie, wie sich die Duration bei steigendem DAX ändert.

e) Berechnen Sie durch Ergänzen der untenstehenden Matrix die Gesamt-Duration D_P des tabellarisch dargestellten Rentenportefeuilles.

Anleihe (lfd. Nr.)	Kurswert (Mio. DM)	Einzelduration (Jahre)	Portefeuilleduration
1	2,0	7,50	
2	3,0	5,00	
3	4,0	2,25	
4	1,0	10,00	
Summe	10,0	24/9	

1153 Modified Duration und Price Value of a Basis Point

a) Skizzieren Sie die Bedeutung der Standard-Duration und der Modified Duration im Zusammenhang mit aktiven und passiven Anlagestrategien.

b) Ein Kundenportefeuille festverzinslicher Wertpapiere hat am 1.7.1990 einen Gesamtwert von 20 Mio. DM und folgende Struktur:

Papier	Restlaufzeit (Jahre)	Kupon	Tilgung zu	Portefeuille-anteil (%)
1 Gesamtfällige Staatsanleihe 85/95	5	8%	100	45
2 Gesamtfällige Staatsanleihe 88/93	3	6%	101	25
3 Zero-Bond	15	—	100	30

Das Zinsniveau beträgt z.Zt. 7 %. Die Kupons sind jeweils am 30.6. fällig. Berechnen Sie mit Hilfe der Modified Duration die relative und absolute Wertänderung des Portefeuilles, die sich bei einem kurzfristigen Zinsshift auf 7,75 % theoretisch einstellen wird.

c) Die Modified Duration ist ein Maß für die Zinsssensitivität von Anleihen und kann daher auch als Beta-Faktor für Anleihen verstanden werden. Welches Risiko mißt demgegenüber die Kennzahl „Price Value of a Basis Point"? Wie wird diese Größe berechnet und wofür wird sie verwendet?

1154 Convexity

a) Bei der Anwendung des Durationkonzepts werden üblicherweise Differenzen statt der exakten Differentiale verwendet. Welcher Zusammenhang wird bei dieser Vorgehensweise unterstellt?

b) Was sagt die Convexity aus und wie wird sie berechnet?

1155 Zinsstrukturkurve

a) Stellen Sie graphisch dar und erläutern Sie verbal, was man unter einer „normalen", einer „inversen" und einer „flachen" Zins- bzw. Renditestrukturkurve versteht.

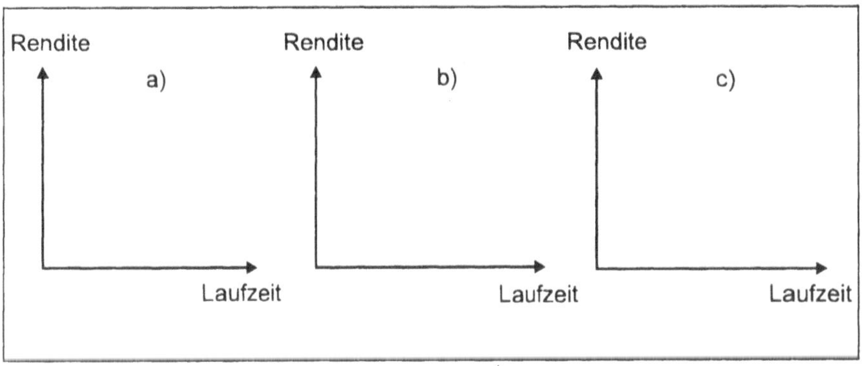

Abb. 5: Koordinatensystem zu Aufgabe 1155 a)

b) Für die Verläufe der Zinsstrukturkurve gibt es als Erklärungsansätze, die Markterwartungs-, die Liquiditätspräferenz- und die Marktsegmentierungstheorie. Erläutern Sie zunächst die wesentlichen Grundgedanken dieser theoretischen Ansätze. Veranschaulichen Sie diese dann in dem untenstehenden Koordinatensystem, indem Sie von einer „normalen" Zinsstruktur ausgehen.

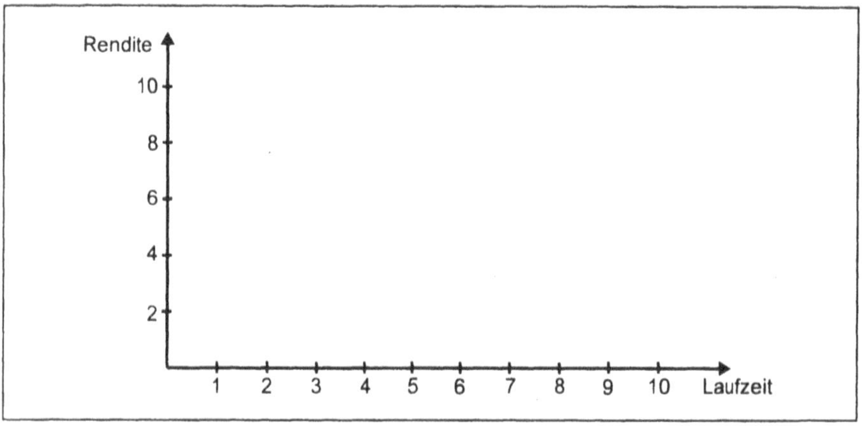

Abb. 6: Koordinatensystem zu Aufgabe 1155 b)

c) Welche Renditeeffekte lassen sich bei der Beurteilung von Anleihen in einer speziellen Kapitalmarktsituation unterscheiden ?

d) Wie lassen sich diese Effekte bei der Bestimmung der Performance (erzielte Gesamtrendite) auf kurze Sicht berücksichtigen?

e) Eine Anleihe mit einer Restlaufzeit n = 10 Jahre, einer Duration von 7,8 Jahren, einer aktuellen Rendite r = 5,55 % und einem Kupon C = 5,5 %, notiert nach 2 Monaten mit einer veränderten Rendite von 6,19 % [d.h. (Zinsshift + R.Y.C.) = (6,19 - 5,55) % = 0,64 %]. Wie war die Performance?

1156 Barwertbestimmung und Zinsstruktur

a) Welche Annahme wurde in den Aufgaben 111 bis 114 bezüglich der Zinsstruktur getroffen?

b) Gesucht ist der Kurs (Barwert) einer am 2.1.1998 emittierten gesamtfälligen Anleihe mit einem Nennbetrag von 100 DM, einer Laufzeit von 15 Jahren und einem jeweils zum Jahresende gezahlten Kupon von 6 %. Ziehen Sie für Ihre Berechnung eine flache Renditestruktur mit 7 % heran.

c) Welcher Kurs (Barwert) stellt sich ein, wenn jetzt eine normale Zinsstruktur gemäß nachfolgender Tabelle vorliegt?

Restlaufzeit (Jahre)	1	2	3	4	5	6	7	8
Rendite (in %)	7,0	8,4	9,6	10,6	11,5	12,4	13,0	13,5
Restlaufzeit (Jahre)	9	10	11	12	13	14	15	
Rendite (in %)	14,0	14,4	14,6	14,8	14,9	15,0	15,0	

d) Welchen Kurs (Barwert) weist die Anleihe unter b) bei einer flachen Renditestruktur von 6 % auf?

116 Berechnung historischer (realisierter) Renditen

Der Kurswert eines aktiv gemanagten Rentenportefeuilles, das als Liquiditätsreserve zum Betriebsvermögen eines Unternehmens gehört, ist von einem Anfangswert von 100 Mio. DM innerhalb des ersten Jahres auf 80 Mio. DM gefallen und hat sich danach bis zum Ende des zweiten Jahres auf 142 Mio. DM erhöht. An Zinsen wurden jährlich 9 Mio. DM vereinnahmt, die jährlichen Spesen beliefen sich auf 4 Mio. DM. Der Einkommensteuersatz beträgt 50 % und die Inflationsrate 14 % p.a. Berechnen Sie in eindeutig nachvollziehbarer Weise die reale Nettorendite. Zinseszinseffekte (Wiederanlage der Zinszahlungen und der Steuerersparnis aus dem ersten Jahr) sind zu vernachlässigen.

117 Renditeanalyse von Portefeuilles

1171 Performanceanalyse

Ein neu eingestellter Depotmanager für einen international gemischten Aktienfonds hat nach den ersten 12 Monaten seiner Tätigkeit mit dem von ihm verwalteten Fonds die in der nachstehenden Tabelle angegebenen Ergebnisse erzielt. Die Tabelle zeigt weiterhin die Struktur der ihm vorgegebenen Benchmark und deren tatsächliche Renditebeiträge.

	Fonds		Benchmark	
	Anteil	erzielte Rendite	Anteil	Rendite
Europa	30 %	20 %	40 %	14 %
USA	50 %	8 %	40 %	8 %
Fernost	20 %	5 %	20 %	9 %

Stolz auf seinen Erfolg rechnet der Manager vor, daß er die ihm vorgegebene Benchmark mit einem aktiven Ertrag von 0,4 % outperformed habe. Dies zeige, daß er im Hinblick auf die Gesamt-Benchmark sowohl die Allokation als auch die Selektion im Griff habe. Außerdem habe er eine Information-Ratio von 0,4 erreicht und damit den statistisch signifikanten Beweis erbracht, ein weit überdurchschnittlich guter Manager zu sein. Beurteilen Sie, ob der Manager mit seinen Aussagen Recht hat, indem Sie die nachfolgenden Aufgaben bzw. Fragen beantworten:

a) Welche Methode der Renditemessung (Beurteilungskriterium für Anlagen) ist anzuwenden, wenn die Qualität des Managements beurteilt werden soll und warum?

b) Berechnen Sie in nachvollziehbarer Weise, ob die aktive Rendite von 0,4 % stimmt.

c) Begründen Sie, ob der Manager seine Information-Ratio (IR) richtig angegeben hat, wenn er in den vergangenen 12 Monaten ein aktives Risiko von 1 % Standardabweichung eingegangen war.

d) Eine dauerhaft erreichte Information-Ratio von 0,4 bedeutet pauschal gesehen:

☐ schwacher Manager ☐ durchschnittlicher Manager

☐ guter Manager ☐ hervorragender Manager

☐ so überragend, daß Verdacht auf Insidertrading besteht.

e) Berechnen Sie den Beitrag aus „Allokation“, um die Behauptung des Managers zu überprüfen, er beherrsche die regionale Allokation (Gewichtung der Regionen (hier Erdteile) im Portefeuille). Geben Sie dazu zunächst die Formel für den Allokationsbeitrag aus Europa an und berechnen Sie in nachvollziehbaren Schritten unter Verwendung der in der vorstehenden Tabelle enthaltenen Zahlenangaben den entsprechenden Europa-Beitrag. Füllen Sie danach die untenstehende Tabelle vollständig aus. Wie ist das Ergebnis zu beurteilen?

1. Allgemeine Formel für den Europa-Beitrag aus Allokation:

2. Berechnung des Europa-Beitrags aus Allokation:

3. Ergänzen Sie die folgende Tabelle:

Bezeichnung	Differenz Gewichtung	Differenz Benchmark-Rendite	Saldo
Europa USA Fernost			

f) Wie ist die Allokationsleistung des Managers zu beurteilen?

g) Berechnen und beurteilen Sie analog zur Fragestellung unter d) den Beitrag aus Selektion (Einzeltitelauswahl).

1. Allgemeine Formel für den Europa-Beitrag aus Selektion:
2. Berechnung des Europa-Beitrags aus Selektion:
3. Ergänzen Sie die folgende Tabelle:

Bezeichnung	Renditedifferenz Fonds vs. Benchmark	Fondsgewicht	Saldo
Europa USA Fernost			

h) Wie ist die Selektionsleistung des Managers zu beurteilen?

1172 Performance, Markt- und Fremdwährungsrisiken

a) Ein deutscher Anleger, der am 7.3.1988 ein Index-Portefeuille in australischen Aktien gekauft hat, wollte am 29.8.1988 seine Performance überprüfen. Berechnen Sie in eindeutig nachvollziehbarer Weise das Anlageergebnis des deutschen Anlegers in Prozent. Geben Sie die verwendeten Zahlen, die Sie den folgenden Charts entnehmen können, explizit an. Spesen sind zu vernachlässigen.

b) Ein anderer deutscher Anleger erfährt von den unter a) ermittelten Erfolgen und fragt an, ob er am 29.8.1988 noch mit einem Index-Portefeuille neu in Australien einsteigen soll. Was würden Sie empfehlen? Begründen Sie Ihre Empfehlung unter Heranziehung der Charts.

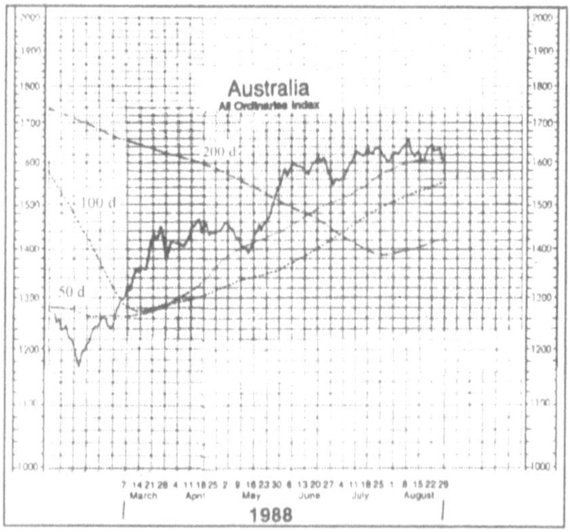

Abb. 7: Entwicklungen des All Ordinaries Index

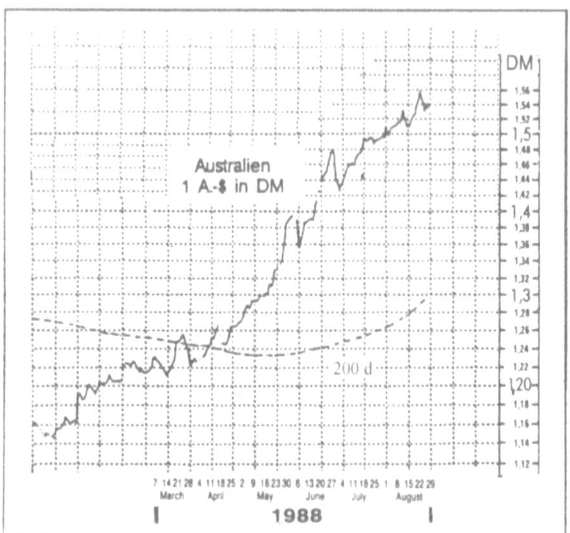

Abb. 8: Entwicklungen des Austral-$

1173 Anlagestrategien im Bond-Portfolio-Management

a) Welche Angaben benötigt man für eine vollständige Rentenportfolio-Statistik?

b) Was versteht man beim Bond-Portfolio-Management unter aktiven und passiven Anlagestrategien?

c) Welche Strategie würden Sie als Anlageberater einem Kunden vorschlagen, der bei einer inversen Zinsstruktur ein Investment mit festverzinslichen Wertpapieren beginnen möchte? Begründen Sie Ihre Aussage.

1174 Immunisierung und Widmung von Rentenportefeuilles

a) Was verstehen Sie unter Immunisierung eines Rentenportefeuilles und welche Aspekte müssen bei dem Management immunisierter Portefeuilles besonders beachtet werden?

b) Erläutern Sie verbal, den Immunisierungsprozeß mit Hilfe der Duration am Beispiel einer einzelnen Anleihe.

c) Unter den Widmungsportefeuilles (dedicated portfolios) spielen „cash matched dedicated portfolios“ eine wichtige Rolle. Was verstehen Sie unter einem Cash Matched Dedicated Portfolio und welchen Vorteil weist diese Strategie gegenüber der Immunisierung auf?

d) Welche wichtigen grundsätzlichen Entscheidungen sind im Fall eines CMDP-Portfolio vor Beginn des Investments zu fällen?

1175 Indexierung

a) Zur Erstellung von Kursindices festverzinslicher Wertpapiere gibt es zwei Möglichkeiten. Nennen Sie die beiden Möglichkeiten und skizzieren Sie den dahinterstehenden Grundgedanken.

b) Nennen Sie die Vor- und Nachteile der beiden Berechnungen.

c) Erläutern Sie die Vorgehensweise bei der Indexierung von Rentenportefeuilles und nennen Sie die unterschiedlichen Verfahren zur Zusammenstellung sog. Indexportefeuilles.

12 Ursprünge und Grundgedanken der modernen Portfoliotheorie

121 Traditionelle fundamentale Aktienanalyse

1211 Ansatz der Fundamentalanalyse

a) Welche Größen zieht die Fundamentale Analyse für die Erklärung der Aktienkursbildung heran und von welchem Verhalten der Marktteilnehmer wird dabei ausgegangen?

b) Welcher prinzipielle Bewertungsvorgang liegt dem Vorgehen der Fundamentalen Analyse zugrunde?

1212 Price-Earnings-Ratio und Cash-Flow pro Aktie

Ein Analyst empfiehlt seinen Kunden Aktien der Sachsen-AG mit der Begründung, daß die Aktien bei einem Kurs von 500 DM und bei einem für das folgende Jahr vorausgeschätzten Gewinn pro Aktie von 40 DM unterbewertet seien, da die aktuelle Rendite der öffentlichen Anleihen mit 10-jähriger Laufzeit lediglich 6 % betrage.

a) Um den Gedankengang des Analysten zahlenmäßig nachvollziehen zu können, berechnen Sie die P/E-Ratio (PER) sowohl aufgrund der Daten der Sachsen-AG als auch die rechnerische Vergleichsgröße aufgrund des vorgegebenen Zinsniveaus.

b) Bei der Berechnung der vorstehend behandelten Bewertungskennzahl und der Beurteilung ihrer „Angemessenheit“ mit Hilfe der Rentenrendite wird eine bestimmte Gewichtung der beiden Haupteinflußfaktoren auf die Aktienkurse, nämlich Gewinn pro Aktie (G/A) und Rentenrendite (r), unterstellt. Wie lautet die unterstellte Gewichtung und welche tatsächliche (Markt-)Gewichtung erhält man ungefähr bei Korrelationsanalysen für den Gesamtmarkt?

c) Die Bewertungskennzahl PER eines Unternehmens schwankt in der Praxis sehr stark. Nennen Sie die Ihnen bekannten Gründe dafür.

d) Da die PER oft starken Schwankungen unterliegt, wird die Kennzahl verschiedentlich dadurch modifiziert, daß der Gewinn pro Aktie durch den Cash-flow pro Aktie ersetzt wird. Wie ist der Cash-flow definiert und welche Vorzüge weist diese modifizierte Kennzahl auf?

1213 Theoretischer Kurs gemäß PER

Für die Konsum-AG, die in der gehobenen Konsumgüterbranche tätig ist, werde ab 1998 sowohl mit einer nachhaltigen Margenverbesserung als auch mit einer deutlichen Umsatzzunahme gerechnet. Aufgrund eingehender Analysen rechnen die Analysten der Xtra-Bank für die nächsten 5 Jahre konkret mit einem durchschnittlichen Zuwachs der Nettomarge (Umsatzrendite) von z.Zt. 4 % um jährlich 5 % und des Umsatzes von derzeit 2 Mrd. DM um 10 % p.a. Diese Erwartungen basieren auf der starken Marktstellung der Konsum-AG in Europa sowie auf dem international bekannten Markennamen und hohen Vorleistungen, die einen Turnaround auf den US-amerikanischen und fernöstlichen Märkten, insbesondere in Japan, erwarten lassen. Bei einem Kurs von 500 DM je Aktie à 50 DM nominal liegt deshalb die aktuelle Price Earnings Ratio der Gesellschaft bereits heute um 60 % über der durchschnittlichen nationalen PER von 12,5. Gemessen an der Bewertung der internationalen Konkurrenz und im Hinblick auf die individuelle Position der Konsum-AG erscheint den Analysten der Xtra-Bank der 60 %ige Aufschlag augenblicklich und die entsprechende PER auch für die absehbare Zukunft gerechtfertigt.

Berechnen Sie unter Zugrundelegung der Analyseergebnisse der Xtra-Bank in eindeutig nachvollziehbarer Weise (unter verbaler Erläuterung der verwendeten Formeln) den theoretischen Kurs der Aktien der Konsum-AG in 5 Jahren.

1214 Risikozuschlag bei der Einzelaktienbewertung

a) Gegeben sei die gleiche Situation wie unter Aufgabe 1213 erläutert. Berechnen Sie, welchen kalkulatorischen Risikozuschlag zur augenblicklichen (als nachhaltig repräsentativ angesehenen) nationalen Rentenrendite von r = 8 % p.a. die aktuelle Börsenbewertung der Aktie der Konsum-AG impliziert.

b) Die Bank-AG beabsichtigt, in absehbarer Zeit die Einführung der Aktien der Z-AG in den Geregelten Markt. Daher stehen Überlegungen über einen möglichen angemessenen Kurs der Aktien im Nominalwert von 50 DM an. Erste Analysen haben gezeigt, daß der Betafaktor des Branchenindex bisher um ca. 20 % über dem Gesamt-Marktindex lag. Als langfristige durchschnittliche Aktienmarktrendite ist 9,5 % anzusetzen. Der Vorstand rechnet mit einem nachhaltig erzielbaren Gewinn nach Steuern in Höhe von jährlichen 20 Mio. DM. Das Grundkapital beträgt 50 Mio. DM, ferner sei folgende Zinsstrukturkurve für erstklassige Staatspapiere (AAA) bekannt.

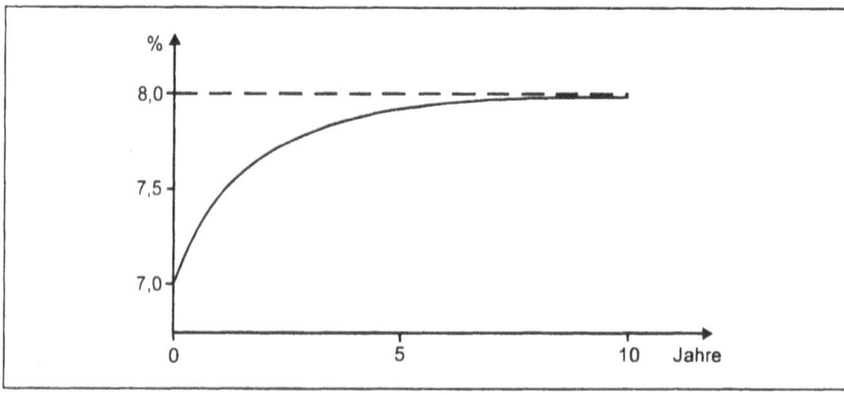

Abb. 9: Zinsstrukturkurve für erstklassige Staatspapiere (AAA)

Berechnen sie aufgrund vorstehender Angaben in eindeutig nachvollziehbarer Weise den angemessenen Kurs der Aktien der Z-AG.

1215 Pricing bei Neuemissionen

a) Nennen Sie vier Kriterien für die Erfolgskontrolle eines Pricing von Neuemissionen:

b) Wie läßt sich die voraussichtliche Börsenkapitalisierung bzw. der Börsenwert eines noch nicht börsennotierten Unternehmens bestimmen und welche Probleme treten dabei auf?

c) Wie bestimmt sich der Emissionspreis und welche Probleme sind dabei zu lösen?

d) Ein Unternehmen mit einem Grundkapital von 30 Mio. DM plant Mitte des laufenden Jahres eine Kapitalerhöhung von 30 Mio. auf ein Grundkapital von dann 60 Mio. DM durchzuführen. Der Nominalwert der Aktie lautet auf 50 DM, der Gewinn im laufenden Jahr betrage 40 Mio. DM. Bei der Bestimmung des Emissionskurses wird ein PER von 15 angestrebt. Bestimmen Sie unter Verwendung des durchschnittlich gebundenen Kapitals im laufenden Jahr den Gewinn je Aktie sowie den Emissionskurs.

e) Bestimmen Sie jetzt den Gewinn je Aktie und den Emissionskurs, indem Sie Ihren Berechnungen das Grundkapital nach der Kapitalerhöhung zugrunde legen.

f) Im nächsten Jahr erscheint eine Steigerung des Gewinns um 10 % auf 44 Mio. DM realistisch. Bestimmen Sie den Gewinn je Aktie im nächsten Jahr. Welche PER würde sich bei Zugrundelegung der Emissionskurse gemäß d) und e) errechnen.

1216 Der Übergang zur modernen Betrachtungsweise

a) Nennen Sie die vier wichtigsten Kriterien zur Beurteilung von Investments.

b) Nennen Sie die wichtigsten, die Sicherheit von Investments gefährdenden Risiken.

c) Im Rahmen des Anlagevorganges benötigt ein Anlageberater für die Kundenbetreuung i.d.R. Informationen aus verschiedenen Quellen. Nennen Sie die Ihnen bekannten wichtigsten grundlegenden Informationen stichwortartig.

d) Welche Gefahren resultieren aus einem schrittweisen bzw. stufenweisen Selektionsprozeß im Rahmen des Anlagevorganges?

e) Skizzieren Sie kurz die Grundidee der Modelle zur optimalen Depotzusammenstellung.

122 Das Portfolio Selection-Modell von Markowitz

1221 Grundlegendes Modell

Die Fragestellung, die es bei der Depotoptimierung zu beantworten gilt, lautet einfach: Wie soll ein bestimmter verfügbarer Geldbetrag auf die einzelnen Anlagemöglichkeiten bzw. Assets (z.B. Bargeld, Aktien, festverzinsliche Wertpapiere) aufgeteilt werden, damit der Anleger seine Ziele am besten erreicht?

a) Welche Anlageziele liegen der Optimierung eines Aktienportefeuilles nach Markowitz zugrunde?

b) Welche Maßgrößen zieht Markowitz zur Beurteilung 1. des Ertrags und 2. des Risikos heran?

c) Wann wird ein Portefeuille im Sinne des Markowitz-Modells als effizient bezeichnet?

d) Wodurch läßt sich die Portefeuillevarianz reduzieren?

1222 Systematisches und unsystematisches Risiko

a) In der modernen Portfolio-Theorie unterscheidet man bei Aktienportefeuilles zwischen systematischen und unsystematischen Risiken. Ist es möglich, diese Risiken durch Streuung zu beseitigen?

- ☐ alle Risiken sind grundsätzlich wegdiversifizierbar
- ☐ nur das systematische Risiko ist wegdiversifizierbar
- ☐ nur das unsystematische Risiko ist wegdiversifizierbar
- ☐ beide Risikoarten sind teilweise wegdiversifizierbar
- ☐ beide Risikoarten sind grundsätzlich nicht wegdiversifizierbar
- ☐ der Diversifizierungserfolg hängt auch von der Anzahl der Assets im Portefeuille ab
- ☐ der Diversifizierungserfolg hängt vom Beta-Faktor ab.
- ☐ der Diversifizierungserfolg hängt auch von der Korrelation zwischen den Assets ab

b) Gegeben seien zwei Anlagealternativen mit folgenden charakteristischen Daten:

Alternative 1: Erwarteter Ertrag 30 %,
Standardabweichung des Ertrages 10 %

Alternative 2: Erwarteter Ertrag 50 %,
Standardabweichung des Ertrages 30 %

Wenn der Anleger ein Verlustrisiko praktisch ausschließen will, wie muß er sich dann entscheiden? Begründen Sie kurz Ihre Antwort.

- ☐ Keine Alternative kommt in Frage
- ☐ Die Ertragschancen von Alternative 2 überkompensieren alle Risiken
- ☐ Wahl der Alternative 1
- ☐ Wahl der Alternative 2
- ☐ Beide Alternativen kommen in Betracht.

c) Zeichnen Sie in das nachfolgende Koordinatensystem den (qualitativen) Verlauf der möglichen Risikoreduktion durch Streuen ein, wenn die Returns aus den einzelnen Aktien nicht vollständig korreliert sind. Kennzeichnen Sie dabei sowohl den Verlauf des Gesamtrisikos als auch den Bereich des unsystematischen und des systematischen Risikos.

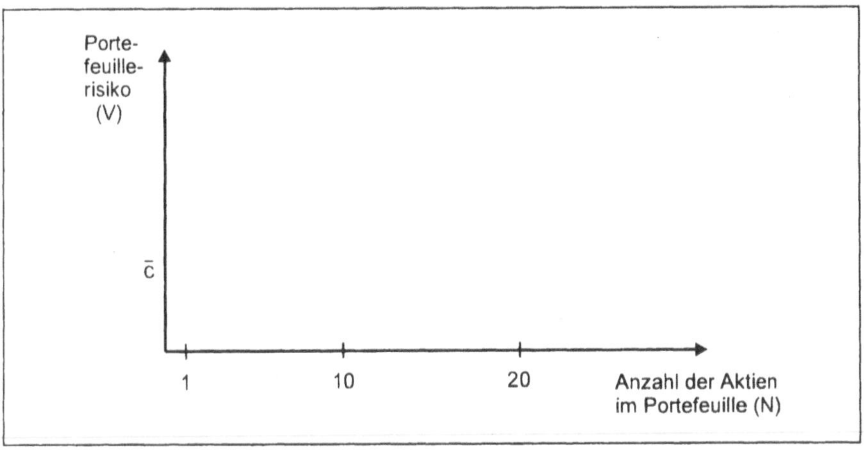

Abb. 10: Koordinatensystem zu Aufgabe 1222 c)

d) Der Abbildung unter c) liegen deutsche Verhältnisse zugrunde. Wieviel Prozent des diversifizierbaren Risikos können mit 20 Aktien ungefähr eliminiert werden?

e) Was würde sich ändern, wenn Sie die Abbildung unter c) für amerikanische Aktienportefeuilles darstellen müßten? Begründen Sie Ihre Aussage.

1223 Minimum-Varianz-Portefeuille (1)

Studentin A und Student B erwägen die Eröffnung eines Geschäfts in unmittelbarer Nähe der Universität Leipzig. Studentin A plant den Verkauf von Badeartikeln, und Student B möchte Regenschirme verkaufen. Die Wahrscheinlichkeit einer Schönwetterperiode (Sonnenschein) beträgt $p_{Sonne} = 3/4$, die einer Schlechtwetterperiode (Regen) beträgt $p_{Regen} = 1/4$. Beide Studenten haben Anschaffungskosten von je 1.000 DM. Es gelten folgende Daten:

	Anschaffungs-auszahlung	Einzahlung bei Sonne	Einzahlung bei Regen
Badeartikelgeschäft	-1.000	9.000	5.000
Regenschirmgeschäft	-1.000	5.000	25.000

a) Berechnen Sie für das Badeartikel- und das Regenschirmgeschäft die erwartete Rendite.

b) Ermitteln Sie die jeweilige Varianz der Renditen und die Kovarianz der Renditen (vgl. auch Aufgabe 1263 a).

c) Student C möchte sich an beiden Geschäften beteiligen und überlegt, wieviel Anteile er jeweils erwerben soll. Da er sehr risikoavers eingestellt ist, möchte er in das Minimum-Varianz-Portefeuille investieren. Bestimmen Sie deshalb zunächst die Portefeuillegewichte x_{Bad} und x_{Regen}, die die Portefeuillevarianz minimieren und anschließend die erwartete Rendite und Varianz des Minimum-Varianz-Portefeuilles.

1224 Minimum-Varianz-Portefeuille (2)

Folgende Daten sind für ein Portfolio gegeben, das sich nur aus 2 Aktien A und B zusammensetzt:

Anteil Aktie A am Portfolio	Anteil Aktie B am Portfolio	Erwartete Rendite des Portfolios (in % p.a.)	Standardabweichung des Portfolios σ_p für vorgegebenen Korrelationskoeffizient r (in % p.a.)			
x_A	x_B	E(P)	r = -1	r = 0	r = 0,3	r = 1
0	1	13,00	20,00	20,00	20,00	20,00
0,25	0,75	11,75	12,00	15,30	16,16	18,00
0,5	0,5	10,5	4,00	11,66	13,11	16,00
0,75	0,25	9,25	4,00	10,30	11,53	14,00
1	0	8	12,00	12,00	12,00	12,00

Berechnen Sie für die unterschiedlichen Korrelationskoeffizienten jeweils die Erwartete Rendite und die Standardabweichung der Minimum-Varianz-Portfolios. Leerverkäufe sind dabei nicht zugelassen. Zeichnen Sie alle erwarteten Portfoliorenditen und Standardabweichungen in ein $E(r)$, σ - Diagramm ein und verbinden Sie die Punkte zu Effizienzkurven.

123 Das Index-Modell nach Sharpe

a) Nennen Sie den wichtigsten Nachteil, der eine praktische Anwendung des Markowitz-Ansatzes erschwert. Welche Verbesserungen bzw. Vereinfachungen hat in diesem Zusammenhang Sharpe eingeführt?

b) Welche Vorteile und Probleme weist das Index-Modell im Vergleich zum Original-Markowitz-Modell auf?

c) Welche Funktionen haben Aktienindizes?

d) Charakterisieren Sie den Deutschen Aktienindex DAX hinsichtlich der Art der Indexberechnung, Titelauswahl, Basis, Gewichtung, Bereinigung und Indexform.

124 Marktmodell

Eine durchgeführte Regressionsanalyse hat für zwei Aktien A und B zu folgenden Ergebnissen geführt:

$$r_A = 1\,\% + 1{,}2 \cdot r_M; \quad r_B = -2\,\% + 0{,}8 \cdot r_M$$

$$\sigma_{\varepsilon A} = 10{,}3\,\%; \quad \sigma_{\varepsilon B} = 9{,}1\,\%; \quad \sigma_M = 25\,\%$$

Es gelte das Marktmodell.

a) Berechnen Sie für beide Wertpapiere die Varianz und geben Sie an, welche der beiden Aktien das größere systematische und welche das größere unsystematische Risiko besitzt. (Begründung erforderlich!)

b) Zeichnen Sie die beiden Regressionsgleichungen in ein Koordinatensystem ein (Achsenbezeichnungen nicht vergessen) und geben Sie das jeweilige Beta der Wertpapiere A und B an.

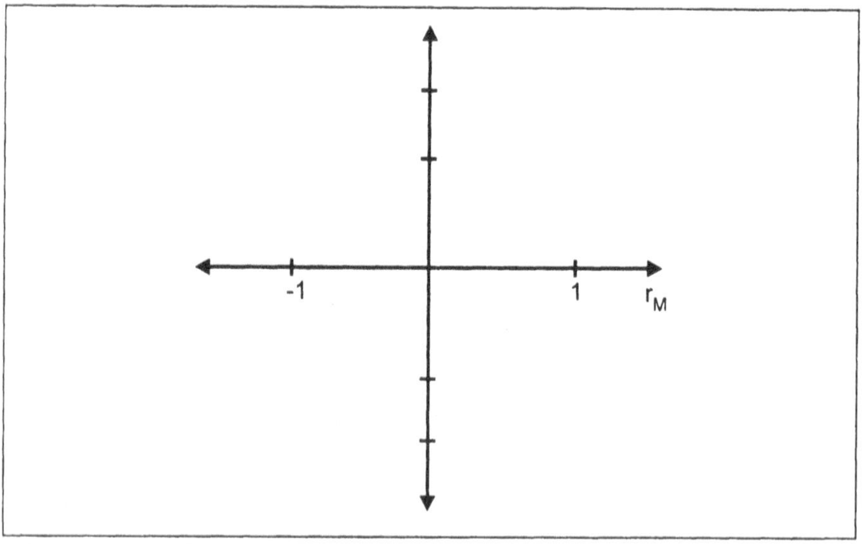

Abb. 11: Koordinatensystem zu Aufgabe 124 b)

c) Ihnen stehen folgende Vergangenheitsdaten von drei Unternehmen zur Verfügung:

Unternehmen	$\bar{r}_i$	σ_{r_i}	$q(r_i,r_M)$	β_i
U 1	0,15		1,0	1,5
U 2	0,15	0,08	0,5	
U 3	0,1	0,02		0,5
Markt	0,1	0,04		
risikolose Anlage	0,05			

mit $\bar{r}_i$ = Durchschnittsertrag p.a.; σ_{r_i} = Standardabweichung des Durchschnittertrages p.a.; β_i = Betafaktor; $q(r_i,r_M)$ = Korrelationskoeffizient der Rendite der Aktie i und der Marktrendite r_M.

Vervollständigen Sie die obige Tabelle unter Angabe der verwendeten Formeln und des Rechenweges.

125 Performancemessung

a) Erläutern Sie die Bedeutung von Beta-Faktoren und erklären sie verbal die analytische Herleitung. Welchen Beta-Faktor hat ein „Index"?

b) Welche beiden Hauptaufgaben hat die Performancemessung bei der Portefeuilleverwaltung?

c) Der sog. „differential return" eines Portefeuilles (α-Wert nach Jensen) ist eine einfache Meßmethode für den Managementerfolg von Portefeuilleverwaltungen. Die Größe α kann mit Hilfe des Capital Asset Pricing Model definiert werden. Nennen Sie die Definitionsgleichung für α und erläutern Sie die darin enthaltenen Größen.

d) Wie lautet die Formel für das Treynor-Maß zur Performancemessung. Auf welchem Modell basiert es und wann sollte dieses Maß nur angewendet werden?

126 Capital Asset Pricing Model (CAPM)

1261 Grundlagen

a) Nennen Sie die Annahmen und die Hauptanwendungsgebiete des CAPM-Grundmodells.

b) Um welche Größe unterscheidet sich nach dem CAPM die Risikoprämie RP eines bestimmten Portefeuilles von der Risikoprämie des Marktportefeuilles?

c) Aktie A habe einen Beta-Faktor von 0,8, Aktie B von 1,2. Welche prozentualen Einbußen sind für A und B zu erwarten, wenn der Index um 10 % fällt?

d) Berechnen Sie in eindeutig nachvollziehbarer Weise, welchen Beta-Faktor ein Portefeuille hat, das sich aus je 1.000 Stück A und B zusammensetzt, wenn der Kurs von A 200 DM und von B 1.000 DM ist.

e) Wie ist die Risikoprämie des Marktes definiert und warum muß diese vom Markt gewährt werden?

1262 Wertpapiermarkt- und Effizienzlinie

a) Erläutern Sie verbal, was die Wertpapiermarktlinie ökonomisch darstellt.

b) Kennzeichnen Sie in der untenstehenden, unvollständigen graphischen Veranschaulichung des CAPM eindeutig

1. den Beta-Faktor = 1
2. die Rendite r_M des Marktportefeuilles
3. die risikofreie Rendite r_f
4. die Risikoprämie des Marktportefeuilles (RP_M)
5. die Lage eines Portefeuilles P_K, das teilweise mit Kredit zum Zinssatz r_f finanziert wurde, wobei der Kredit in das Marktportefeuille investiert wurde
6. die Wertpapiermarktlinie.

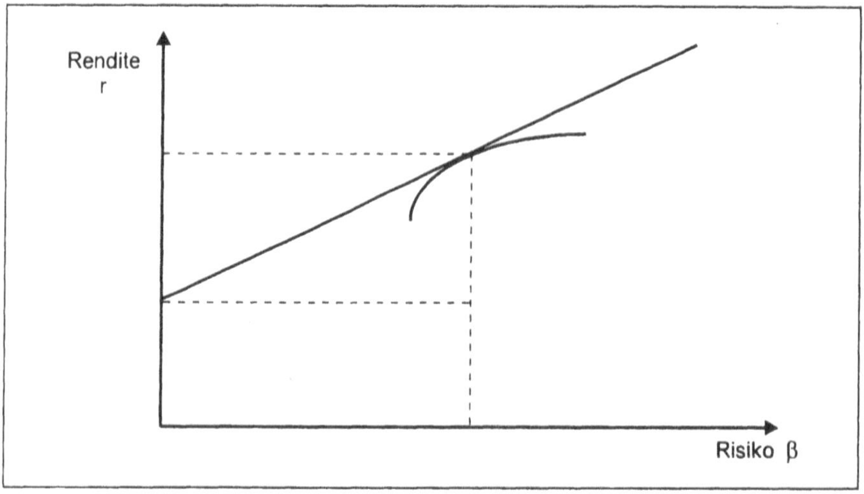

Abb. 12: Koordinatensystem zu Aufgabe 1262

c) Folgende Daten risikobehafteter Portfolios seien bekannt:

Portfolio	A	B	C	D	E	F
Erwartete Rendite (%)	18	15	16	18	19	10
Standardabweichung (%)	30	20	24	24	27	18

Tragen Sie die Portfolios in das folgende Koordinatensystem ein und zeichnen Sie die Effizienzkurve. Welche Portfolios sind ineffizient?

d) Sie können zu 6 % Geld risikofrei aufnehmen und anlegen. Zeichnen Sie die Wertpapiermarktlinie in das Koordinatensystem ein. Welches der Portfolios aus Aufgabe c) ist jetzt das „Beste"?

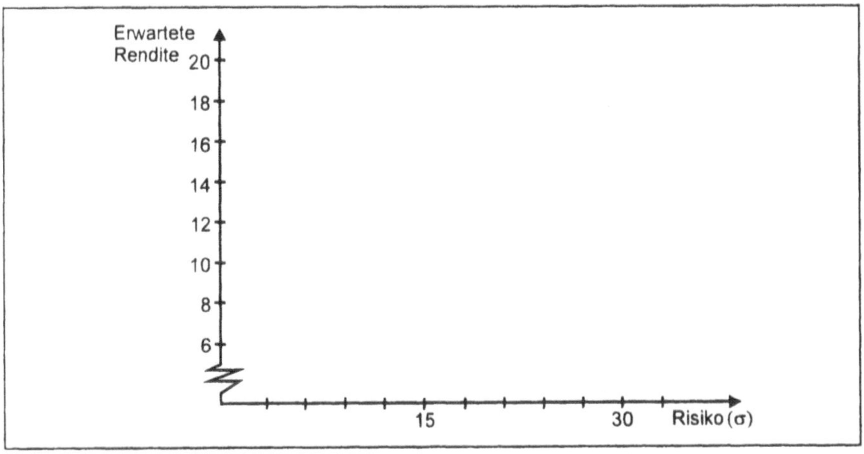

Abb. 13: Koordinatensystem zu Aufgabe 1262 c) und d)

1263 CAPM und Pricing

a) Gegeben sei die folgende Situation, wobei r_A und r_M die Renditen des Wertpapiers A und des Marktportefeuilles bezeichnen.

Umweltzustand	Wahrscheinlichkeit	r_M	r_A
1	0,2	-20 %	-10 %
2	0,3	-10 %	-20 %
3	0,3	30 %	10 %
4	0,2	50 %	90 %

Es gelte das CAPM.

Berechnen Sie unter Angabe der verwendeten Formeln die erwarteten Renditen des Wertpapiers A und des Marktportefeuilles sowie das Beta des Wertpapiers A.

b) Wie hoch sind der risikolose Zinssatz und die Risikoprämie des Marktes?

c) Nehmen Sie an, daß ein Wertpapier X ein Beta von 0,5 und eine erwartete Rendite von 10 % besitzt. Wo befindet sich dieses in der Zeichnung? Beschreiben Sie, welche Arbitragemöglichkeit besteht, wenn die Renditen der Wertpapiere, die sich in der gleichen Risikoklasse befinden (gemessen am Beta-Faktor) „normalerweise" übereinstimmen (d.h. sich im Gleichgewicht befinden) und geben sie den Ertrag pro Arbitragevorgang an.

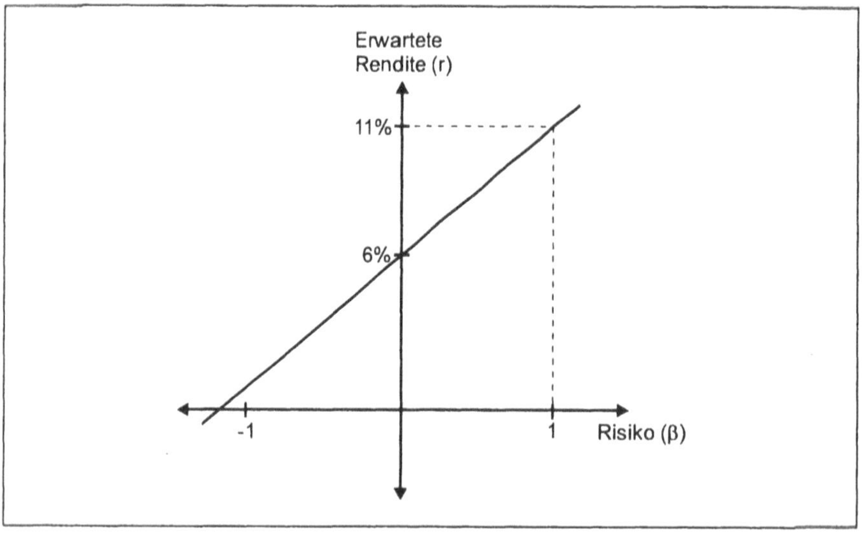

Abb. 14: Koordinatensystem zu Aufgabe 1263 c)

d) Wie hoch ist die Risikoprämie für das unsystematische Risiko einer Aktie nach dem CAPM?

127 Arbitrage Pricing Theory (APT)

1271 APT und Marktgleichgewicht

a) Nennen Sie die zentralen Aussagen der Arbitrage Pricing Theory.

b) Für drei Wertpapiere A, B und C sei folgendes bekannt:

Wertpapier	Faktorsensitivität	Expected Return
A	0,0	10 %
B	0,5	14 %
C	1,5	18 %

Außerdem habe das Marktportefeuille einen Expected Return von 15,33 % und (definitionsgemäß) eine Faktorsensitivität von 1,0.

Zeigen Sie mit Hilfe einer kleinen Skizze, ob ein Marktungleichgewicht vorliegt, das einen risikofreien Arbitragegewinn ermöglicht. Welches Wertpapier ist fehlbewertet? Kennzeichnen Sie in der Grafik das Ausmaß der Fehlbewertung.

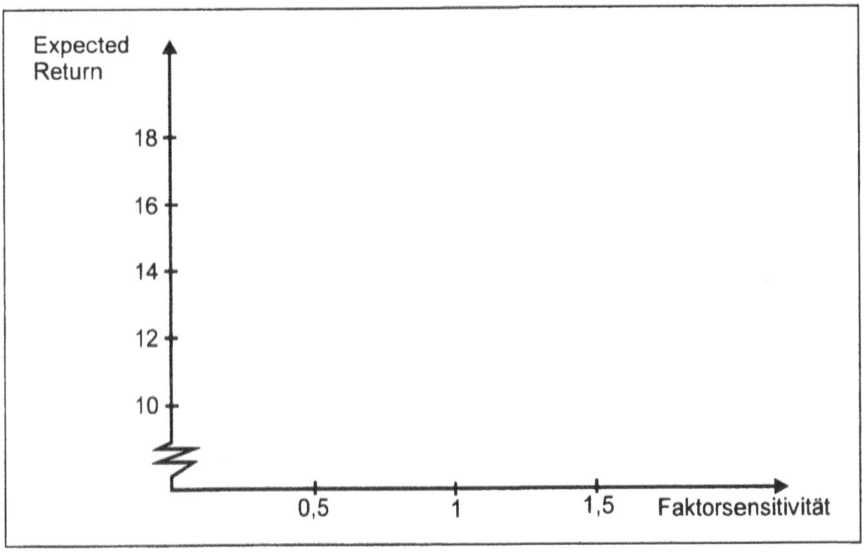

Abb. 15: Koordinatensystem zu Aufgabe 1271 b)

c) Ein Anleger halte ein Portfolio, das eine Rendite von 12 % liefert. Außerdem gelte das folgende 2-Faktorenmodell:

$$E(r_P) = r_f + \beta_{P1} \cdot RP_{P1} + \beta_{P2} \cdot RP_{P2}$$

mit:

$$RP_{P_i} = E(r_{P_i} - r_f), \qquad i = 1,2$$

und

$$E(r_{P1}) = 0{,}1;\; E(r_{P2}) = 0{,}12;\; r_f = 0{,}04;\; \beta_{P1} = 0{,}5;\; \beta_{P2} = 0{,}75.$$

Zeigen Sie, ob eine Arbitragemöglichkeit existiert, und geben Sie die dazugehörige Arbitragestrategie an.

1272 CAPM, APT und Mehrfaktorenmodelle

a) Skizzieren Sie die wesentlichen Unterschiede zwischen CAPM und APT.

b) Welche Faktoren beeinflussen nach Untersuchungen von Roll und Ross aus den 1970er Jahren den erwarteten Ertrag von Assets im Besonderen.

c) Ähnliche Überlegungen, allerdings in etwas modifizierter Form, fanden bereits in den 1960er Jahren für den deutschen Aktienmarkt Anwendung.

1. Welche statistische Methode wurde dabei angewendet?

2. Welche Faktoren erwiesen sich als besonders wichtig?

128 Random Walk-Hypothese und Wiener-Prozeß

a) Was besagt die klassische strenge Formulierung der Random Walk-Hypothese und aus welchen Teilhypothesen setzt sie sich zusammen?

b) Welches Vorstellungsmodell der Aktienkursentwicklung liegt der Black/ Scholes-Formel zugrunde?

c) Gegeben sei eine Aktie ohne Dividendenausschüttung, die einen aktuellen Kurs von 100 DM (16.5.1997), eine Volatilität p.a. von 30 % und einen erwarteten Wertzuwachs von 15 % p.a. aufweise. Bestimmen Sie den Erwartungswert des Kurses zum 23.5.1997 unter der Annahme, daß der Aktienkurs einer geometrischen Brownschen Bewegung folgt.

129 Die Anwendung moderner portfoliotheoretischer Überlegungen im Rahmen der Asset Allocation

1291 Gegenstand und Arten von Asset Allocation

a) Was verstehen Sie unter Asset Allocation und welche prinzipiellen Strategien finden dabei hauptsächlich Anwendung?

b) Nennen Sie die 3 Stufen der Asset Allocation und charakterisieren Sie diese kurz.

c) Welche Diversifikations-Ebenen lassen sich der strategischen und welche der taktischen Asset Allocation zuordnen?

d) Nennen Sie drei grundlegende Tatbestände, auf deren isolierte oder kombinierte Veränderung ein Portefeuillemanager mit Portefeuillerevisionen reagieren muß, wenn er seiner Aufgabe professionell nachkommen will.

1292 Parameterschätzung

a) Leistungsfähige Personal Computer erlauben heute Optimierungen mit der Original-Modellformulierung von Markowitz. Dabei sind sämtliche Varianzen und Kovarianzen aufgrund historischer Daten explizit einzeln zu berechnen. Unterstellt man deren Stabilität, dann reduziert sich der von dem Analysten zu erbringende Schätzaufwand auf die erwarteten Renditen der Assets. Geben Sie im folgenden die üblichen Formeln zur empirischen Schätzung der historischen Varianzen c_{ii} des Asset i, der Kovarianzen c_{ik} bzw. Korrelationskoeffizienten q_{ik} sowie der Betafaktoren β_{ik} zwischen zwei Assets i und k an.

b) Als Berechnungsgrundlage für die Standardabweichung als Risikomaß bei der Aktienanalyse dienen historische Kursschwankungen, z.B. die Kursgewinne und -verluste pro Monat während einer bestimmten Zeit (monatliche Renditen). Berechnen Sie auf Basis der folgenden Angaben die Standardabweichung dieser Aktie.

Zeit	Januar	Februar	März	April	Mai	Juni
Kursveränderung	+ 10 %	+ 2 %	− 6 %	+ 4 %	− 3 %	+ 5 %

c) Angenommen, der durchschnittliche monatliche Kursgewinn (genauer gesagt der Erwartungswert der monatlichen Rendite) betrage 2 % und die Standardabweichung 5 %. Wie interpretieren Sie diese Zahlen?

d) Standardabweichung und Beta-Faktor sind beides Risikomaße. Welche Risiken werden durch welches Risikomaß erfasst?

1293 Hedging von Währungsrisiken

a) Im Rahmen der internationalen Asset Allocation spielt das Währungsmanagement eine wichtige Rolle. Erläutern Sie verbal, was Sie in diesem Zusammenhang unter „Currency Overlay“ verstehen.

b) Welche (vorteilhaften) Möglichkeiten ergeben sich aus Ihren unter a) angeführten Argumenten für die betriebsinterne organisatorische Gestaltung eines international orientierten Asset-Management ?

c) Beweisen Sie Ihre vorstehenden Antworten mathematisch. Geben Sie dazu unter Verwendung der folgenden Symbole zunächst die Berechnung des Returns in fremder nationaler Währung R_f, in eigener Währung R_e und des Returns aus Wechselkursveränderungen R_w an.

d) Die eingehende Analyse des Diversifikationseffekts aus Mischungen von deutschen (AD) und ausländischen Aktien (AA) auf Basis monatlicher Returns über 15 Jahre hat aus DM-Sicht das in folgender Abb. 16 dargestellte Ergebnis gebracht:

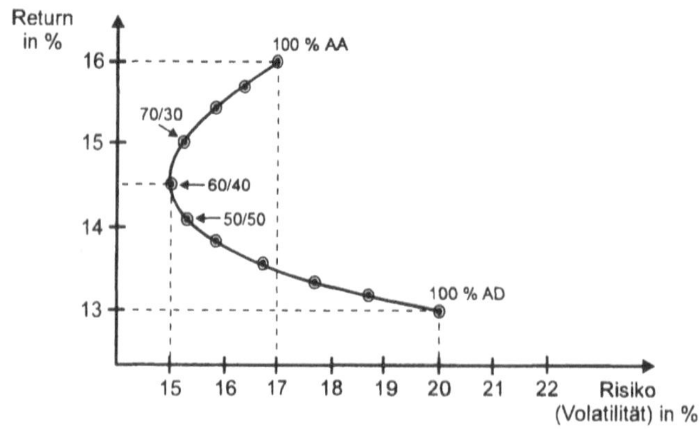

Abb. 16: Risiko-Return-Charakteristik bei internationaler Diversifikation

Ein Nachwuchsanalyst ist aufgrund des großen Stichprobenvolumens und der auch ansonsten sorgfältigen Ausarbeitung von der Studie so beeindruckt, daß er beabsichtigt, das Resultat seiner künftigen Beratung zugrunde zu legen. Insbesondere risikominimierenden Anlegern möchte er künftig generell die berechnete 60/40 Mischung empfehlen. Was halten Sie von einer solchen Empfehlung?

1294 Relative Optimierung und Indexportefeuilles

a) Zur Konstruktion von Indexfonds existieren verschiedene Methoden. Nennen Sie diese Methoden und erläutern Sie stichwortartig jeweils in einem Satz, was man unter der jeweiligen Methode zu verstehen hat.

b) Ist es mit Hilfe der Methode des „Sampling" einfacher, ein Industrieaktien-Indexportefeuille oder ein Industrieanleihen-Indexportefeuille einmalig zu konstruieren oder laufend zu managen?

13 Börsenmäßig gehandelte Finanzoptionen

131 Einleitung

a) Handelt es sich beim Abschluß von Optionsgeschäften immer um spekulative Geschäfte?

b) Welche Faktoren haben den heute zu beobachtenden großem Umfang von Optionsgeschäften ermöglicht?

132 Das Terminmarktinstrument „Option"

1321 Begriffsbestimmung

a) Nennen Sie die wichtigsten Merkmale eines Optionsgeschäfts.

b) Worin besteht der grundlegende Unterschied zwischen einem Futures Kontrakt und einer Option und welcher Unterschied stellt den „Vorteil" der Option dar.

c) Erläutern Sie kurz die unterschiedlichen Mechanismen, mit denen Futures und Optionen auf das Risiko eines Portefeuilles wirken.

1322 Veroptierte Instrumente und Optionsmärkte

Geben Sie eine Übersicht über die verschiedenen Basisinstrumente, auf die sich Optionen üblicherweise beziehen.

133 Positionen bei Optionsgeschäften

1331 DAX-Option

In der Börsenzeitung am 16. Februar 1993 war in der Überschrift zu lesen: „Optionshändler spekulieren auf fallenden DAX." Ein Händler empfiehlt, in diesem Zusammenhang, Verkaufsoptionen (Puts) auf den DAX zu erwerben. Die Puts sollen einen Basispreis von 1.625 Punkten haben und bis zum 19. April gültig sein. Diese Option kostet 15 DM. Diesen Einsatz soll der Optionskäufer finanzieren, indem er als Stillhalter eine DAX-Kaufoption (Call) mit einer Basis von 1.700 Punkten und gleicher Laufzeit verkauft. Dafür erhält der Stillhalter 30 DM. Der aktuelle DAX-Stand am Tage der Empfehlung lag bei 1.665 Punkten.

a) Welche Rechte und Pflichten stecken in dieser Empfehlung?

b) Zeichnen Sie für beide Optionen den Chancen- und Risikoverlauf in das nachfolgende Koordinatensystem und beschriften Sie jeweils die Achsen.

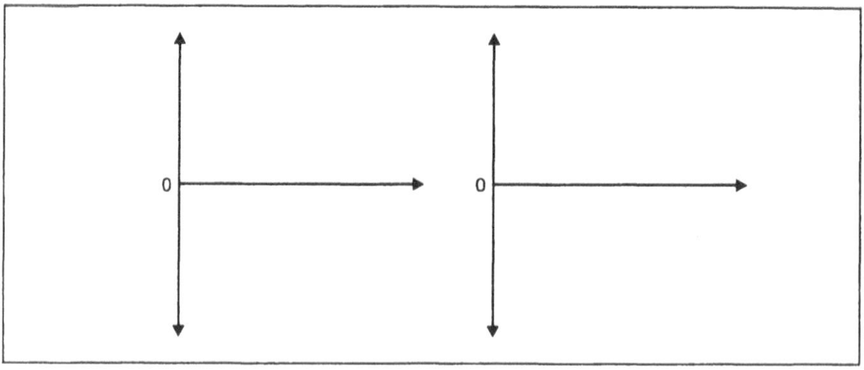

Abb. 17: Koordinatensystem Aufgabe 1331 b)

c) Wie hoch ist der Gewinn bzw. der Verlust aus der kombinierten Optionsposition bei folgenden hypothetischen Indexständen am 3. Freitag im April (19.4.1993) und ab welchem Indexstand beginnt die Verlustzone?

- DAX liegt zwischen 1.625 und 1.700 Punkten:
- DAX beträgt genau 1.580 Punkte:
- DAX beträgt genau 1.730 Punkte:
- Die Verlustzone beginnt

1332 Chance/Risiko-Verläufe von Optionen

Im folgenden ist der kombinierte Chancen-Risikoverlauf von drei einzelnen Optionen (entweder Calls oder Puts) aufgezeigt, die zum gleichen Zeitpunkt erworben bzw. verkauft wurden. Dieser Verlauf ergibt sich also durch die Überlagerung der einzelnen Chancen-Risikoverläufe (Duplizierungsprinzip). Der aktuelle Kassakurs liegt in Höhe des Basispreises B. Zeichnen Sie in die folgenden leeren Koordinatenkreuze jeweils den Verlauf der einzelnen Optionspositionen ein und benennen Sie diese im einzelnen. Vereinfachend ist davon auszugehen, daß alle Einzeloptionen jeweils einen Wert von einer Geldeinheit besitzen.

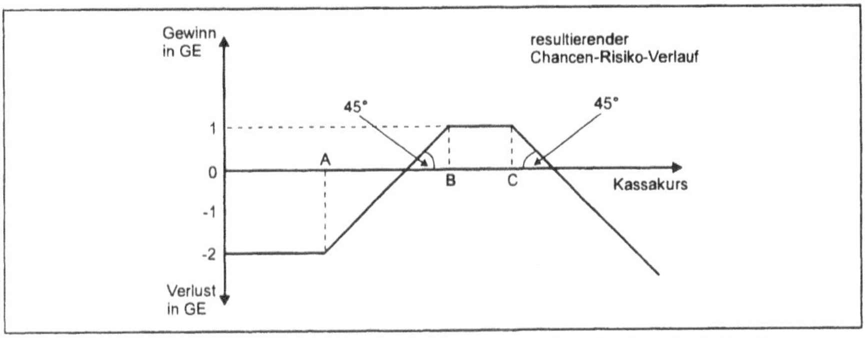

Abb. 18: Überlagerung der Chance/Risiko-Verläufe der drei Optionen

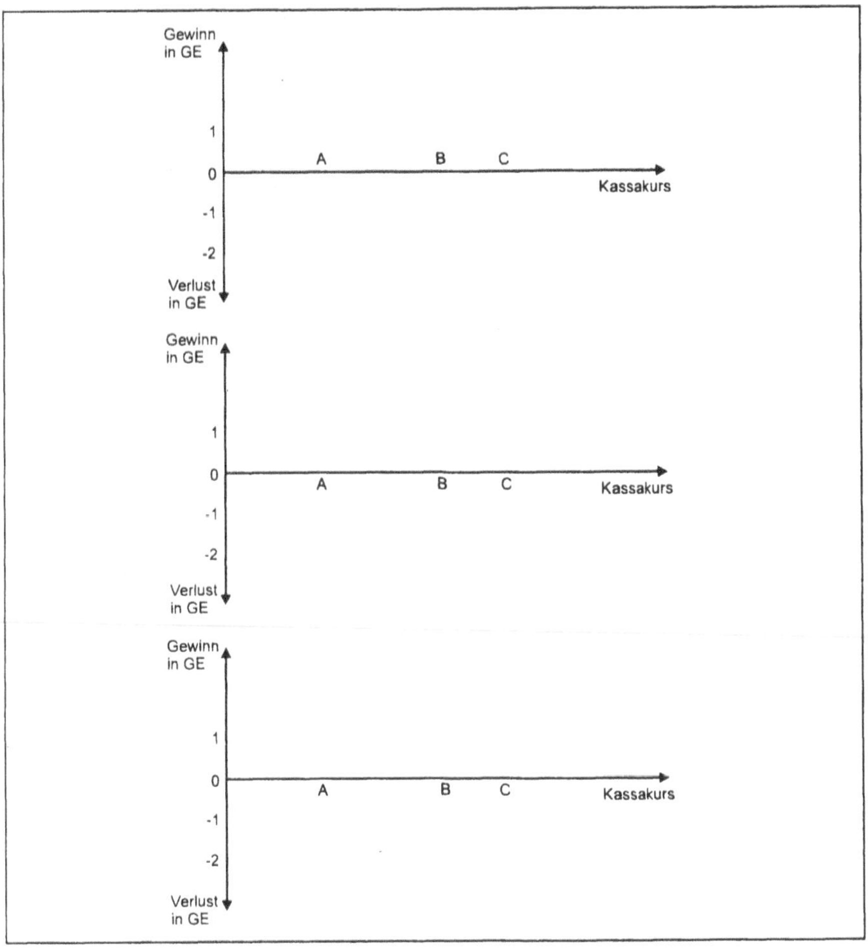

Abb. 19: Koordinatensystem zu Aufgabe 1332

1333 Straddle und Strangle

a) Erläutern Sie verbal und mit Hilfe einer Graphik, welche Strategie ein Optionskäufer in einem extrem volatilen Markt zweckmäßigerweise eingehen sollte, wenn zur Zeit keine einheitliche Kassakurstendenz erkennbar ist.

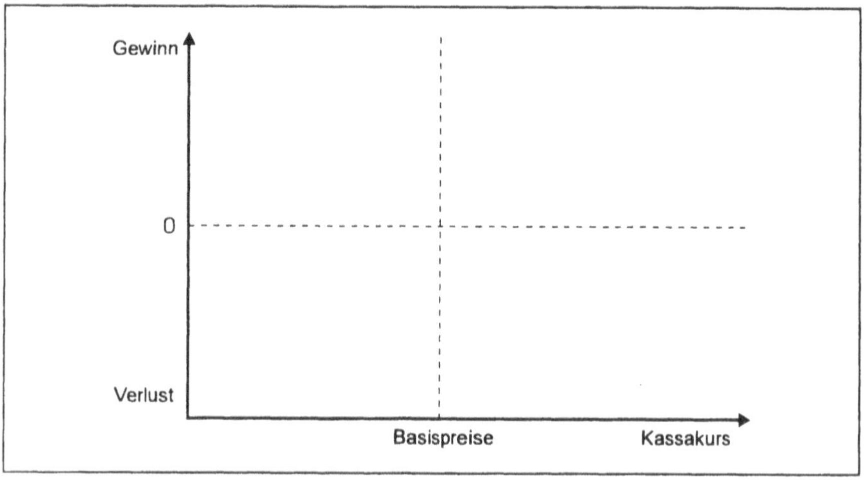

Abb. 20: Koordinatensystem zu Aufgabe 1333 a)

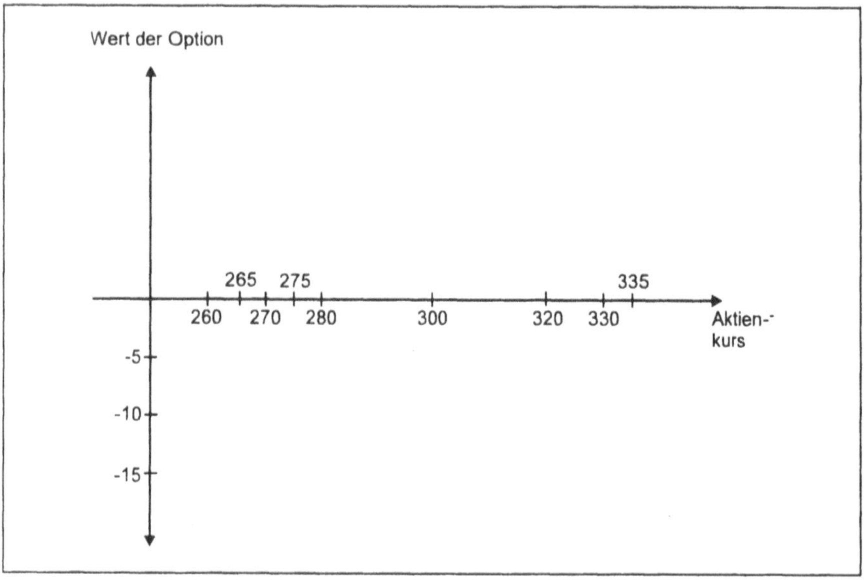

Abb. 21: Koordinatensystem zu Aufgabe 1333 b)

b) Auf dem Optionsmarkt wird ein Call mit Ausübungspreis 320 zu 10 DM angeboten. Ein Put mit Ausübungpreis 280 auf dieselbe Aktie kostet 5 DM. Stellen Sie jeden Bestandteil sowie die Gesamtstrategie eines Long Strangle am Fälligkeitstag exakt graphisch dar. (Der Long Strangle setzt sich dabei aus dem Kauf des Calls und dem Kauf des Puts zusammen.)

1334 Portfolio Insurance

Nehmen Sie an, daß Sie ein breit gestreutes Portfolio aus deutschen Standardwerten besitzen, einen allgemeinen Kursrückgang (Baisse) erwarten und sich den aktuellen Kurswert des gesamten Portfolios mit Hilfe eines Kauf oder Verkaufs der entsprechenden Menge an DAX-Optionen sichern wollen.

a) Was versteht man unter dem Schreiben einer Covered Call Option bzw. dem Kauf einer Protective Put Option auf ein Asset und wie wirken sich diese Maßnahmen auf das Risiko des Underlying aus?

b) Kaufen oder verkaufen Sie als Portfolioinhaber einen DAX-Put oder DAX-Call? Begründen Sie Ihre Entscheidung verbal.

c) Zeigen Sie anhand einer einfachen Abbildung die Auswirkungen der Entscheidung gemäß b) bei fallenden Kursen auf.

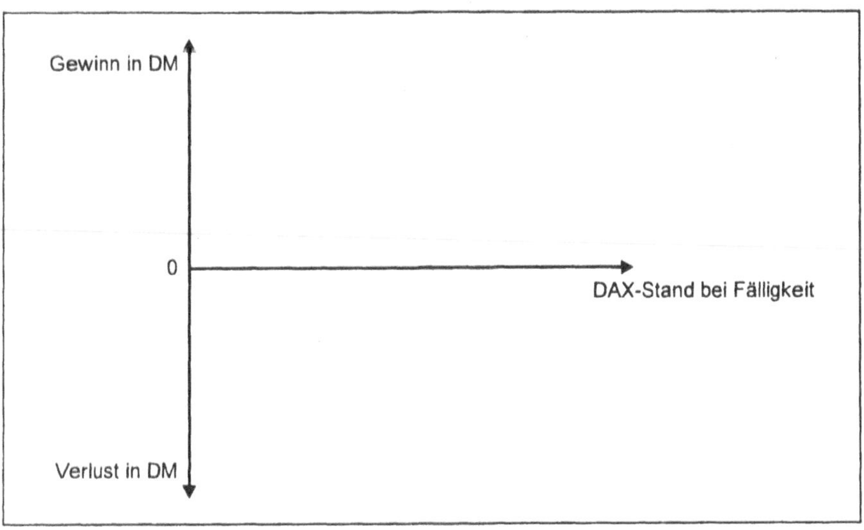

Abb. 22: Koordinatensystem zu Aufgabe 1334 c)

134 Komponenten des Optionswertes

1341 Innerer Wert und Zeitwert

a) Der theoretische Optionspreis setzt sich aus zwei Hauptpreiskomponenten zusammen. Welche sind diese beiden Komponenten?

b) Stellen Sie den Verlauf des Optionspreises und seiner beiden Hauptkomponenten im Zeitablauf bis zum Verfall graphisch dar. Zur Vereinfachung der Darstellung kann eine der Komponenten konstant gehalten werden.

c) Nennen Sie für Aktienoptionen sämtliche optionswertbestimmenden Einflußparameter, die in die gängige theoretische Preisbestimmung eingehen und vermerken Sie dabei jeweils, auf welche der beiden Optionspreiskomponenten diese wirken.

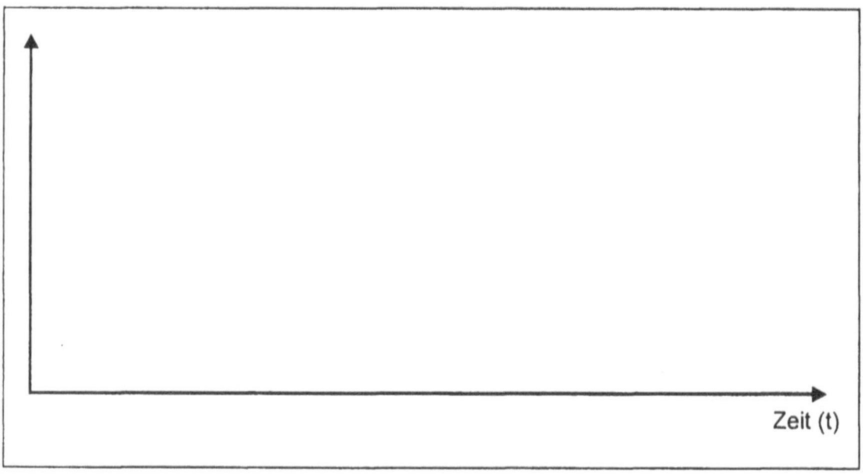

Abb. 23: Koordinatensystem zu Aufgabe 1341 b)

d) Wie wird die sog. Volatilität bestimmt?

e) Wie läßt sich eine aufgrund von Monatswerten gewonnene Standardabweichung auf Jahresbasis umrechnen? Welche Annahme liegt dieser Berechnung zugrunde?

1342 Arbitragegleichgewicht

Sie besitzen einen deutschen Aktienwert, bei dem kürzlich die jährliche Dividende ausgeschüttet wurde. Langfristig halten Sie dieses Papier für erfolgversprechend, doch befürchten Sie im kurzfristigen Bereich Kursrückschläge. Da Sie sich in Ihrer Erwartung noch nicht sicher sind (der Marktzins hat ein Niveau von 8 % p.a. erreicht), wollen Sie Ihren Aktienbestand zu diesem Zeitpunkt noch nicht veräußern, sondern lediglich zeitbegrenzt absichern. Sie werden deshalb Ihre Aktienposition durch den Aufbau einer Put-long-Position auf Basis des aktuellen Kassakurses (100 DM) hedgen. Auf dem bestehenden Optionsmarkt stehen dafür europäische Optionen zur Verfügung. Während das Preisniveau für Kaufoptionen, dank einer ausreichenden Fungibilität, als gerechtfertigt angesehen werden kann, ist der Optionsmarkt auf der Putseite nicht effizient. Eine at-the-money Verkaufsoption mit 6-monatiger Laufzeit wird zu diesem Zeitpunkt zum Preis von 3,40 DM angeboten, während ein Call mit gleichen Konditionen 7,65 DM kostet.

Überprüfen Sie, ob der gehandelte Put-Kontrakt „richtig" bewertet ist, indem Sie den notierten Putpreis mit dem theoretischen Optionspreis vergleichen. Berechnen Sie dabei den fair-value der Verkaufsoption nicht über eine Optionspreisformel, sondern auf Basis des Arbitragegleichgewichts bzw. Put-Call-Parity. Führen Sie die Berechnung in einer eindeutig nachvollziehbaren Weise durch.

135 Theoretische Optionspreisbestimmung

1351 Black/Scholes-Modell

a) Nennen Sie den Grundgedanken zur Ableitung des Black/Scholes-Modells.

b) Leiten Sie aus der Formel für die unterjährige Verzinsung von Kapitalanlagen die (auch in der Black/Scholes-Formel vorkommende) Formel für die stetige Verzinsung ab.

c) Nennen Sie die Kurzform der Black/Scholes-Formel für europäische Optionen.

d) Interpretieren Sie diese Formel kurz verbal.

e) Geben Sie an, ob ein jeweiliges Ansteigen der einzelnen Einflußparameter preissteigernd oder preismindernd auf einen Call und einen Put wirkt. Ziehen Sie zu diesen Überlegungen die Formeln unter c) heran.

1352 Optionen auf Futures und Devisen

a) Erklären Sie den Begriff „Futures-Option".

b) Wie verhält sich üblicherweise die Laufzeit einer Futures-Option zur Laufzeit des veroptierten Futures in der Praxis?

c) Berechnen Sie den theoretischen Preis C einer Kaufoption für einen DAX-Future nach dem Black-Modell unter Verwendung folgenden Annahmen:

1. die Volatilität des Futureskurses (F) entspricht der Volatilität des zugrundeliegenden Kassainstruments und ist konstant.
2. der risikolose Zinssatz r beträgt 10 %.
3. Der aktuelle Stand des DAX (Underlying) S liegt bei 2200.
4. Die Restlaufzeit T des Futures und der Option beträgt noch 1 Jahr.
5. Der Basispreis der Option ist 2300.
6. $N(d_1)$ und $N(d_2)$ sind eins.
7. Haltekosten für den Futureskontrakt sollen nicht berücksichtigt werden.

d) Bestimmen Sie unter Verwendung des Bewertungsmodells von Garman/ Kohlhagen den theoretischen Preis einer Kaufoption auf den US-Dollar mit einem Basispreis B von 1,80 DM/$ und einer Restlaufzeit T von 1 Jahr.

Folgende Marktdaten seien bekannt:

Devisenkassakurs	D	= 1,80 DM/$
DM-Zinssatz p.a.	r_i	= 4,5 %
US-$-Zinssatz p.a.	r_a	= 6,0 %
Erwartete Volatilität des Devisenkurses p.a.	$\sigma_{DM/\$}$	= 10 %

1353 Binomialmodell

Berechnen Sie anhand des Binomialmodells den Preis einer Kaufoption (Call) mit einem Ausübungspreis von 100 DM, wenn der aktuelle Aktienkurs 110 DM beträgt und am Ende der Periode mit einer Wahrscheinlichkeit von jeweils 0,5 entweder um 20 % höher oder um 20 % niedriger liegt. Der risikolose Zinssatz für diese eine Periode beträgt 10 %. Berechnen Sie außerdem über die Put-Call-Parität den Preis eines entsprechenden Puts.

136 Optionskennzahlen (Sensitivitätsmaße)

a) Was sagt das Optionsdelta aus und welcher andere Begriff wird äquivalent dafür verwendet?

b) Der Basispreis für eine europäische Kaufoption betrage 100 DM, die Restlaufzeit 90 Tage, die Volatilität σ = 20 % p.a. und der risikolose Zinssatz 7% p.a. Der Kassakurs liegt bei 110 DM. Berechnen Sie den Fair Value des Calls nach der Black/Scholes-Formel.

c) Berechnen Sie das Delta, das Gamma, das Theta, das Vega und das Rho des Calls. Erläutern Sie vor der Rechnung kurz, was die Begriffe Delta usw. bedeuten.

2. Teil: Märkte und Instrumente der Investmentanalyse

21 Haupteinflußfaktoren auf die Gesamt-Aktienmarktentwicklung

a) Bei der systematischen Analyse der historischen Aktienmarktentwicklung läßt sich die Aktienkursentwicklung als ein System von Überlagerungen verschiedenfristiger Zyklen bzw. Trends interpretieren. Kennzeichnen Sie die vier wichtigsten Bewegungen in der untenstehenden Tabelle anhand ihrer Zeitdauer und der sie bestimmenden Haupteinflußgröße.

Trend bzw. Zyklus	Zeitdauer	Haupteinflußfaktor

b) Ermitteln Sie aus dem langfristigen Verlauf des unten abgebildeten FAZ-Index zunächst auf graphischem Wege die Sekundärtrends von Ende 1976 bis Mitte 1992. Übertragen Sie in einem zweiten Schritt Ihre Ergebnisse in die folgende Tabelle und vervollständigen Sie die fehlenden Angaben.

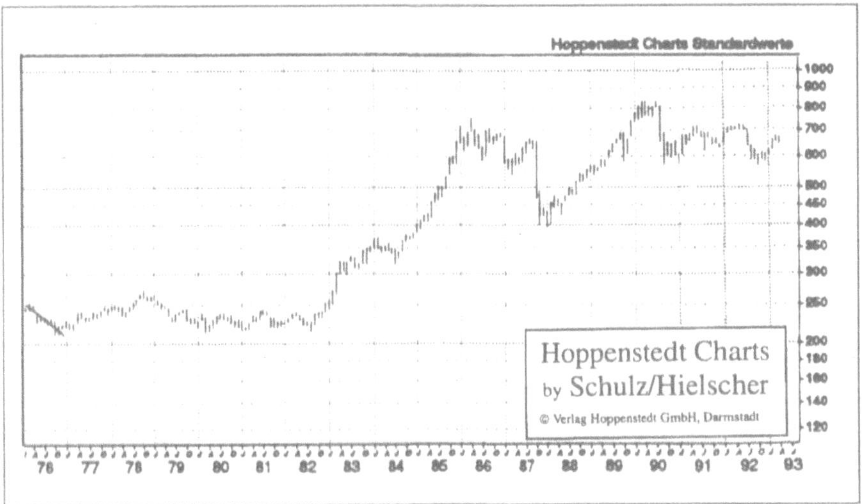

Abb. 24: Verlauf des FAZ-Index von 1976 bis 1992

Sekundärzyklen von - bis	Sekundär-bewegung	Zykluslänge (Monaten)		Gesamt
		aufwärts	abwärts	

c) Welche durchschnittliche Zykluslänge ergibt sich für den betrachteten Zeitraum 1976 - 1992?

d) Nennen Sie die wichtigsten Haupteinflußfaktoren auf die konjunkturell bedingte Gesamtaktienmarktentwicklung und geben Sie jeweils zusätzlich die wichtigste zugehörige Kennzahl an.

e) Die Aktienkurse (gemessen am Index) antizipieren die Gewinnentwicklung: Mit welchem Antizipationszeitraum muß man z.Zt. in Deutschland rechnen?

f) Führende deutsche Researchabteilungen tragen der Gewinnantizipation bei ihren Gewinnschätzungen Rechnung. Wenn z.B. im Juli/August 1998 Gewinne zum Zweck der Aktienkursbewertung geschätzt werden, um welche Gewinne handelt es sich dann?

g) Gesamtaktienmarktbewertungen werden antizipierte Gewinne und aktuelle Zinsniveaus zugrunde gelegt. Ist dies prinzipiell

☐ richtig

☐ teilweise richtig

☐ falsch oder

☐ irrelevant.

Begründen Sie Ihre vorstehende Antwort.

h) Auf welchen gesamt- bzw. einzelwirtschaftlichen Ebenen würden Sie Informationen einholen und welchen zugehörigen Größen würden Sie für fundamentale Aktienanalysen im Maschinenbau-Segment besondere Beachtung schenken?

i) Welche Hauptprobleme treten bei der fundamentalen Aktienanalyse auf? Skizzieren Sie daran exemplarisch die Grenzen der Fundamentalanalyse.

22 Technische Aktienanalyse

221 Kursbereinigung und Operation Blanche

a) Bei einer Kapitalerhöhung erhalten die Altaktionäre in der Regel ein Bezugsrecht. Aus welchem ökonomischen Grund wird dieses Bezugsrecht in Deutschland meist eingeräumt?

b) Im Zusammenhang mit Kapitalerhöhungen taucht gelegentlich der Begriff „operation blanche" auf. Was ist darunter zu verstehen?

c) Sie besitzen 200 Aktien der Finanz AG, die eine Kapitalerhöhung plant. Der Nennwert je Aktie beträgt 50 DM und der aktuelle Börsenkurs der alten Aktie sei 260 DM. Die Bezugskonditionen lauten 4:1:210.
Ermitteln Sie in nachvollziehbarer Weise den rechnerischen Kurs nach Bezugsrechtsabschlag.

d) Berechnen Sie den rechnerischen Wert eines Bezugsrechts und den Rückwärtsbereinigungsfaktor unter Verwendung der Angaben von Aufgabe c).

222 Möglichkeiten, Grenzen und grundlegende Verfahren der Technischen Analyse im Überblick

a) Formulieren Sie den Grundansatz der Technischen Aktienanalyse als einen Teilbereich der Aktienanalyse. Berücksichtigen Sie dabei die in die Analyse einbezogenen Daten (Untersuchungsgegenstand).

b) Was kann die Technische Analyse nicht leisten und welche Aussagen kann man erwarten?

c) Welche grundlegende Strategie verfolgt ein Anleger, der seine Dispositionen nur mit Hilfe der Technischen Analyse vorbereitet?

d) Welche Ausprägungsgrade unterscheidet Fama hinsichtlich der Informationseffizienz des Kapitalmarktes und welche Bedeutung hat diese Aussage für die Anwendbarkeit der fundamentalen und technischen Analyse?

e) Nennen Sie die wichtigsten technischen Verfahren zur Erfassung der allgemeinen Börsen-Grundtendenz (Indexentwicklung).

f) Nennen Sie technische Verfahren zur Analyse einzelner Aktienkursverläufe

223 Gesamtmarktindikatoren

2231 Momentum

a) Erläutern Sie die prinzipielle Vorgehensweise bei der Analyse des Momentum.

b) Berechnung des Momentums

1. Für einen Aktienindex liegen Daten gemäß der folgenden Tabelle vor:

Monat Jahr	J	F	M	A	M	J	J	A	S	O	N	D
1989	100	110	100	120	150	130	130	160	140	190	180	200
1990	200	240	260	230	200	240	220					

2. Berechnen Sie aus den Tabellenangaben das zugehörige 12-Monats-Momentum und tragen Sie die Ergebnisse in die folgende Tabelle ein.

Monat Jahr	J	F	M	A	M	J	J	A	S	O	N	D
1989												
1990												

3. Da das Momentum oft starken erratischen Schwankungen unterliegt, ist es zweckmäßig, das Momentum durch Durchschnittsbildung zu glätten. Welcher Glättungszeitraum im Vergleich zum Zeitraum der Original-Momentumsberechnung hat sich in der Praxis als besonders geeignet erwiesen?

4. Berechnen Sie unter Verwendung der vorstehenden Ergebnisse so weit wie möglich das geglättete 12-Monats-Momentum und tragen Sie die Resultate in die nachfolgende Tabelle ein.

Monat Jahr	J	F	M	A	M	J	J	A	S	O	N	D
1989												
1990												

5. Der Original-Aktienindex gemäß den Zahlen der ersten Tabelle sieht technisch noch gut aus. Zum Beleg dieser Behauptung zeichnen Sie bitte in das folgende Koordinatensystem den Index und die innere Trendgerade ein.

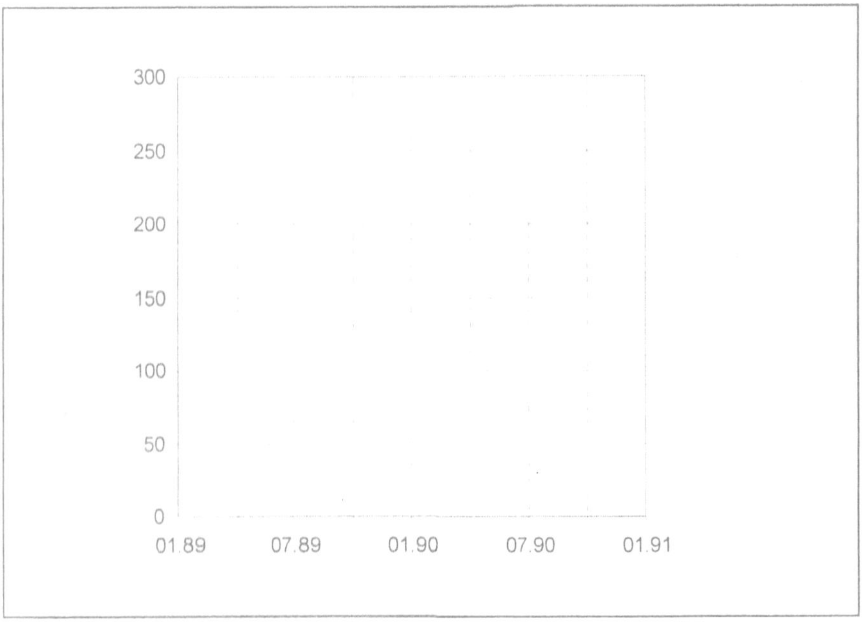

Abb. 25: Koordinatensystem zu Aufgabe 2231 b)

6. Was sagen die Berechnungen zum Kursmomentum aus? Bestätigen oder modifizieren diese die Aussage unter 5?

2232 Advance/Decline-Line

a) Wie wird die Advance/Decline-Line (A/D-Line) berechnet und wie wird sie angewendet?

b) Wie hätte ein Techniker die technische Verfassung des amerikanischen Aktienmarktes (NYSE) im Herbst 1993 anhand der beiden Grafiken in Abb. 26 beurteilt? Kennzeichnen Sie zuerst die wesentlichen Sachverhalte in der Grafik durch Einzeichnen von Trends usw. und erklären Sie dann Ihre Beurteilung verbal.

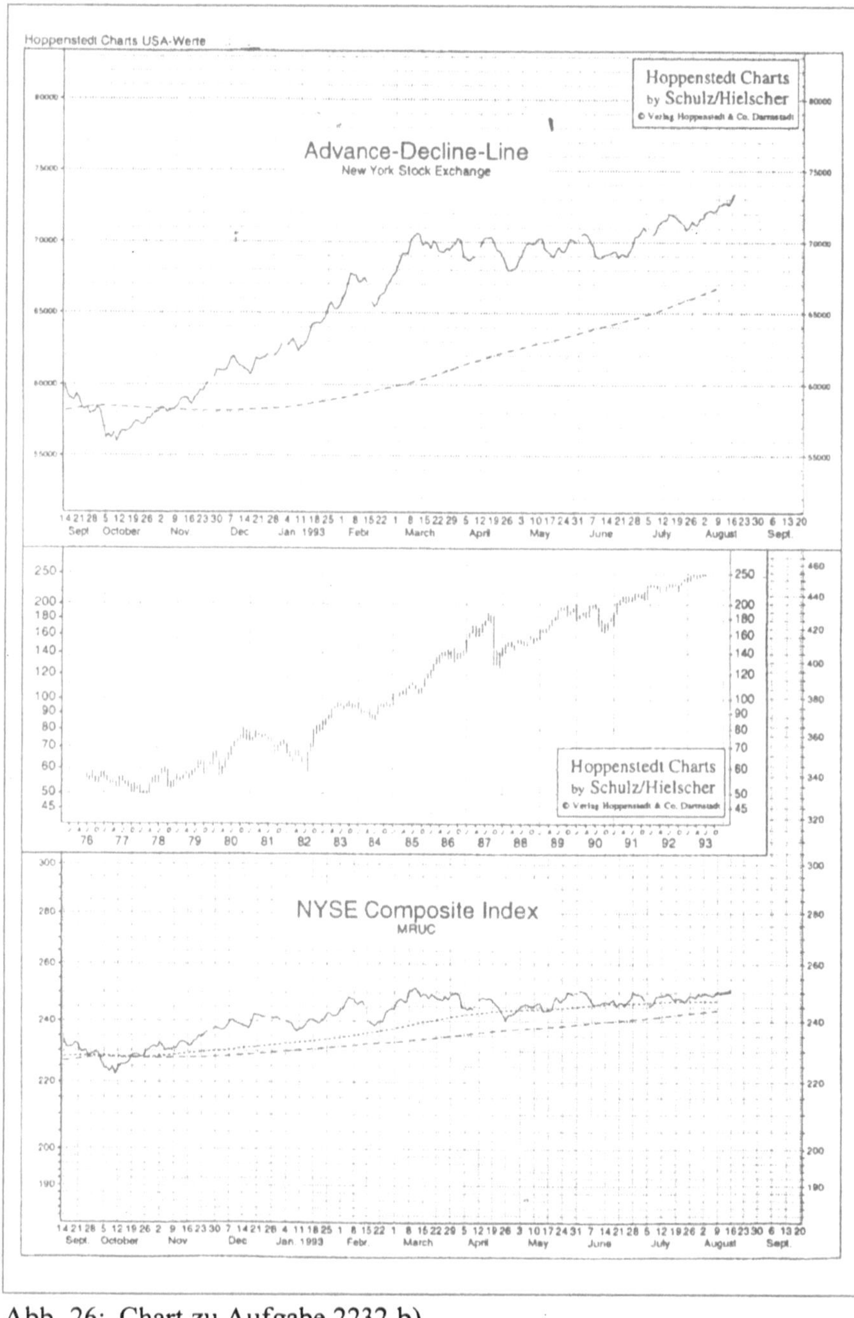

Abb. 26: Chart zu Aufgabe 2232 b)

2233 Oszillatoren und Sentimentindikatoren

a) Die „Deviation“ kann als sog. Oszillator betrachtet werden. Erläutern Sie zunächst kurz, was mit der Anwendung von Oszillatoren erreicht werden soll und welcher prinzipielle Kursverlauf an der Aktienbörse dabei unterstellt wird.

b) Erläutern Sie verbal, wie die Deviation berechnet wird und wie dieser Indikator zu interpretieren ist.

c) Die Put/Call-Ratio kann als sog. Sentimentindikator betrachtet werden. Erläutern Sie zunächst kurz, was im allgemeinen mit Hilfe von Sentiment-Indikatoren gemessen werden soll und wie die Put/Call-Ratio in Deutschland berechnet wird.

224 Zusammenhang von Gesamtmarkt und Einzelaktienkursverläufen

a) Nennen Sie die zwei wichtigsten Verfahren zur Analyse der Zusammenhänge zwischen Börsengrundtendenz (Gesamtindexentwicklung) bzw. Branchenentwicklungen (Branchenindices) und Einzelaktienkursverläufen.

b) Erklären Sie die Aussagen, die mit Hilfe der Relativen Stärke gemacht werden sollen. Welcher Zweck wird mit diesem Instrument verfolgt?

c) Welche Vergleichsmöglichkeiten existieren im Rahmen der Relativen Stärke zur Untersuchung des Marktgeschehens?

225 Chart Reading von Einzelaktienkursverläufen

2251 Chartkonzepte

a) Stellen Sie die grundsätzlichen Prinzipien der Kursvisualisierung graphisch dar (Line-, Pole-, Bar-, P&F-, Anchor- und Candle-Charts).

b) Erläutern Sie die bei der Analyse mit Point & Figure Charts verwendete Symbolik. Fertigen Sie zusätzlich eine erläuternde Skizze an.

c) Skizzieren Sie graphisch den Aufbau der Kerzen eines Candlestick-Charts sowohl für steigende wie auch für fallende Kurse und geben Sie an, welche Informationen sich die Kerzen vermitteln.

2252 Trendlinienmethode (1)

a) Warum ist die Kursskala heute üblicherweise logarithmisch aufgebaut?

b) Zeichnen Sie in das nachfolgende Chart die wichtigsten Trends, Widerstände und Unterstützungen ein.

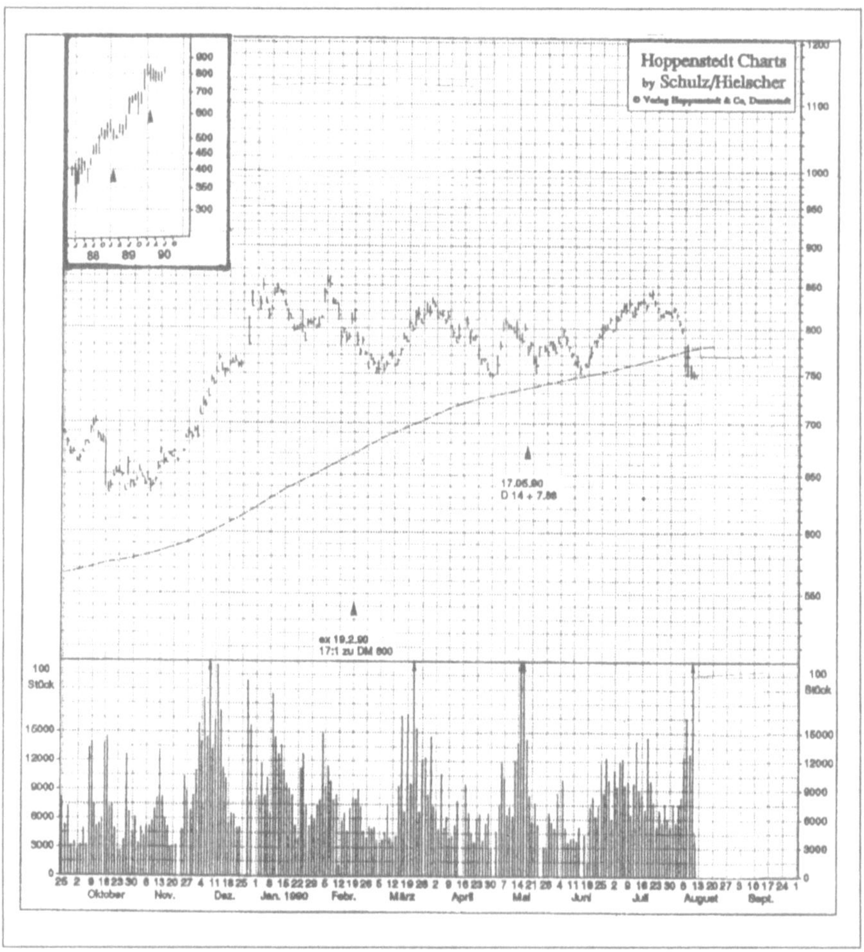

Abb. 27: Chart zu Aufgabe 2252 b)

c) Welche Aussage läßt sich aus dem kleinen Chart der monatlichen Höchst-Tiefstkurse ableiten?

d) Kommentieren Sie Ihre Eintragungen in das Chart der täglichen Kurse mit Angabe von konkreten Kursen. Erläutern Sie auch, ob in den letzten 4 Wochen Kauf- und/oder Verkaufssignale gegeben wurden.

e) Begründen Sie aufgrund Ihrer obigen Chartanalyse, welche Kurse kurzfristig (bis Jahresende) realistischerweise erreichbar erscheinen. Welche Kurserwartung halten Sie für am wahrscheinlichsten? Kennzeichnen Sie diese Erwartung im Tageschart.

2253 Trendlinienmethode (2)

a) Bis zu welchem Ereignis bleibt ein einmal etablierter Kurstrend erhalten?

b) Zeichnen Sie in das nachfolgende VW-Chart die wichtigsten Trends, Widerstände und Unterstützungen ein, die für die Beurteilung der aktuellen Situation (Mitte Oktober 1994) von Bedeutung sind.

c) Welche Aussage läßt sich aus dem oberen Chart der monatlichen Höchst- und Tiefstkurse ableiten?

d) Analysieren Sie das untere Chart der Tageskurse nach der Trendlinienmethode.

Abb. 28: Chart zu Aufgabe 2253 b), c) und d)

2254 Trendlinienmethode (3)

Am 20. September 1993 kommt zu Ihnen ein Kunde, der nach dem Motto „buy on bad news“ möglichst bald Aktien der Auto AG kaufen möchte. Welchen Rat würden Sie Ihrem Kunden aufgrund der Technischen Analyse erteilen? Gehen Sie ausschließlich von dem aktuellen Informationsstand zum 17.9.1993 aus !

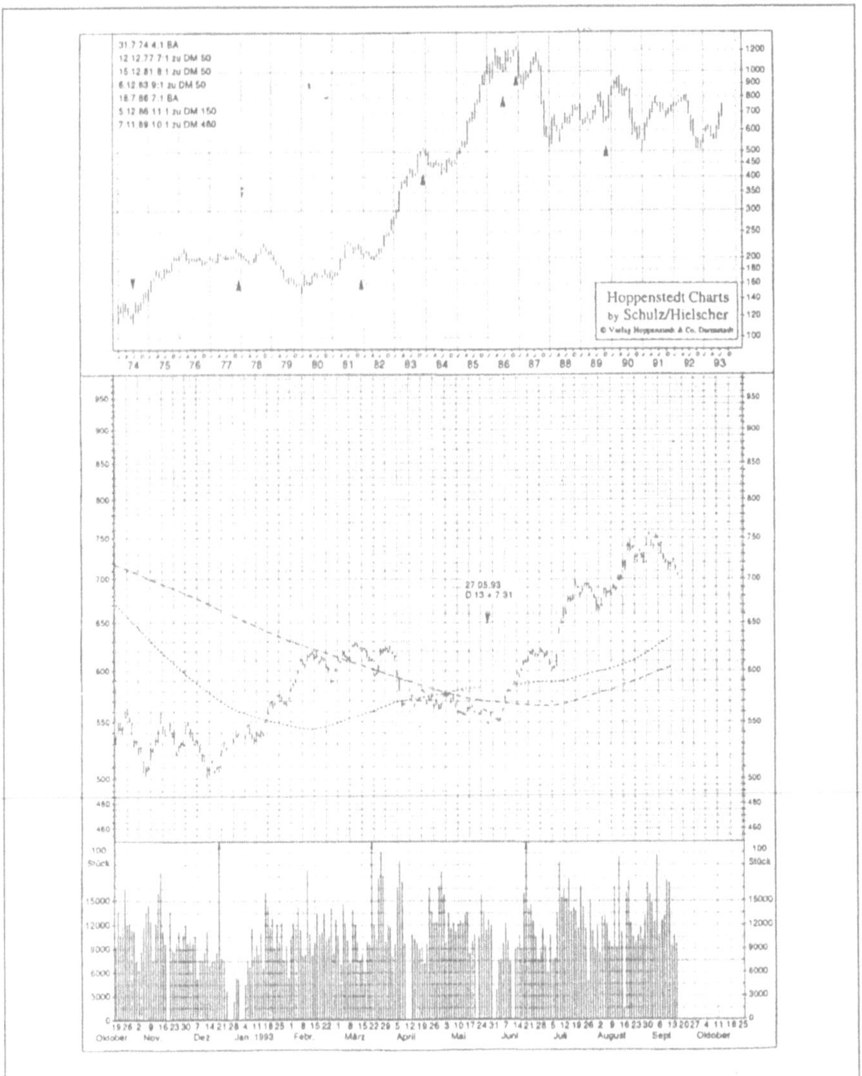

Abb. 29: Chart zu Aufgabe 2254

226 Checkliste Technische Analyse

Bewerten Sie mit Hilfe der nachfolgenden Checkliste die beiden folgenden Aktien (Rheinelektra und BASF), sowohl anhand der langfristigen als auch der kurzfristigen Entwicklung. Zu welchem Gesamtergebnis kommen Sie?

	Rheinelektra				BASF			
	Quelle Abb. Nr.	+	0	-	Quelle Abb. Nr.	+	0	-
1. Lage der Kurse zur Glättungslinie								
2. Lage der Kurse im Trend								
3. Bestätigung/Divergenz zur AD-Linie								
4. Überkauft/Überverkauft (Momentum)								
5. Relative Stärke								
6. Lage der Kurse zum Widerstand/-zur Unterstützung								
7. Breakout								
8. Kurs/Umsatz-Konstellation								
9. Formation								
10. Gesamturteil								

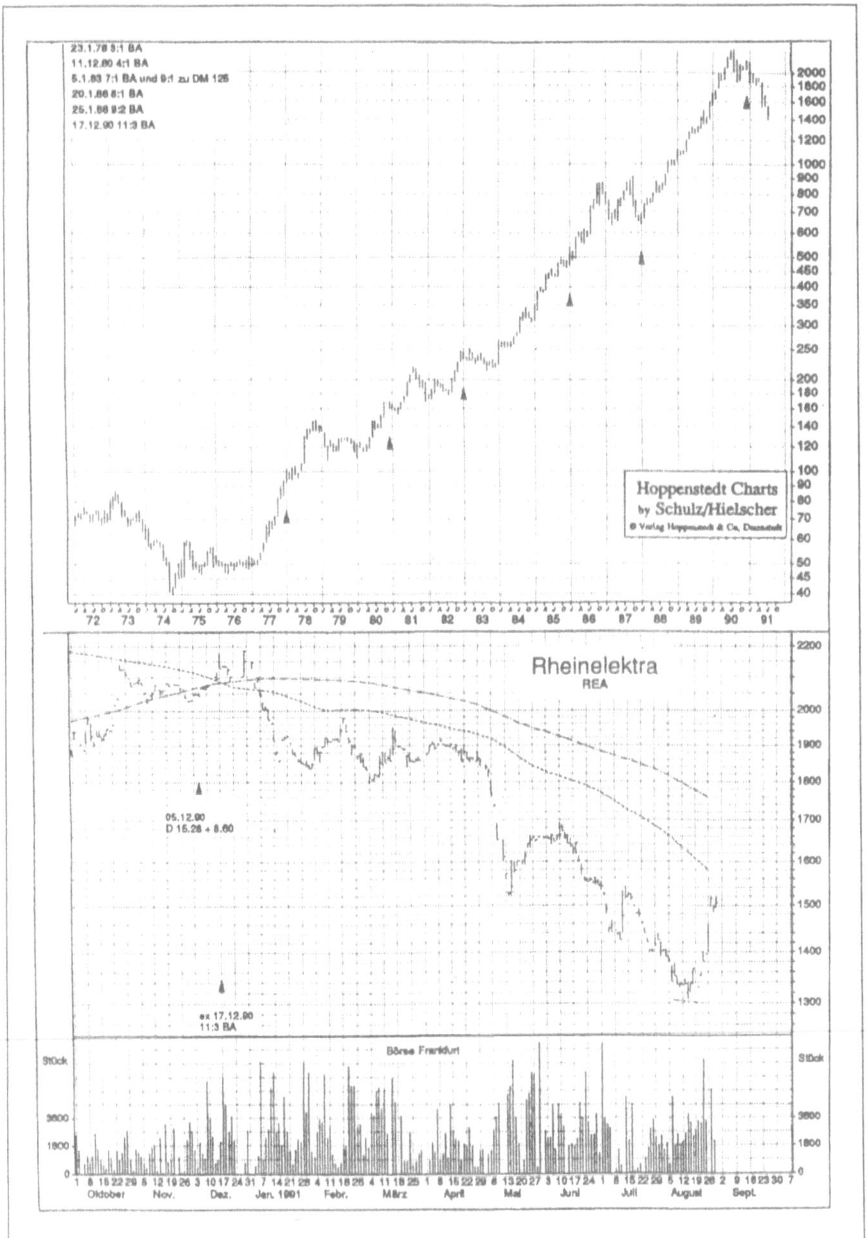

Abb. 30: Lang- und Kurzfristchart Rheinelektra

Abb. 31: Lang- und Kurzfristchart BASF

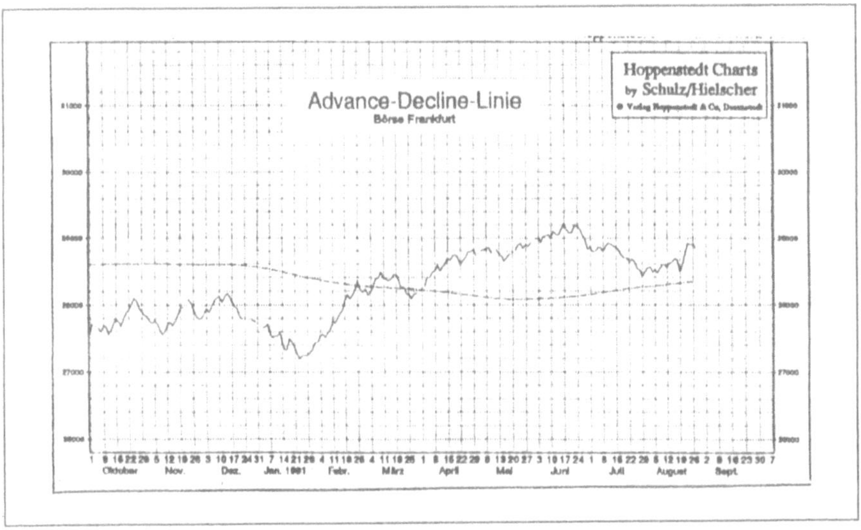

Abb. 32: A/D-Linie (Gesamtmarkt)

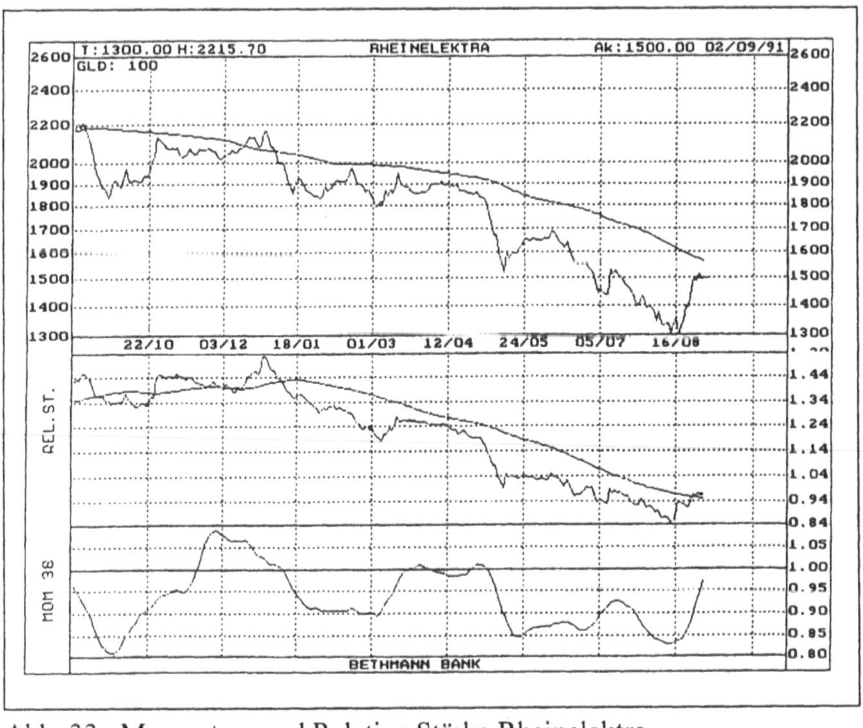

Abb. 33: Momentum und Relative Stärke Rheinelektra

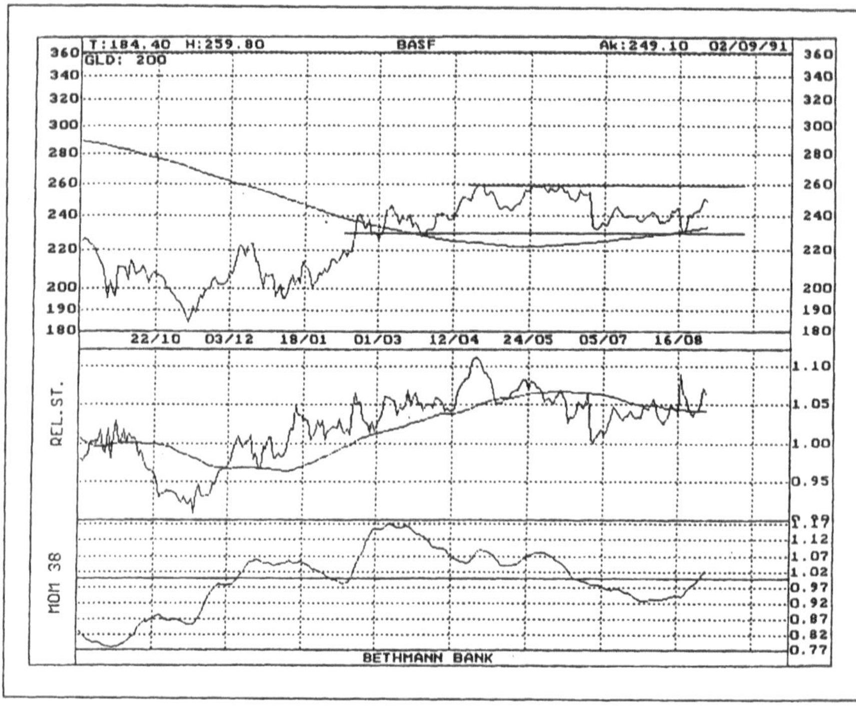

Abb. 34: Momentum und Relative Stärke BASF

23 Nationale und internationale Rentenmärkte

231 Allgemeine Tendenzen

Charakterisieren Sie die Begriffe Deregulierung, Globalisierung und Securitization.

232 Innovationen

Stellen Sie strukturiert nach der Fristigkeit wesentliche Instrumente des Rentenmarktes sowie die wichtigsten Zusatz- bzw. Ergänzungsvereinbarungen dar.

233 Forward Rate Agreement

a) Nennen Sie die gängigsten maßgeschneiderten Finanztermingeschäfte.

b) Was versteht man unter einem Forward Rate Agreement? Skizzieren Sie den grundsätzliche Aufbau eines FRA.

c) Bei einem FRA spricht man von einer symmetrischen Risikoverteilung. Was bedeutet das konkret?

d) Welche traditionelle hilfsweise Finanzierungslösung bietet sich als Alternative zu einem FRA an?

234 Reverse Floater

a) Bei der Analyse komplexer Instrumente geht man von einem Top Down Ansatz aus. Erläutern Sie die einzelnen Schritte der Vorgehensweise.

b) Ein Reverse Floater (Bull Floater) hat folgende Ausstattung:

- Kupon: 16 % (Festkupon) minus LIBOR 6 Monate
- Laufzeit: 10 Jahre

1) Erläutern Sie verbal die Funktionsweise des genannten Reverse Floater.
2) Welche Anleihe müßte sich ein Privatanleger zu diesem Reverse Floater kaufen, um sich eine Festzinsanleihe mit 8 % Kupon zu „konstruieren“?
3) Wie muß die zu kaufende Anleihe ausgestattet sein?

4) Welche andere Alternative würde sich in einem Industrieunternehmen anbieten?

c) Berechnen Sie formelmäßig die Duration des Reverse Floaters aus Aufgabe b). Gehen Sie so vor, als ob Sie ein Portefeuille aus dem Reverse Floater und der Aufgabe b2) gefundenen Anleihe bilden.

235 Spot- und Forwardrate

a) Erläutern Sie verbal, wie die Forwardrate ${}_tF_{t+1}$ ermittelt wird.

b) Gegeben sei eine (normale) Zinsstrukturkurve mit den Spotrates ${}_0S_1 = 5\ \%$, ${}_0S_2 = 5{,}3\ \%$ und ${}_0S_3 = 5{,}5\ \%$. Berechnen Sie schrittweise und eindeutig nachvollziehbar aus diesen Angaben die zukünftigen erwarteten Verzinsungen für die Zeiträume 0/1 bis 2/3 (Forwardrates ${}_0F_1$, ${}_1F_2$ und ${}_2F_3$).

236 Fremdwährungsanleihe

Eine Wertpapieranlage in einer Fremdwährung unterliegt einem Wechselkursrisiko. Gerade die Wechselkursveränderung hat sich in der Vergangenheit bei Fremdwährungsanleihen vielfach als die entscheidende Verlustkomponente erwiesen. Ein Investor kommt auf die Idee, das Wechselkursrisiko über ein Devisentermingeschäft abzusichern.

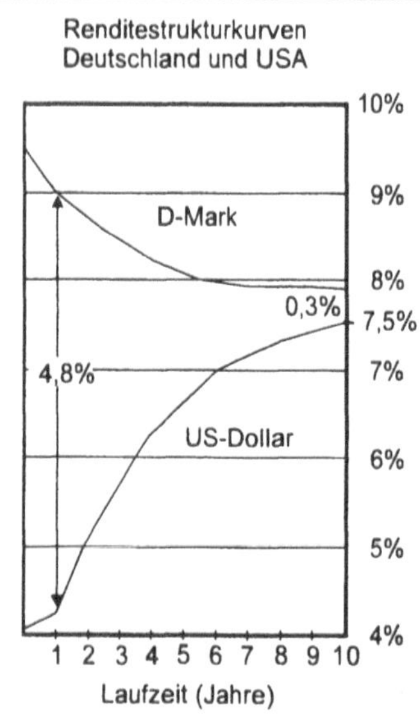

Abb. 35: Renditestruktur in Deutschland und den USA

a) Was würden Sie dem Investor auf seinen Vorschlag hin antworten?

b) Von einer Bank, so der deutsche Investor, käme die Empfehlung, die zur Zeit vorherrschenden unterschiedlichen Zinsstrukturkurven für festverzinsliche Wertpapiere zwischen Deutschland und den USA auszunutzen (vgl. dazu Abb. 35). Unter Ausschaltung des Wechselkursrisikos, so die Bank, könnte der Anleger bei einer Wertpapieranlage eine interessante Verzinsung erreichen. Der Kunde möchte von Ihnen wissen, wie denn so etwas möglich sei. Erklären Sie den Sachverhalt verbal und anhand eines durchgerechneten Beispiels.
Kassapreis 1 US-$ = 1,6670 DM, 12-Monats-Swap = 0,08, Anlagebetrag 10 Mio. US-$, Anlagezeitraum 12 Monate.

c) Sehen Sie Risiken bei diesem auf den ersten Blick interessanten Modell?

237 Rating

a) Erläutern Sie verbal, was man unter Rating versteht.

b) Nennen Sie die Analysestufen des Ratingprozesses.

c) In der untenstehenden Tabelle sind die vier Ratings AAA, A, BBB und B angeführt. Kennzeichnen Sie durch ankreuzen, ob das jeweilige Rating einen Investment- bzw. Speculative-Grade kennzeichnet. Geben Sie die zugehörigen empirischen, ungefähren durchschnittlichen Insolvenzquoten innerhalb eines Jahres bzw. innerhalb von 10 Jahren nach Erstveröffentlichung des jeweiligen Ratings an. Welche Zinssätze mußte ein Emittent mit dem jeweils angegebenen Rating Anfang November 1990 ungefähr zahlen, wenn ein AAA-Emittent an diesem Stichtag ca. 9,5 % p.a. aufzubringen hatte?

Rating		AAA	A	BBB	B
Investment Grade					
Speculative Grade					
Insolvenzquote	nach 1 Jahr				
(∅ 1970 - 1990)	nach 10 Jahren				
Zinssatz (%) am 7.11.1990					

24 Instrumente zur Begrenzung von Währungsrisiken

241 Währungsposition

a) Charakterisieren Sie kurz die Begriffe Position, Einzel- und Gesamtposition, offene und geschlossene, aktive und passive Position.

Erläutern Sie im Einzelnen folgende Begriffe:

b) Devisen-Einzelposition

c) Devisen-Gesamtposition

d) geschlossene Gesamtposition

e) Unter welcher speziellen Voraussetzung ist unter dem Aspekt der verschiedenen Währungspositionen das Währungsrisiko eines Unternehmens vollständig eliminiert?

242 Kurssicherungsstrategien

Charakterisieren Sie die grundsätzlich möglichen Währungskurssicherungsstrategien.

243 Risikopolitische Aktionsmöglichkeiten

Nennen Sie in systematischer Form die Instrumente zur Begrenzung von Währungsrisiken.

244 Wichtige risikokompensierende Kurssicherungsinstrumente im einzelnen

2441 Devisentermingeschäfte

a) Charakterisieren Sie kurz verbal die wesentlichen Eigenschaften eines Devisentermingeschäfts und erläutern Sie, wie sich das Währungsrisiko einer offenen Währungsposition verändert, wenn Sie ein kompensierendes Devisentermingeschäft abschließen.

b) Der Terminkurs bei einem Devisentermingeschäft setzt sich zusammen aus dem Kassakurs, korrigiert um einen Auf- oder Abschlag (Swapsatz). Was bestimmt den Swapsatz?

c) Ein deutscher Investor möchte hohe Dollarzinsen (10 % p.a.) nutzen, da ihm die DM-Zinssätze von 5 % zu niedrig scheinen. Um sich vor Währungsrisiken zu schützen, erwägt er gleichzeitig einen Devisenterminverkauf. Der Investor bittet Sie zu prüfen, wie groß sein Vorteil bei einer einjährigen Anlage von 2.000.000 DM in DM gerechnet sein würde. Zur Zeit liegt der Kassakurs bei 2 DM/US-$. Begründen Sie Ihre Antwort auch verbal.

d) Ein Exporteur möchte eine in 3 Monaten fällige Fremdwährungsverbindlichkeit in Höhe von 2 Mio. US-$ mit einem Devisentermingeschäft absichern, da er befürchtet, daß der $ von gegenwärtig 1,45 DM/$ auf 1,65 DM/$ steigen wird. Zur Berechnung liegen ihm folgende Marktdaten vor:

Euro-$-Zinsen:	5,75 % p.a.	Bankenspanne :	(80 Stellen)
Euro-DM-Zinsen:	3,50 % p.a.		0,8 Pfennig/$

Ermitteln Sie nachvollziehbar folgende Größen.

Zinsdifferenz:

Terminabschlag:

Terminkurs:

Bankenspanne:

Kaufpreis:

e) Wieviel DM muß der Exporteur dann für seine Dollarverbindlichkeit in 3 Monaten aufbringen und um welchen Betrag übersteigen die Ausgaben ohne Absicherung die Ausgaben mit Absicherung, wenn sich ein Dollarkurs von 1,65 DM/$ tatsächlich einstellt?

2442 Currency Futures (1)

a) Charakterisieren Sie verbal die exakte Konstruktion eines Futures.

b) Ein deutscher Importeur möchte am 1.4. eine am 1.10. fällige Verbindlichkeit über 1 Mio. US-$ hedgen, da er befürchtet, daß der Dollar von derzeit 1,70 DM/$ auf 2 DM/$ in 6 Monaten steigen wird. Zeigen Sie an einem einfachen Rechenbeispiel den grundlegenden Mechanismus von Hedgingoperationen mit Currency Futures-Kontrakten. Unterstellen Sie dabei, daß der Dollar in 6 Monaten tatsächlich 2 DM kostet.

2443 Currency Futures (2)

a) Ein deutscher Exporteur stellt am 21.3.1996 eine Rechnung über 10 Mio. US-$ mit einem Zahlungsziel von 6 Monaten (21.9.1996) aus. Bei einem März-Dollarkurs von 1,70 DM/$, befürchtet er, daß der Kurs bis zum Zahlungszeitpunkt auf 1,50 DM/$ fällt. Berechnen Sie eindeutig nachvollziehbar den Verlust, den der Exporteur realisiert, wenn er sich keines Sicherungsinstruments bedient und seine Befürchtung tatsächlich eintritt.

b) Der Exporteur möchte seine Fremdwährungsforderung mit einem Currency Futures absichern. Zur Berechnung liegen Ihm folgende Marktdaten vor:

Brokergebühren :	50 $ / Kontrakt
Kontraktwert:	125.000 DM
Auslaufen des Kontraktes:	21.9.1996

Ermitteln Sie nachvollziehbar folgende Größen.

Kontraktanzahl:

..........kurs der Kontrakte am 21.3.1996:

..........kurs der Kontrakte am 21.9.1996:

Futuresgewinn in $/DM:

Kontraktgewinn:

Gewinn aller Kontrakte in DM:

Brokergebühren:

Future-Gewinn in DM:

c) Auf welchen DM-Betrag reduziert sich der Verlust des Exporteurs mit Hilfe der Absicherung im Vergleich zum Verlust ohne Absicherung, wenn sich ein Dollarkurs von 1,50 DM/$ tatsächlich einstellt?

Verlust ohne Absicherung =

Verlust mit Absicherung =

2444 Swaps

a) Was ist die allgemeine Grundvoraussetzung dafür, daß ein Swap überhaupt zustande kommt?

b) Welches ist der zentrale Grundgedanke bei den Swapkonstruktionen?

c) Nennen Sie wichtige Swap-Grundstrukturen von Liability Swaps.

d) Erläutern Sie im Einzelnen, was ein Zinsswap ist, welche Vorteile die Swap-Parteien haben und welche rechtlichen Verpflichtungen dabei bestehen bzw. tangiert werden.

e) Ein deutscher Exporteur stellt am 19.8.1998 eine Rechnung über 5 Mio. Britische Pfund mit einem Zahlungsziel von 6 Monaten (19.2. 1999) aus, bei einem aktuellen £-Kurs von 2,9200 DM/£. Zur Absicherung des Währungsrisikos hat der Exporteur ein Devisentermingeschäft mit seiner Bank abgeschlossen. Folgende Daten liegen diesem Geschäft zugrunde: £-Zins = 7,5 % p.a.; DM-Zins = 3,0 % p.a.

Im November 1998 signalisiert der britische Geschäftspartner, daß er seiner Zahlungsverpflichtung bereits am 19.11.1998 nachkommen werde. Die 3-Monats-Forward Rate wird mit Punkten 300 notiert, der Devisenkassakurs betrage zu diesem Zeitpunkt 2,9200 DM/£. Wie kann der Exporteur das mit der Bank vereinbarte Devisentermingeschäft zum 19.2.1999 aus Liquiditätsüberlegungen mit einem Swapgeschäft absichern? Berechnen sie zuerst den Terminkurs für das Devisentermingeschäft und stellen Sie dann den Swap dar.

f) Gibt es im vorliegenden Fall eine einfachere Alternative zur der vorstehenden Strategie, wenn die Liquidität planmäßig erst zum 19.2.1999 benötigt wird?

2445 Fremdwährungskredite und Devisenoptionen

a) In manchen Fällen ist der Abschluß eines Devisentermingeschäftes oder die Absicherung über Currency Futures nicht möglich. Hier kann man ein entsprechendes Termingeschäft mit Hilfe von Fremdwährungskrediten simulieren. Wie funktioniert dies? (Gehen Sie bei Ihrer Erklärung von einem Exportgeschäft aus).

b) Kreuzen Sie bitte die entsprechende Strategie für die Absicherung einer Fremdwährungsforderung und einer Fremdwährungsverbindlichkeit mit Devisenoptionen an.

	Strategien	
	Kauf einer Verkaufsoption	Kauf einer Kaufoption
Fremdwährungsforderung		
Fremdwährungsverbindlichkeit		

25 Kassa- und Terminbörsen

251 Börsenbegriff

a) Nennen Sie die typischen Merkmale einer Börse.

b) Die Börsen lassen sich nach den untenstehenden Kriterien systematisieren. Ordnen Sie den einzelnen Kriterien die entsprechenden Börsenarten zu. Geben Sie in der letzten Spalte zusätzlich an, welche Börsenart für den deutschen Amtlichen Handel zutrifft.

Kriterium	zugehörige Börsenarten	zutreffende Börsenart für den deutschen Amtlichen Handel
Erfüllungsfrist der Geschäfte		
Handels- bzw. Kursfeststellungsverfahren		
Automationsgrad		
Handelsobjekte		
Marktsegmente		

c) Nennen Sie stichpunktartig mögliche Vorteile der Computerbörse gegenüber der Präsenzbörse.

d) Welche Funktion haben Wertpapierbörsen? Beantworten Sie die Frage am Beispiel des deutschen Kassa-Effektenmarktes.

e) Nennen Sie den grundlegenden Unterschied zwischen Kassa- und Terminbörsen.

f) Welchen Zweck verfolgen Warenterminbörsen, welche Einheiten liegen den Warentermingeschäften zugrunde und was ist kennzeichnend für den börsenmäßigen Warenterminhandel?

g) In welche beiden Unterarten lassen sich Futuresbörsen einteilen?

h) Differenzieren Sie die Börsengeschäfte nach der Handlungsmotivation der wichtigsten Marktteilnehmergruppen und charakterisieren Sie die jeweilige Handlungsmotivation kurz.

252 Einheitskurs

a) Erläutern Sie verbal die Preisbildung an einer Auktionsbörse, und zwar an dem Beispiel der deutschen amtlichen Kursfeststellung am Aktien-Kassamarkt.

b) Ermitteln und interpretieren Sie für folgendes Beispiel den Einheitskurs, den ein Kursmakler anhand der vorgegebenen Daten bestimmen würde.

Nachfrage (Käufe)	Gesamtumsatz in Stück	Angebot (Verkäufe)	Gesamtumsatz in Stück
10 Stück billigst (unlimitiert)		30 Stück bestens (unlimitiert)	
5 Stück zu 126 DM		0 Stück zu 122 DM	
12 Stück zu 125 DM		10 Stück zu 123 DM	
5 Stück zu 124 DM		5 Stück zu 124 DM	
13 Stück zu 123 DM		0 Stück zu 125 DM	
20 Stück zu 122 DM		2 Stück zu 126 DM	

c) Ermitteln und interpretieren Sie für folgendes Beispiel den Einheitskurs, den ein Kursmakler anhand der vorgegebenen Daten bestimmen würde.

Nachfrage (Käufe)	Gesamtumsatz in Stück	Angebot (Verkäufe)	Gesamtumsatz in Stück
15 Stück billigst (unlimitiert)		37 Stück bestens (unlimitiert)	
10 Stück zu 246 DM		4 Stück zu 242 DM	
8 Stück zu 245 DM		13 Stück zu 243 DM	
0 Stück zu 244 DM		7 Stück zu 244 DM	
12 Stück zu 243 DM		0 Stück zu 245 DM	
25 Stück zu 242 DM		9 Stück zu 246 DM	

253 Risk-Based-Margining

Erläutern Sie, was man innerhalb des Risk-Based-Margining Verfahrens bei Future-Long-Geschäften an Terminbörsen unter den folgenden Fachbegriffen versteht.

a) Initial Margin

b) Maintenance Margin

c) Variation Margin

d) Additional Margin

254 Arbitrage und Hedging

a) Was versteht man allgemein unter Arbitrage? Definieren Sie in diesem Zusammenhang den Begriff „execution slippage“.

b) Ordnen Sie die Ihnen bekannten Arbitrageformen systematisch den Kategorien „Klassische Formen“ und „Neuere Weiterentwicklungen“ zu.

c) Zwischen welchen Märkten findet Cash-and-Carry-Arbitrage statt, welche Geschäfte werden dabei getätigt und welche Mechanismen nutzt der Arbitrageur dabei aus?

d) Welche Kosten und Erträge resultieren aus den o.g. Positionen und wie werden die Cost of Carry bei einem Future auf einen Aktien-Kursindex berechnet?

e) Wie sind die Überlegungen unter d) zu modifizieren, wenn dem Aktien-Future statt eines Kursindex ein Performance-Index zugrundeliegt?

f) Definieren Sie die Begriffe Long Hedge- und Short Hedge-Absicherung.

255 Stock Index Futures

a) Geben Sie den Berechnungsansatz für die Andienungssumme eines Aktien-Index-Futures verbal an!

b) Sie beabsichtigen ein Aktienportefeuille, das sich aus 20 Standardwerten zusammensetzt, die auch im DAX enthalten sind, zu hedgen. Geben Sie die allgemeine Formel zur Berechnung der notwendigen Anzahl der Kontrakte an.

c) Was ist der Grundgedanke des Market Timing mit Aktienindexfutures?

d) Ein Investor besitzt ein Aktienportefeuille im Wert von 3.000.000 DM und einem Beta-Faktor von βp = 1,2. Bei einem aktuellen Indexstand von 2.250 Indexpunkten beträgt das Kontraktvolumen 225.000 DM. In Erwartung einer Baisse am deutschen Aktienmarkt beschließt der Investor, sein Portefeuille-Beta auf 0,6 abzusenken. Berechnen Sie, welche Anzahl an DAX-Futures hierzu benötigt wird.

e) Da sich die Anzeichen für eine Baisse verstärkt haben, möchte der Investor sein Aktienportefeuille auf dem gegenwärtigen Kursniveau mit DAX-Futures völlig absichern. Welche Anzahl DAX-Futures werden hierfür benötigt und wie wird der gefundene Faktor zur Bestimmung der Anzahl der nötigen Futureskontrakte bezeichnet?

256 Fixed Interest Rate Futures

a) Ein Trader hatte an der LIFFE zum 12.3.1990 5 Bund-Kontrakte zu liefern. Er wählte dazu die am 20.11.1998 fällige 6,375 % Bundesanleihe. Der Schlußkurs (Settlement Price) war 93,38, der Preisfaktor (Conversion Factor) 1,024369.

1. Welchen Nominalwert weist ein Kontrakt auf?
2. Geben Sie die Formel zur Berechnung des Rechnungsbetrages (=Andienungspreis) an, den der Kontraktkäufer für die Lieferung eines Kontraktes zu zahlen hat.
3. Berechnen Sie den Gesamtbetrag, den der obige Trader dem Kontraktkäufer in Rechnung stellen kann. Der Rechengang muß eindeutig nachvollziehbar sein.

b) Ermitteln Sie in nachvollziehbarer Weise durch Gegenüberstellung von Gesamtkosten (= Marktpreis der gelieferten Anleihe) und Abrechnungsbetrag unter Verwendung der unten angegebenen Daten die Cheapest to Deliver-Anleihe.

	Anleihe A	Anleihe B
Kurs	90,14 %	93,30 %
Stückzinsen	16.111,11 DM	15.553,82 DM
Conversion Factor	1,085456	1,120382

Der Exchange Delivery Settlement Price (EDSP) des Futures auf 100 DM Nominalwert beträgt 83,05.

3. Teil: Juristische und steuerliche Aspekte der Vermögensplanung

31 Der zivil- und strafrechtliche Ordnungsrahmen bei der Empfehlung von Kapitalanlagen

311 Zivilrecht

a) Bei der Empfehlung von Kapitalanlagen ist zwischen „einfacher“ und „qualifizierter“ Anlagevermittlung und der Anlageberatung zu unterscheiden. Charakterisieren Sie diese drei Begriffe inhaltlich genauer. Berücksichtigen Sie dabei insbesondere auch Umfang und Inhalt der jeweiligen Aufklärungspflichten.

b) Unter welchen Voraussetzungen nimmt die Rechtsprechung bei der Anlagevermittlung regelmäßig einen stillschweigend abgeschlossenen Auskunftsvertrag an, auch wenn ein Vermittlungsvertrag nicht ausdrücklich abgeschlossen wurde und keine Vereinbarung eines Entgeltes vorliegt?

c) Kommt zwischen dem Anlageinteressenten und dem Vermittler ein Auskunftsvertrag zustande, dann führt ein Verstoß gegen die daraus resultierenden Pflichten zu welchem Anspruch des Anlageinteressenten?

d) Welches Rechtsinstitut liegt der Rechtsprechung zur zivilrechtlichen Prospekthaftung zugrunde?

312 Anlagevermittler und Anlageberater

Kreuzen Sie im folgenden die zutreffenden charakteristischen Aussagen an.

	einfache Anlagevermittlung	qualifizierte Anlagevermittlung	Anlageberatung
Verpflichtung zur richtigen Information	☐	☐	☐
dem Kunden ist das Risiko abzunehmen	☐	☐	☐
vollständige Information über alle für den Anlageentschluß wesentlichen tatsächlichen Umstände ist erforderlich	☐	☐	☐
der werbende und anpreisende Charakter der Information steht im Vordergrund	☐	☐	☐
es erfolgt Inanspruchnahme persönlichen Vertrauens	☐	☐	☐
auf die persönlichen Verhältnisse des Kunden zugeschnittene fachkundige Bewertungen und Beurteilungen	☐	☐	☐
der Kunde ist an Spekulationen zu hindern	☐	☐	☐
Erweckung des Eindrucks besonderer Sachkunde	☐	☐	☐
ein Auskunftsvertrag kann stillschweigend zustande kommen	☐	☐	☐
die Überlassung von Material zur eigenen Durchsicht durch den Kunden genügt	☐	☐	☐
eigene Ermittlungen und Überprüfungen der Angaben Dritter sind ggf. notwendig	☐	☐	☐
Prospektinhalte sind zu überprüfen auf:			
a) Plausibilität	☐	☐	☐
b) Kapitalanlage immanente Risiken	☐	☐	☐

313 Strafrecht

Die Anwendung der „klassischen" Straftatbestände Betrug (§ 263 StGB) und Untreue (§ 266 StGB) hat in der Praxis wegen ihrer Komplexität teilweise Schwierigkeiten bereitet. Das 2. Gesetz zur Bekämpfung der Wirtschaftskriminalität hat deshalb das Inkrafttreten einer weiteren Strafvorschrift, des § 264a StGB, zum 1.8.1986 gebracht.

a) Wie heißt dieser Straftatbestand?

b) Mit der Einführung von § 264a StGB hat der Gesetzgeber einen entscheidenden Schritt zur Verbesserung des Anlegerschutzes getan. Begründen Sie dies.

c) Welche Täuschungshandlungen werden nach § 264a StGB unter Strafe gestellt?

314 Allgemeine Berufspflichten der Investmentanalysten

Nach welchen Leitsätzen hat sich ein Investmentanalyst bei seiner Berufsausübung in Deutschland zu richten?

315 Insiderhandels-Richtlinien

a) Welche Geschäfte dürfen Insider und ihnen gleichgestellte Dritte nicht tätigen?

b) Wer ist Insider?

c) Was sind Insiderpapiere?

d) Welche Regelung gilt im einzelnen für Bezugsrechte?

e) Was sind Insiderinformationen?

316 Händler- und Beraterregeln

a) Auf welche Wertpapiere beziehen sich die Händler- und Beraterrichtlinien und welchen Zweck verfolgen sie?

b) Wer gilt als Händler bzw. Berater im Sinne der Regeln?

c) Welche Geschäfte dürfen nicht empfohlen bzw. getätigt werden?

32 Steuerliche Aspekte der privaten Vermögensplanung

321 Effektenanlagen im Betriebs- versus im Privatvermögen

a) Wie ist das Reinvermögen eines buchführungspflichtigen Gewerbetreibenden zum Jahresende zu ermitteln (Wirtschafts- = Kalenderjahr)?

b) Ein buchführungspflichtiger Gewerbetreibender ermittle seinen Gewinn durch Betriebsvermögensvergleich. Wie wird dieser Gewinn ermittelt?

c) Bei im Privatvermögen gehaltenen Aktien brauchen Veräußerungsgewinne normalerweise nicht versteuert zu werden. Von dieser Regelung gibt es jedoch eine Ausnahme. Welche?

d) Gemäß § 20(2) EStG ist das Emissionsdisagio von Anleihen steuerpflichtig. Unter bestimmten Bedingungen wird jedoch auf die Besteuerung verzichtet. Wie sehen die Regelungen im einzelnen aus?

e) Ein Einzelunternehmer hält im Betriebsvermögen langfristig eine Liquiditätsreserve in Höhe von 20 Mio. DM und erzielt damit jährlich 5 % Zinseinnahmen. Berechnen Sie in eindeutig nachvollziehbarer Weise, wieviel davon nach Abzug aller relevanter Steuern (1998) netto übrig bleiben und wieviel DM Steuern abzuführen sind. (Zur Erleichterung der Berechnungen können die Zahlen auf 1.000 DM gerundet werden). Welche zuvor abzuführenden Steuern wurden zum 1.1.1997 bzw. 1.1.1998 abgeschafft?

322 Spekulationsgeschäfte

a) Wann fällt ein Spekulationsgewinn an?

b) Machen Sie Angaben zur Höhe der „Spekulationssteuer".

c) Eine Bank hat für einen Privatanleger am 4.1.1994 Wertpapiere mit einem Anschaffungswert von DM 10.000,00 erworben. Diese Papiere wurden am 2.7.1994 zu einem Verkaufspreis von DM 10.980,00 wieder verkauft.
Folgen für den Anleger?

d) Sie haben Wertpapiere gekauft. Die Käufe wurden von der Bank am
- 13.10.1989 (Wertstellung 16.10.1989) bzw. am
- 31.03.1990 (Wertstellung 02.04.1990) ausgeführt.

Rechnen Sie nach, wann Sie unter Beachtung der Spekulationsfrist die Wertpapiere frühestens verkaufen konnten.

e) Ein Anleger hat folgendes Wertpapierdepot (Girosammelverwahrung) aufgebaut.

Ausführungstag	Transaktion	Menge	Kaufkurs
02.03.1989	Kauf Coba	120 Stck	200 DM
06.03.1989	Kauf Coba	100 Stck	210 DM
05.06.1989	Kauf Coba	60 Stck	212 DM
06.07.1989	Kauf Coba	220 Stck	300 DM

1. Der Anleger möchte nun 350 Stück Coba-Aktien am 8.9.1989 verkaufen. Er bittet um Auskunft, wieviel Aktien unter Spekulationsgeschäfte fallen. Erläutern Sie Ihre Antwort.

2. Wie hoch ist die Spekulationssteuer bei einem Verkaufskurs von 312 DM?

f) Hätte eine Möglichkeit bestanden, die Spekulationssteuer zu vermeiden?

323 Zinsabschlag

a) Erläutern Sie kurz die wichtigsten Bestimmungen der sog. Zinsabschlagssteuer.

b) Setzt die Zinsabschlagsteuer als Abgeltungssteuer direkt beim Emittenten an?

c) Ein Anleger verfüge über das folgende Portefeuille:

Anlageart	Betrag (DM)	Zinssatz p.a.	Zinstermin	Zinsbetrag (DM)
Festverzins-	50.000	10 %	01.02.	
liche	30.000	5 %	01.03.	
	40.000	8 %	01.04.	
Festgeld	20.000	7 %	01.04.	
Sparkonten	20.000	3 %	Jahresende	
			Summe	

Der Anleger bittet Sie, ihm auszurechnen, welcher Betrag von der Bank nach Erteilung des Freistellungsauftrages des Anlegers (ledig) an das Finanzamt abgeführt wird?

d) Dem Investor fällt ein, daß er bei der Nennung seines Anlagenportefeuilles 50 Stück xy-Aktien vergessen hat. Die Dividendenzahlung im Mai beträgt 12 DM pro Aktie. Wie sieht die Rechnung unter Punkt c) bei einer rein schematischen Behandlung nun aus?

e) Der Investor möchte wissen, wie in diesem Zusammenhang seine im Ausland anfallenden Zinserträge behandelt werden.

f) Ergänzend möchte der Investor für seinen Bekannten, der ständig im Ausland wohnt, sein Depot aber in der Bundesrepublik Deutschland hat, die generelle Behandlung wissen.

g) Von einem Bekannten hat der Investor den Rat bekommen, Zero-Bonds in sein Depot mit aufzunehmen. Ob sich diese Strategie denn lohne, will der Kunde wissen.

324 Besteuerung ausländischer Wertpapiererträge

Ein Anleger in der Bundesrepublik Deutschland besitzt 100 CH-Aktien in der Schweiz.

a) Über welchen Betrag kann der Anleger 1990 vorerst verfügen, wenn eine Dividende in Höhe von 35 sfr pro Aktie gezahlt wird. Der Rechengang muß eindeutig begründet und nachvollziehbar sein.

b) Der Anleger zahlt in der Bundesrepublik Deutschland aufgrund seiner Einkünfte (63.800 DM einschließlich der Dividende aus der Schweiz) Steuern in Höhe von 17.027 DM. Welchen Betrag kann er aufgrund der gezahlten schweizerischen Verrechnungssteuer in der Bundesrepublik anrechnen (100 sfr = 120 DM)? Welchen DM-Betrag spart der Anleger ungefähr durch diese Anrechenbarkeit?

Aufgaben

und

Lösungen

1. Teil: Grundlegende theoretische Konzepte der modernen Investmentanalyse

11 Finanzmathematische Grundlagen der Investmentanalyse

111 Das Barwertmodell

Skizzieren Sie den Grundgedanken des Barwertprinzips.

Die Ausgangsüberlegung zu dem grundlegenden Barwertmodell lautet: um wieviel besser stellt man sich, wenn man eine Zahlung sofort statt erst in n Jahren erhält.

Der Barwert ist dementsprechend der durch Abzinsung mit Hilfe des Diskontierungsfaktors $q^n = (1 + i)^n$ ermittelte heutige Wert (Gegenwartswert, present value) einer zukünftigen Zahlung (future value). Mit i (Zinssatz) = p/100 (p = Zinsfuß in Prozent).

112 Elementare Bewertungsansätze der Rentenanalyse

1121 Zero-Bond

a) Erläutern Sie verbal, was man unter einem Zero-Bond versteht.

Unter einem Zero-Bond versteht man eine gesamtfällige Anleihe ohne jeden Zinskupon, daher auch der Name Null-Kupon-Anleihe. Es werden während der Laufzeit keine Zinszahlungen geleistet. Die Zinsen werden vielmehr erst am Ende der Laufzeit zusammen mit der Tilgung in einem Betrag ausgezahlt. Deswegen spricht man beim Zero-Bond auch von einem Zinssammler.

b) Nennen Sie die Formel für den Barwert B eines Zero-Bonds, der nach n Jahren zu dem Betrag T getilgt wird. (Unterstellen Sie im folgenden stets die übliche, jährlich nachschüssige Verzinsung.)

$$B_{\text{Zero Bond}} = \frac{T}{q^n} \qquad \text{mit:}$$

B = Barwert

T = Rückzahlungsbetrag (Tilgung + kumulierte Zinsen)

q^n = Diskontierungsfaktor = $(1+i)^n = \left(1+\frac{p}{100}\right)^n$

i = Zinssatz

p = Zinsfuß in Prozent

c) Ein Zero-Bond sei mit folgenden Merkmalen ausgestattet: Laufzeit 7 Jahre, Rückzahlungskurs 1.000 DM. Berechnen Sie in eindeutig nachvollziehbarer Weise den Barwert des Zero-Bonds bei einem Kalkulations-Zinssatz von 5 % p.a.

$$K_0 = \frac{K_n}{q^n} = \frac{K_n}{(1+i)^n} = \frac{1000}{1{,}05^7} = 710{,}681$$

Der Barwert des Zero-Bonds beträgt 710,68 DM.

d) Auf dem Markt wird ein Zero-Bond mit den Ausstattungsmerkmalen unter c) zu 700 DM angeboten. Leiten Sie in nachvollziehbarer Weise die Gleichung zur Bestimmung des internen Zinsfußes eines Zero-Bonds her und berechnen Sie die interne Rendite dieses Zero-Bonds.

$$K_0 = \frac{K_n}{(1+i)^n} \quad \Rightarrow \quad (1+i)^n = \frac{K_n}{K_0} \quad \Rightarrow \quad i = \sqrt[n]{\frac{K_n}{K_0}} - 1$$

$$i = \sqrt[7]{\frac{1000}{700}} - 1 = 1{,}05227 - 1 = 0{,}052 = 5{,}2\ \%$$

Die interne Rendite beträgt 5,2 %.

1122 Ewige Rente

a) Erläutern Sie verbal, was Sie unter einer ewigen Rente verstehen.

Eine ewige Rente verbrieft einen zeitlich unbegrenzten Strom von Zinszahlungen, aber keinerlei Anspruch auf Tilgung, d.h. der Kapitalbetrag wird zwar verzinst, aber niemals getilgt.

b) Leiten Sie die Formel für den Barwert einer ewigen Rente mit jährlichen nachschüssigen Rentenzahlungen r aus der Summe der Einzelbarwerte der Rentenzahlungen r ab.

Der Barwert B einer ewigen Rente mit jährlichen nachschüssigen Rentenzahlungen r läßt sich als Summe der Einzelbarwerte wie folgt schreiben:

$$B = \frac{r}{q} + \frac{r}{q^2} + \frac{r}{q^3} + \ldots$$

oder

$$B = r \cdot (q^{-1} + q^{-2} + q^{-3} + \ldots)$$

Setzt man die Rate r gleich eins, dividiert B durch q und subtrahiert B/q von B, so ergibt sich:

$$\begin{aligned} B &= q^{-1} + q^{-2} + q^{-3} + q^{-4} + \ldots \\ -\frac{B}{q} &= \phantom{q^{-1}} - q^{-2} - q^{-3} - q^{-4} - \ldots \\ \hline B - \frac{B}{q} &= q^{-1} \end{aligned}$$

Daraus folgt unmittelbar:

$$B \cdot \left(1 - \frac{1}{q}\right) = \frac{1}{q}$$

oder

$$B = \frac{1}{q} : \left(1 - \frac{1}{q}\right) = \frac{1}{q-1} = \frac{1}{1+i-1} = \frac{1}{i}$$

Der Barwert einer ewigen Rente mit der nachschüssigen Jahresrate r ergibt sich somit zu:

$$B = \frac{r}{i}$$

c) Eine Anleihe mit zeitlich unbegrenzter, jährlicher Zinszahlung, aber ohne Tilgung, wird am Markt zu 700 angeboten. Mit welcher jährlich gleich hohen Rate können Sie bei einem Zinssatz von 7 % rechnen?

$$B = \frac{r}{i} \Rightarrow \qquad r = B \cdot i = 700 \cdot 0{,}07 = 49$$

Die jährliche Rate beträgt 49 DM.

1123 Zeitlich begrenzte reine Rente

Leiten Sie aus den Barwertformeln für den Zero-Bond und der ewigen Rente die Formel für den Barwert einer Rente ab, die bei einer auf n Jahre begrenzten Laufzeit eine jährlich nachschüssig gezahlte Rate r bietet.

Aus	$\frac{r}{i}$	=	Barwert einer ewigen Rente
abzüglich	$\frac{r}{i} \cdot \frac{1}{q^n}$	=	Barwert einer ewigen Rente, die erst nach n Jahren beginnt
ergibt sich	$\frac{r}{i} \cdot \frac{q^n - 1}{q^n}$	=	Barwert einer auf n Jahre begrenzten Rente mit der Rentenrate r (zeitlich begrenzte reine Rente)

113 Elementare Bewertungsansätze der fundamentalen Aktienanalyse

1131 Dividend Discount Model

a) Nennen Sie die Formel für ein einfaches Dividend Discount Model, bei dem infolge der großen Unsicherheit ad infinitum pauschal mit jährlich konstanten Dividenden D gerechnet wird.

Kurs $= \frac{D}{i}$, entspricht dem Barwert einer ewigen Rente mit der nachschüssigen Rate D.

b) In welche Phasen wird in der Praxis der erwartete Dividendenstrom beim Dividend Growth Discount Model häufig unterteilt? Charakterisieren Sie diese Phasen zusätzlich hinsichtlich ihrer Zeitdauer und der jeweils unterstellten Dividendenwachstumsrate.

Nahphase:

umfaßt die nächsten zwei bis drei Jahre, wofür explizite Dividendenvoraussagen in das Modell eingehen (D_1, D_2 und ggf. D_3).

Übergangsphase:

umfaßt eine unterschiedliche Anzahl von Jahren (beginnend mit D_3 bzw. D_4), während derer sich die individuelle Dividendenwachstumsrate der Gesellschaft, einem nichtlinearen steigenden oder fallenden Pfad folgend, letztlich der durchschnittlichen Dividendenwachstumsrate aller Gesellschaften entsprechend der nachfolgenden Reifephase anpaßt.

Reifephase:

umfaßt alle auf die Übergangsphase folgenden Jahre ad infinitum. Das Dividendenwachstum wird als konstant unterstellt und orientiert sich am historischen Wachstum des nominalen Bruttosozialprodukts.

Zusammenfassend lassen sich die Phasen wie folgt veranschaulichen:

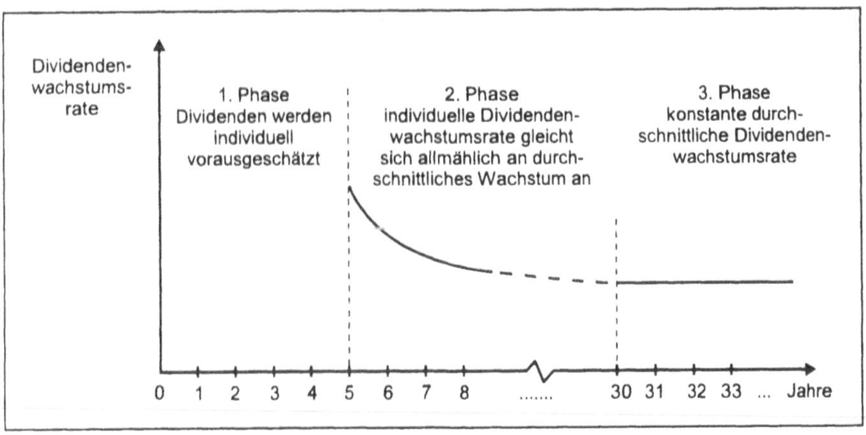

Abb. 36: Lösung zu Aufgabe 1131 b)

c) *Ein Unternehmen hat soeben eine Dividende D_0 von 10 DM pro Aktie ausgezahlt. Für die nächsten 4 Jahre (D_1,..., D_4) wird ein Dividendenwachstum von 20 % p.a. erwartet. Anschließend vermuten Experten eine gleichbleibende Dividende in Höhe von D_4 ad infinitum (Constant Dividend Discount Model). Berechnen Sie den Aktienkurs, wenn während der gesamten Laufzeit der Diskontierungssatz 15 % beträgt.*

$$\text{Kurs} = \frac{D_1}{q} + \frac{D_2}{q^2} + \frac{D_3}{q^3} + \frac{D_4}{q^4} + \frac{D_4}{q^5} + \frac{D_4}{q^6} + \frac{D_4}{q^7} + \ldots$$

$$= \frac{D_1}{q} + \frac{D_2}{q^2} + \frac{D_3}{q^3} + \frac{D_4}{q^3}\left(\frac{1}{q} + \frac{1}{q^2} + \frac{1}{q^3} + \frac{1}{q^4} + \ldots\right)$$

$$= \frac{D_1}{q} + \frac{D_2}{q^2} + \frac{D_3}{q^3} + \frac{D_4}{q^3 \cdot i}$$

$D_1 = 10{,}00 \cdot 1{,}2 = 12$; $\quad D_2 = 12{,}00 \cdot 1{,}2 = 14{,}4$

$D_3 = 14{,}40 \cdot 1{,}2 = 17{,}28$; $\quad D_4 = 17{,}28 \cdot 1{,}2 = 20{,}74$

$$\text{Kurs} = \frac{12{,}00}{1{,}15^1} + \frac{14{,}40}{1{,}15^2} + \frac{17{,}28}{1{,}15^3} + \frac{20{,}74}{0{,}15 \cdot 1{,}15^3} = 123{,}58$$

d) Führen Sie die gleiche Rechnung durch wie unter c), jedoch mit dem Unterschied, daß die Dividenden nach dem 4. Jahr jährlich durchschnittlich mit der Wachstumsrate w = 3 % (Constant Dividend Growth Discount Model) zunehmen.

$$\text{Kurs} = \frac{D_1}{q} + \frac{D_2}{q^2} + \frac{D_3}{q^3} + \frac{D_4}{q^4} + \frac{D_4(1+w)}{q^5} + \frac{D_4(1+w)^2}{q^6} + \frac{D_4(1+w)^3}{q^7} \ldots$$

$$= \frac{D_1}{q} + \frac{D_2}{q^2} + \frac{D_3}{q^3} + \frac{D_4}{q^4} + \frac{D_4}{q^4} \cdot \left[\frac{1+w}{1+i} + \left(\frac{1+w}{1+i}\right)^2 + \left(\frac{1+w}{1+i}\right)^3 \ldots\right]$$

$$= \frac{D_1}{q} + \frac{D_2}{q^2} + \frac{D_3}{q^3} + \frac{D_4}{q^4} + \frac{D_4}{q^4} \cdot \frac{1}{\frac{1+i}{1+w} - 1}$$

$$= \frac{D_1}{q} + \frac{D_2}{q^2} + \frac{D_3}{q^3} + \frac{D_4}{q^4} + \frac{D_4}{q^4} \cdot \frac{1+w}{i-w}$$

$$= \frac{D_1}{q} + \frac{D_2}{q^2} + \frac{D_3}{q^3} + \frac{D_4}{q^4} + \frac{D_5}{q^4(i-w)} \quad \text{wobei } w < i \text{ sein muß!}$$

$$D_5 = D_4(1+w) = 20{,}74 \cdot 1{,}03 = 21{,}36$$

$$\text{Kurs} = \frac{12{,}00}{1{,}15^1} + \frac{14{,}40}{1{,}15^2} + \frac{17{,}28}{1{,}15^3} + \frac{20{,}74}{1{,}15^4} + \frac{21{,}36}{1{,}15^4\,(0{,}15 - 0{,}03)} = 146{,}31$$

e) Begründen Sie, warum die Dividendenwachstumsrate w in dem Constant Dividend Growth Discount Modell kleiner sein muß, als der Kalkulationszinssatz.

Das Modell liefert für i = w ein unbestimmtes Ergebnis, da der Nenner Null wird. Für i < w wird der Ausdruck $D_5 / q^4(i-w)$ negativ, d.h. das Modell liefert empirisch nicht sinnvolle Ergebnisse, da die formal berechneten Kurse mit weiter steigendem Dividendenwachstum zurückgehen.

1132 Price-Earnings-Ratio

Bei der fundamentalen Einzelaktienanalyse spielt die Kennzahl Price-Earnings-Ratio (PER) nach wie vor eine große Rolle.

a) Wie lautet die Formel dieser Kennzahl?

$$PER = \frac{\text{Kurs}}{\text{Gewinn pro Aktie}} \left(= \frac{1}{\frac{\text{Gewinn pro Aktie}}{\text{Kurs}}} = \frac{1}{\text{Gewinnrendite}} = \frac{1}{i_g} \right)$$

b) Welche einschränkende Prämisse wird generell bei der Anwendung der PER unterstellt?

Ad infinitum konstante künftige Gewinne pro Aktie (analog zur konstanten Rentenrate bei der ewigen Rente).

c) Wie versucht man in der Praxis bei der Abschätzung der einer bestimmten Aktie „angemessenen" PER der unter b) genannten Prämisse Rechnung zu tragen?

Je nachdem ob bei einer bestimmten AG ein über- oder unterdurchschnittliches Wachstum (insbesondere der Gewinne) erwartet wird, erfolgen mehr oder weniger hohe Zu- bzw. Abschläge von der durchschnittlichen PER des Marktes.

114 Bewertung zusammengesetzter Renten

1141 Gesamtfällige Anleihen und Duplizierungsprinzip

a) Was ist die zentrale allgemeine Aussage des Duplizierungsprinzips?

Das Duplizierungsprinzip (auch Additionstheorem genannt) besagt, daß zwei Investments, völlig unabhängig davon, wie sie zusammengesetzt sind, stets den gleichen Wert haben, wenn aus ihnen nur genau die gleichen Zahlungsströme resultieren.

b) Leiten Sie mit Hilfe des Duplizierungsprinzips aus den Barwertformeln für den Zero-Bond und die ewige Rente die Formel für den Barwert einer gesamtfälligen Kuponanleihe ab, die nach n Jahren Laufzeit zu dem Betrag T getilgt wird. Erläutern Sie die einzelnen Schritte zusätzlich auch verbal und stellen Sie zusammenfassend den Grundgedanken qualitativ in einer Graphik dar.

Aus			
	$\frac{r}{i}$		Barwert einer ewigen Rente
	$-\frac{r}{i}\cdot\frac{1}{q^n}$	−	Barwert einer ewigen Rente, die erst nach n Jahren beginnt
		=	Barwert einer auf n Jahre begrenzten Rente mit der Rentenrate r (zeitlich begrenzte reine Rente)
	$+\frac{T}{q^n}$	+	Barwert der Tilgung T (Zero-Bond)
		=	Barwert der gesamtfälligen Anleihe

folgt zusammengefaßt die Formel:

$$B = r\cdot\left(\frac{1}{i}-\frac{1}{i\cdot q^n}\right)+\frac{T}{q^n} = r\cdot\left(\frac{q^n-1}{i\cdot q^n}\right)+\frac{T}{q^n} \qquad \text{oder, da } q = 1+i$$

$$B = r\cdot\frac{q^n-1}{q^n\cdot(q-1)}+\frac{T}{q^n} = \frac{1}{q^n}\left(r\cdot\frac{q^n-1}{q-1}+T\right)$$

Graphische Darstellung des Grundansatzes:

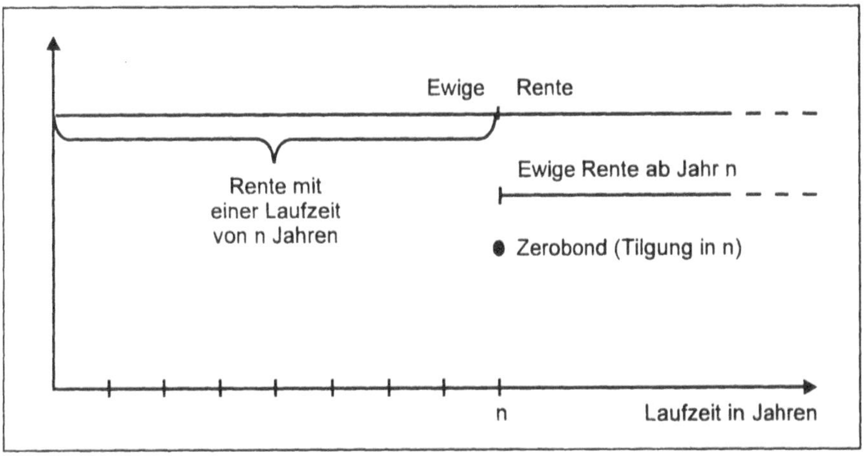

Abb. 37: Lösung zu Aufgabe 1141 b)

c) Dem Kurszettel ihrer Tageszeitung entnehmen Sie die drei folgenden Anleihekonditionen. Begründen Sie mit einer eindeutig nachvollziehbaren Berechnung, in welche der drei Anleihen Sie 1 Mio. DM investieren würden. Begründen Sie Ihre Entscheidung kurz verbal mit Hilfe Ihrer Rechenergebnisse und berechnen Sie, wieviele Anleihen des ausgewählten Typs Sie kaufen können. Die Tilgung der gesamtfälligen Anleihen erfolgt jeweils zum Nennwert.

	Laufzeit in Jahren	*Restlaufzeit in Jahren*	*Kupon*	*Nennwert*	*Kurs in %*
1.	*10*	*3*	*7,50 %*	*100 DM*	*110,00 %*
2.	*8*	*3*	*6,75 %*	*1.000 DM*	*105,50 %*
3.	*5*	*3*	*5,25 %*	*100 DM*	*101,50 %*

Am Markt besteht eine flache Zinsstrukturkurve mit 4,5%.

Formel für den Barwert einer gesamtfälligen Anleihe gemäß Aufgabe b):

$$B = r \cdot \frac{q^n - 1}{q^n \cdot (q-1)} + \frac{T}{q^n}$$

Barwert der Anleihe	$\frac{\text{Barwert} - \text{Kurs}}{\text{Kurs}}$
$B_1 = 7{,}5 \cdot \frac{1{,}045^3 - 1}{1{,}045^3 \cdot (0{,}045)} + \frac{100}{1{,}045^3} = 108{,}24$	$\frac{-1{,}76}{110} = -0{,}016$
$B_2 = 67{,}5 \cdot \frac{1{,}045^3 - 1}{1{,}045^3 \cdot (0{,}045)} + \frac{1.000}{1{,}045^3} = 1.061{,}85$	$\frac{6{,}85}{1055} = 0{,}0065$
$B_3 = 5{,}25 \cdot \frac{1{,}045^3 - 1}{1{,}045^3 \cdot (0{,}045)} + \frac{100}{1{,}045^3} = 102{,}06$	$\frac{0{,}56}{101{,}5} = 0{,}0055$

Bei Anleihe 2 liegt der Kurs im Vergleich zum Barwert am weitesten im unterbewerteten Bereich ⇒ Kauf Anleihe 2.

Aus dem vorhandenen Budget können 1 Mio. DM / 1.055 DM = 947 Anleihen gekauft werden.

1142 Tilgungsanleihen

a) Erklären Sie kurz verbal und durch Aufzeichnen des Zahlungsstroms den Unterschied zwischen einer gesamtfälligen Anleihe und den beiden Erscheinungsformen der Tilgungsanleihe aus der Sicht des Emittenten.

1. Gesamtfällige Anleihe: mehrere Kupontermine mit konstanten Zinsen, ein Rückzahlungstermin.

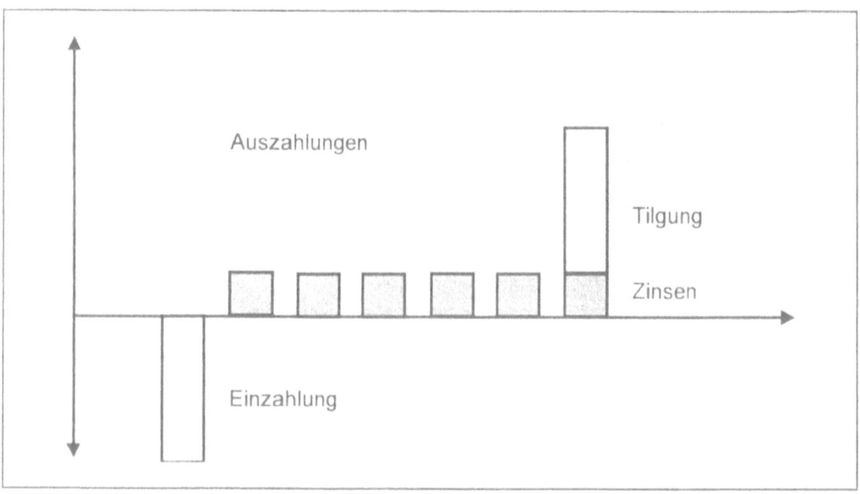

Abb. 38: Lösung zu Aufgabe 1142 a)

2. Tilgungsanleihe: mehrere Rückzahlungstermine

a) Ratenanleihe (Tilgungsrate = konstant):

Die Zinsbelastung sinkt infolge der vorgenommenen Tilgungen. Da Tilgungsraten konstant sind, sinkt die jährliche Annuität (Summe aus Zinsen und Tilgung)

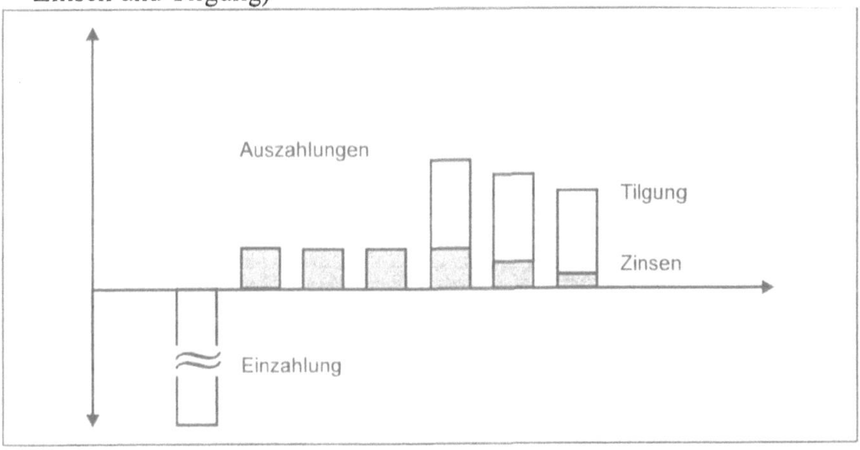

Abb. 39: Lösung zu Aufgabe 1142 a)

b) Annuitätenanleihe (Annuität = Zinsen + Tilgungsrate = konstant) mehrere Termine mit konstanter Zinslast; dann mehrere nach einigen Jahren einsetzende Tilgungszahlungen, wobei die infolge der Tilgung verringerten Zinsen zusätzlich zur Tilgung verwendet werden, so daß die Zinsbelastung abnimmt und die Tilgung zunimmt, ihre Summe aber gleich bleibt.

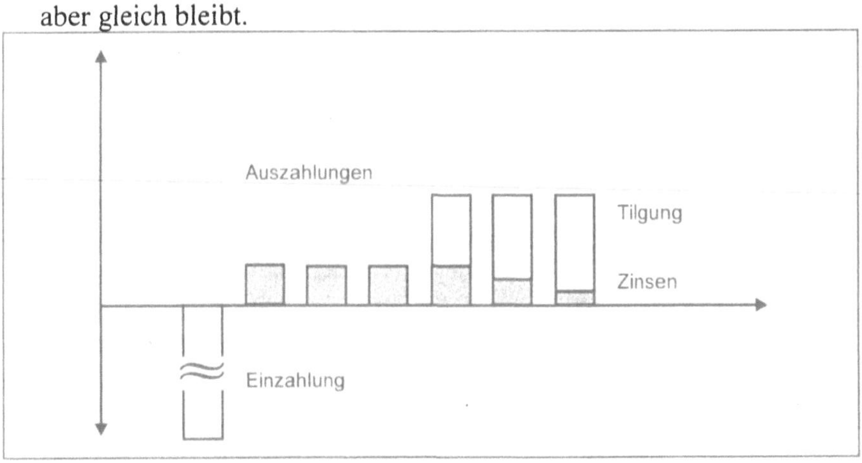

Abb. 40: Lösung zu Aufgabe 1142 a)

b) Berechnen Sie aus der Sicht eines Anleihekäufers nachvollziehbar den Kapitalwert für die folgende Anleihe und treffen Sie eine Aussage bezüglich der Preiswürdigkeit. Stellen Sie hierzu für jedes Jahr den noch nicht getilgten Nennwert, die anfallenden Zinszahlungen und die Tilgungszahlungen einander gegenüber. Berechnen Sie daraus den Barwert für jedes Jahr und dann den Kapitalwert.
Laufzeit: 6 Jahre; Kupon = 8 % p.a.; Tilgung erfolgt in vier gleichen Raten in den letzten Jahren der Laufzeit; Laufzeitadäquate Marktrendite = 6,8 %; Nennwert= 5.000 DM; Ausgabekurs = 102 %.

Jahr	*nicht getilgter Nennwert (30. Dez.)*	*Zinszahlung (31. Dez.)*	*Tilgung (31. Dez.)*	*Zahlungs-strom*	*Barwert*
0				- 5.100	-5.100,00
1	5.000	400		400	374,53
2	5.000	400		400	350,68
3	5.000	400	1.250	1.650	1.354,47
4	3.750	300	1.250	1.550	1.191,37
5	2.500	200	1.250	1.450	1.043,54
6	1.250	100	1.250	1.350	909,71
				Kapitalwert:	124,32

Kapitalwert mit Marktzinssatz berechnet positiv, deshalb kaufenswert.

1143 Anleihe mit Rückkaufvereinbarung (Call)

a) Welche Bewertungsmethoden gibt es, um den Wert von Anleihen mit Kündigungsklauseln im Vergleich zu gewöhnlichen gesamtfälligen Anleihen festzustellen?

1. Näherungsweise Lösung: Zusätzlich zur Rendite auf Endfälligkeit (yield to maturity) Berechnung der Rendite auf 1. Kündigungsmöglichkeit (yield to call).
2. Exakte Lösung: Anwendung des Duplizierungsprinzips durch Zerlegung des Callable (Putable)-Bond in eine einfache gesamtfällige Anleihe und in eine Option (Call bzw. Put) sowie getrennte Bewertung und anschließend Addition der beiden Bewertungen.

b) Die Sachsen-AG begibt eine 10jährige gesamtfällige Anleihe mit dem Nennwert der Anleihestücke von 100 DM und einem Kupon von 7,5 %. Der Emissionspreis führt zu einer Effektivverzinsung von 6,75 %. Berechnen Sie den Emissionspreis der Anleihe.

$$B = \frac{r}{i} \cdot \frac{q^n - 1}{q^n} + \frac{T}{q^n} = \frac{7,5}{0,0675} \cdot \frac{1,0675^{10} - 1}{1,0675^{10}} + \frac{100}{1,0675^{10}} = 105,329 \text{ DM}$$

effektiver Zins i = 0,0675; n = 10 Jahre; r = 7,50 DM;

q = 1+i = 1 + 0,0675 = 1,0675; T = 100 DM.

Der Emissionspreis müßte bei einer effektiven Verzinsung von 6,75 % 105,33 DM betragen.

c) Berechnen Sie die Zahlungsströme, die der Sachsen-AG nach Ablauf des ersten, des fünften und des zehnten Jahres aus der Erfüllung der Anleiheverpflichtungen entstehen, wenn der Nominalwert der Gesamtemission 1 Mio. DM beträgt.

$$\text{Anzahl der Anleihenstücke} = \frac{\text{Nominalwert}}{\text{Nennwert}} = \frac{1.000.000}{100} = 10.000$$

	Ende 1. und 5. Jahr	Ende 10. Jahr
Kupon 7,50 DM	· 10.000 St. = 75.000 DM	· 10.000 St. = 75.000 DM
Tilgung 100 DM		· 10.000 St. = 1.000.000 DM
Summe	75.000 DM	1.075.000 DM

d) Unterstellt sei, daß sich die Sachsen-AG bei der Emission das Recht vorbehielt, ab dem Ende des 7. Jahres 2.000 Anleihestücke pro Jahr zum Nominalwert vorzeitig zurückzukaufen. Berechnen Sie die von der Sachsen-AG zu entrichtenden Zahlungen vom 7. bis zum 10. Jahr, wenn diese den Call ausübt.

	Ende 7. Jahr	Ende 8. Jahr	Ende 9. Jahr	Ende 10. Jahr
Kupon 7,50 DM	· 10.000 St. = 75.000 DM	· 8000 St. = 60.000 DM	· 6000 St. = 45.000 DM	· 4000 St. = 30.000 DM
Tilgung 100 DM	· 2000 St. = 200.000 DM	· 2000 St. = 200.000 DM	· 2000 St. = 200.000 DM	· 4000 St. = 400.000 DM
Summe	275.000 DM	260.000 DM	245.000 DM	430.000 DM

1144 Komplexe Anleihe

Die Landwirtschaftliche Rentenbank emittiert am 15.4.1991 eine Anleihe mit folgenden Konditionen: Laufzeit 2 Jahre; Nominalwert 1.000 DM; Kupon 10,25 % p.a.; Ausgabekurs 100,875 %.

Rückzahlung nach Ablauf von 2 Jahren:
Entweder 100 % oder 47,9 % + 2 Commerzbank-Aktien, wobei die Wahl der Rückzahlungsvariante durch den Emittenten erfolgt.

Der aktuelle Marktzins liegt bei 8,5 %, die Aktie der Commerzbank notiert zum Ausgabezeitpunkt bei 260,50 DM.

a) Wie läßt sich die Preiswürdigkeit obiger Anleihe prinzipiell beurteilen? Erläutern Sie kurz die dabei auftretenden Schwierigkeiten.

Es ist der „fair value“ der Anleihe zu bestimmen und dem Ausgabekurs gegenüberzustellen. Eine einfache Bestimmung über das Barwertkonzept reicht allerdings nicht aus, da der Emittent ein Wahlrecht hinsichtlich der Rückzahlung besitzt.

b) Zeichnen Sie in das nachfolgende Schema das Renditeszenario der Anleihe in Abhängigkeit vom Commerzbank-Kurs ein.

Berechnung der Rendite: $i = \sqrt{\frac{K_2}{K_0}} - 1$

mit:

$K_0 = 1008{,}75$ und $K_2 = 102{,}5 \cdot (1{,}085) + 102{,}5 + 479 + 2 \cdot \text{Kurs CoBa}$

ergibt sich folgendes Renditeszenario:

Kassakurs CoBa in 2 Jahren in DM	200	210	220	230	240	250	260	260,5	270	280
Rendite in %	4,08	5,03	5,97	6,90	7,82	8,74	9,64	9,69	10,55	11,44

Die Rendite der Anleihe wird jedoch einen Wert von 9,69 % nicht übersteigen, da der Emittent von seinem Wahlrecht Gebrauch machen wird, die Anleihe zu 100 % zu tilgen sobald der Kurs der Commerzbank-Aktie bei Fälligkeit über 260,50 DM liegen sollte, weil die Tilgung bei diesem Kurs gerade 1000 DM beträgt (2 · 260,50 + 479), bei einem höheren Commerzbank-Kurs hingegen mehr als 1000 DM betragen würde.

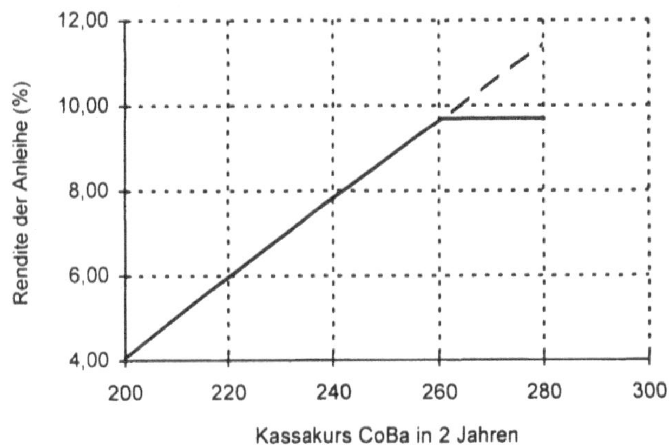

Abb. 41: Lösung zu Aufgabe 1144 b)

c) Welche Position geht der Käufer der Anleihe offenbar zusätzlich ein?

Der Käufer der Anleihe ist in der Position des Verkäufers einer Verkaufsoption (short put position) an den Emittenten der Anleihe, d.h. er muß auf Verlangen des Emittenten diesem 2 Commerzbank-Aktien abnehmen.

d) Für die Berechnung des Optionspreises auf die Commerzbank-Aktie mit der Black/Scholes-Formel steht Ihnen folgende Information zur Verfügung: Marktvolatilität der Commerzbank-Aktie am 15.4.1991: 28 %. Ergänzen Sie die noch benötigten Ausgangsdaten zur Berechnung des Optionspreises (siehe auch Abschnitt 13).

Laufzeit:	2 Jahre	Zinssatz:	8,5 % p.a.
Basispreis:	260,50 DM	Kassakurs:	260,50 DM
Optionstyp:	europäisch		

e) Der Preis für eine Option gemäß d) errechnet sich zu 26,20 DM. Beurteilen Sie jetzt die Preiswürdigkeit der Anleihe.

Ausgabekurs:	1008,75 DM
Hedgekosten: (Kauf von 2 Puts auf CoBa-Aktien)	52,40 DM
Gesamtkosten der gehedgten Anleihe:	1061,15 DM

Bestimmung der sicheren Rendite:

$K_0 = 1061{,}15$ und $K_2 = 102{,}5 \cdot (1{,}085) + 102{,}5 + 1000 = \ 1213{,}71$

Damit folgt für die Rendite $i = \sqrt{\frac{1213,71}{1061,15}} - 1 = 0,0695$

Vergleicht man die sichere Rendite der gehedgten Anleihe von 6,95 % mit der sicheren Marktrendite von 8,50 %, so ist der Kauf der Anleihe nicht zu empfehlen.

1145 Bull-Save-Return-Optionsschein

Ein innovatives Bankhaus hat einen Optionsschein begeben, bei dem der Käufer an steigenden Aktienkursen partizipieren bzw. mit einer sicheren Rückzahlung rechnen kann. Der Inhaber eines Optionsscheines hat das Recht:

1. *entweder einen Betrag von 100 DM zuzüglich der in DM ausgedrückten Differenz, um die der am Stichtag in 5 Jahren festgestellte Stand des FAZ-Index den Stand von 660 überschreitet, wobei ein Anstieg des FAZ-Index um 1 % einer Differenz von 1 DM entspricht,*
2. *oder einen Betrag von 124,61 DM zu verlangen.*

Der aktuelle Stand des FAZ-Index ist 660. Das Optionsrecht kann mit Ablauf der fünfjährigen Laufzeit am Stichtag ausgeübt werden. Die Auszahlungsstruktur dieses Optionsscheines kann durch die Kombination zweier einfach zu bewertender Finanzinstrumente dargestellt werden, nämlich einer „sicheren" Anlage und einer Option (Bull-Schein).

a) *Welcher Anleiheform entspricht der sichere Zahlungsstrom und wie hoch ist der Barwert dieser Komponente bei einem Renditeniveau von 7 %?*

Es handelt sich um einen Zero-Bond. Der sichere Betrag ist 124,61 DM, abgezinst auf 5 Jahre ergibt:

$$B = \frac{124,61}{(1,07)^5} = 88,85 \text{ DM.}$$

b) *Wie hoch ist der gegenwärtige „Kassakurs" und der „Basispreis" des Underlying (FAZ-Index) der Optionskomponente?*

Kassakurs S = 100 % ≙ 660; Basispreis X = 124,61 % = 822,43.
Der „Basispreis" X entspricht dem Ausübungspreis einer Option, da der Anleger ab X gegenüber der „sicheren" Anlage einen zusätzlichen Ertrag erzielt.

c) Der Schein soll insgesamt 103,50 DM kosten. Bestimmen Sie die Preiswürdigkeit des Scheins, wenn der Preis einer Option auf den FAZ-Index mit dem unter b) ermittelten Basispreis bei 15,50 DM liegt.

Der „fair value“ (fv) des Optionsscheins bestimmt sich aus der Summe von sicherer Komponente (Zero-Bond aus a)) und dem Wert der Option mit Basispreis 822,43: $fv = 88{,}85 + 15{,}50 = 104{,}35$ DM.

Mit einem Ausgabepreis von 103,50 DM ist der Bull-Schein fair bewertet.

(Weitere Einzelheiten zu Optionspreisen vgl. Abschnitt 13).

1146 Gleitzinsanleihe

Eine Bank emittiert Anfang des ersten Jahres eine Anleihe in zwei gleich großen Tranchen mit variablen nachschüssigen Kuponzahlungen. Die beiden Papiere mit einer Laufzeit von zehn Jahren sind wie folgt ausgestattet:

Jahr	*Kupon Tranche I*	*Kupon Tranche II*
1	*1,50 %*	*15,00 %*
2	*1,75 %*	*12,50 %*
3	*2,25 %*	*10,00 %*
4	*3,00 %*	*8,00 %*
5	*4,00 %*	*6,00 %*
6	*6,00 %*	*5,00 %*
7	*10,00 %*	*4,00 %*
8	*15,00 %*	*3,00 %*
9	*21,50 %*	*2,50 %*
10	*28,00 %*	*2,00 %*

Die Anleihe wird zu pari emittiert und am Ende der Laufzeit zu 100 getilgt. Die Emissionsrendite beträgt für Tranche I 7,70 % und für Tranche II 7,68 %.

Um sich eine genauere Vorstellung über die beiden Tranchen bilden zu können, berechnet ein Investmentanalyst die theoretischen Kurse für jedes Jahr unter der Annahme einer konstant bleibenden flachen Zinsstrukturkurve, und zwar in Form des jeweiligen Barwertes des jeweils zukünftig noch verbleibenden Cash-Inflows. Die berechneten theoretischen Kurse stellt der Analyst wie in Abb. 42 graphisch dar.

a) Kennzeichnen Sie in der Graphik eindeutig, welcher theoretische Kursverlauf zur Tranche I bzw. zur Tranche II gehört.

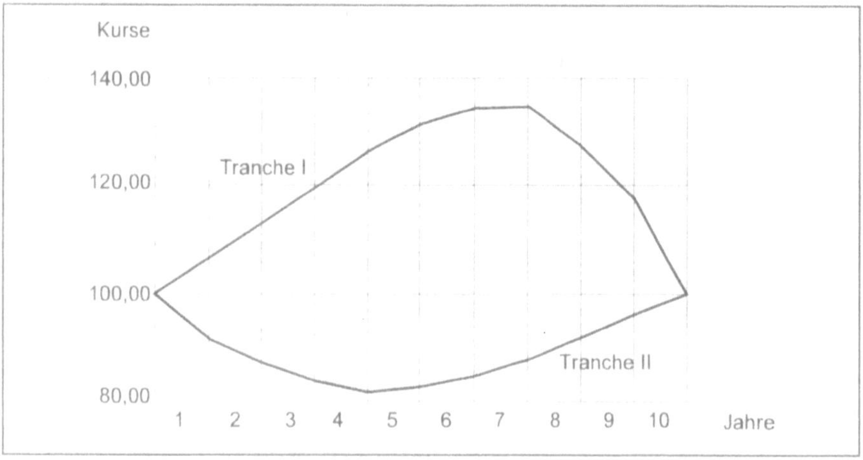

Abb. 42: Lösung zu Aufgabe 1146 a)

b) Begründen Sie verbal, warum die theoretischen Kurse der beiden Tranchen (unter den oben angegebenen Prämissen) den in der Abb. 42 dargestellten Verlauf aufweisen.

Da die Cash-Inflows bei Tranche I anfänglich sehr niedrig sind, danach aber stark ansteigen, steigt die Summe der jeweils verbleibenden diskontierten Cash-Inflows (Kupons + Tilgung), d.h. der Barwert aller verbleibenden Cash-Inflows und damit der theoretische Kurs, in den ersten 6 Jahren an. Trotz weiter steigender jährlicher Cash-Inflows an Kupons, sinkt dann der Kurs, d.h. der sich ab dem 8. Jahr ergebende Barwert, da die Tilgungsverluste (Barwert des Kurses am Ende des Vorjahres minus Barwert der Tilgung zu pari am Ende der Laufzeit) den positiven Barwert-Effekt der steigenden Kupons überkompensieren. Beim Kursverlauf der Tranche II tritt genau der umgekehrte Effekt ein, da die Kupons anfänglich hoch und danach stark fallend sind.

c) Welche Strategie wird ein steuerehrlicher Anleger mit einem Investment in den beiden Tranchen der Anleihe verfolgen (konstant bleibende, flache Zinsstrukturkurve unterstellt)?

Da der Anleger seinerzeit nach aktueller Kenntnis nur Zinserträge versteuern muß, Kursgewinne unter Berücksichtigung der sechsmonatigen Spekulationsfrist jedoch steuerfrei sind, liegt der besondere Vorteil dieses

Investments in der Möglichkeit zur Nutzung der Kursbewegung zur Realisierung steuerfreier Gewinne. Der Käufer der Tranche I könnte die Anleihe zu 100 kaufen und bei einem unveränderten Renditeniveau nach sechs Jahren zu rund 135 verkaufen. Zu versteuern wären nur die niedrigen Kuponzahlungen, der Gewinn in Höhe von 35 wäre nach der Veräusserung steuerfrei. Danach investiert der Anleger den gesamten Betrag in die Tranche II zu rund 84. Die Tranche II wird am Ende der Laufzeit zu 100 getilgt; der Investor realisiert somit erneut einen steuerfreien Kursgewinn. Während der gesamten Laufzeit liegen die zu versteuernden Kupons lediglich zwischen 1,5 % und 6 %.

d) *Berechnen Sie die interne Rendite der Strategie gemäß c) vor Steuern und nach Steuern (Ertragssteuersatz 50%), wenn die Wiederanlage der Kupons zu 7,7 % möglich ist.*

1. Zahlungsreihe vor Steuern:

Jahresende	0	1	2	3	4	5	6	7	8	9	10
Zinsen		1,5	1,75	2,75	3	4	6	4	3	2,5	2
Kapitalbewegungen	-100						135 -84				100
Zahlungsreihe	-100	1,5	1,75	2,75	3	4	57	4	3	2,5	102

Durch Aufzinsen aller Cash-Inflows mit 7,7 % auf den Fälligkeitszeitpunkt der Anleihe läßt sich die interne Rendite gleich der eines Zero-Bonds bestimmen zu:

Future-Value		2,92	3,17	3,78	4,7	5,8	76,7	5	3,5	2,7	102

$$i = \sqrt[10]{\frac{\text{Future Value aller Cash Inflows}}{\text{Cash Outflow zum Kaufzeitpunkt}}} - 1 = \sqrt[10]{\frac{210,27}{100}} - 1 = 0,077$$

oder: Gemäß Aufgabenstellung ist die Wiederanlagerendite und damit auch der interne Zinsfuß gleich 7,7 %.

2. Zahlungsreihe nach Steuern:

Jahresende	0	1	2	3	4	5	6	7	8	9	10
Zahlungsreihe	-100	0,75	0,875	1,525	1,5	2	54	2	1,5	1,25	101

Für die Zahlungsreihe nach Steuern folgt (gerundet):

Future-Value		1,46	1,58	2,56	2,3	2,9	73	2,5	1,7	1,3	101

Die Rendite nach Steuern bestimmt sich zu:

$$i = \sqrt[10]{\frac{190,09}{100}} - 1 = 0,066$$

Die Vorsteuerrendite der Anleihe beläuft sich auf 7,7 %. Unter Berücksichtigung eines Ertragssteuersatzes von 50 % konnte mit der Strategie unter c) immer noch eine Rendite von 6,6 % erzielt werden (Zum Vergleich: Eine Anlage in eine 10jährige Bundesanleihe mit einem Kupon von 7,7 % brachte eine Nach-Steuer-Rendite von 4,48 %).

e) Unter welchen drei Prämissen, deren tatsächlicher praktischer Eintritt allerdings ungewiß ist, geht die unter c) gefragte Strategie auf?

1. Wenn der „Fiskus" nicht doch noch einen Weg zur Besteuerung der Vorteile findet;
2. Stabile Zinsstruktur;
3. Papiere sind zu den theoretischen Kursen auch tatsächlich handelbar.

1147 Doppelwährungsanleihe

Wenden Sie das Duplizierungsprinzip an, um eine Doppelwährungsanleihe mit folgender Ausstattung zu bewerten: Nennwert 3.000 DM; Laufzeit 9 Jahre; Kupon 7,5 % jährlich nachträglich in DM gezahlt; Tilgung zu 1.100 US-\$. DM-Zinssatz in diesem Laufzeitsegment 6,6 %; \$-Zinssatz 10,9 %; Wechselkurs 1 \$ = 2,93 DM; Emission der Anleihe in DM zu pari.

Nach dem Duplizierungsprinzip kann die Doppelwährungsanleihe in einen DM- und einen \$-Bestandteil aufgespalten werden, die zunächst einzeln bewertet und deren Werte danach addiert werden können:

1. Der DM-Bestandteil ist eine zeitlich begrenzte (n-malige) Rente mit der Jahresrate „Kupon in DM".
2. Der \$-Bestandteil entspricht einem Zero-Bond. Hier tritt das zusätzliche Bewertungsproblem auf, daß der auf Fremdwährung lautende Zero-Bond eine offene Devisenposition impliziert. Diese ist rechnerisch entweder durch ein Devisentermingeschäft oder, sofern entspre-

chend lange Laufzeiten für das Termingeschäft nicht verfügbar sind, z.B. durch einen \$-Fremdwährungskredit zu schließen. Als Kosten (bzw. bei anderen Konstellationen u.U. Zusatzerträge) treten in beiden Fällen die Zinsdifferenzen zwischen DM und \$ auf, die unten durch unterschiedliche Kalkulationszinssätze für DM bzw. US-\$ berücksichtigt werden.

Damit kann der Barwert der Anleihe als Summe des Barwertes der DM-Kupons B_r und des Barwertes der mit dem \$-Zinssatz diskontierten Tilgung B_T berechnet werden:

Kupon in DM: $3000 \cdot 0{,}075 = 225$ DM p.a.

Damit ergibt sich ein Barwert B_r der DM-Zinsen:

$$B_r = r \cdot \frac{q^n - 1}{q^n(q-1)} = 225 \cdot \left(\frac{(1+0{,}066)^9 - 1}{(1+0{,}066)^9 (0{,}066)} \right) = 1491 \text{ DM}$$

Barwert der Tilgung B_T in US-Dollar bei einem Wechselkurs von 2,93 DM/\$:

$$B_T = \frac{T}{q^n} = \frac{1100 \cdot 2{,}93}{(1+0{,}109)^9} = 1270 \text{ DM}$$

Summe der Barwerte aus Kupons und Tilgung:

$$B_{ges} = B_r + B_T = 1491 + 1270 = 2761 \text{ DM}$$

Der „fair value“ der Doppelwährungsanleihe liegt bei ca. 2.760 DM. Da die Anleihe zum Nennwert von 3000 DM emittiert werden soll, ist ein Kauf nicht zu empfehlen.

1148 Anleihe mit an den DAX gekoppelter Tilgung

Ein für seine innovativen Finanzprodukte bekanntes Bankhaus beabsichtigt, eine Anleihe zu emittieren, deren Rückzahlung an den DAX gebunden ist. Die Anleihe ist mit einem Kupon von 11 % bei einer Restlaufzeit von drei Jahren ausgestattet. Der DAX steht augenblicklich bei 1.600 Punkten. Beträgt der DAX-Stand zum Fälligkeitszeitpunkt mehr als 1.400 Punkte, sinkt der Tilgungsbetrag pro 25 Punkte um jeweils 1 %. Ein DAX von 1.425 zum Fälligkeitszeitpunkt bedeutet somit eine Tilgung zu 99; 1.450 Punkte bedeuten eine Tilgung zu 98 usw. Das Papier soll zu pari emittiert werden. Dreijährige Anleihen rentieren zur Zeit mit 9 % p.a.

a) Ermitteln Sie den Barwert der Anleihe unter der Annahme,

1. daß der DAX zum Fälligkeitszeitpunkt 1.400 Punkte beträgt,

$$B = \frac{q^n - 1}{q^n(q-1)} \cdot r + \frac{T}{q^n} \qquad \text{mit } q = 1{,}09;\ T = 100;\ r = 11$$

$$= \frac{0{,}295}{0{,}1166} \cdot 11 + \frac{100}{1{,}295} = 27{,}8418 + 77{,}2183 = 105{,}06$$

2. daß der DAX zum Fälligkeitszeitpunkt dem aktuellen Stand (1.600) entspricht,

Barwert der Kupons wie bei 1. aber Tilgung T = 92

B = 27,8415 + 71,04 = 98,88

3. daß der DAX zum Fälligkeitszeitpunkt auf 1.800 angestiegen ist.

Barwert der Kupons wie bei 1. aber Tilgung T = 84

B = 27,8415 + 64,86 = 92,70

b) Ist der angestrebte Emissionspreis gerechtfertigt?

Die Anleihe soll zu pari, also zu 100, emittiert werden. Der Barwert bei unverändertem DAX (Fall a2) beträgt jedoch nur 98,88 und fällt bei steigendem DAX weiter. Allein unter diesem Aspekt erscheint die Anleihe zu teuer. Zudem geht der Käufer eine Optionsposition ein (Verkauf einer DAX Kauf-Option), für die er gewöhnlich eine Prämie erhält. Um vorteilhaft zu sein, müßte das Papier nicht zu pari sondern deutlich unter pari emittiert werden.

1149 Optionsanleihe

Ein Unternehmen hat eine Optionsanleihe begeben mit folgenden Parametern: Anleihebetrag 200 Mio. DM; Zinssatz 8,5 % p.a.; Laufzeit 10 Jahre; Bezugspreis je Aktie im Nennwert von 50 DM = 520 DM; Emissionskurs der Optionsanleihe 134,5 %; Anzahl der Optionsrechte je 5.000 DM nominal der Anleihe = 20; Anzahl der optierbaren Aktien 800.000.

a) Welche beiden Finanzierungsarten vereint die Emission einer Optionsanleihe aus der Sicht des Emittenten?

Die Emission einer Optionsanleihe verbindet zwei Finanzierungsarten, nämlich, die Begebung von Schuldverschreibungen, die dem Käufer einerseits eine Gläubigerposition und andererseits ein Optionsrecht, verbrieft in Optionsscheinen, einräumt. Durch den Verkauf der reinen Schuldverschreibung (ohne Option) betreibt die Gesellschaft Fremdfinanzierung.

Das Optionsrecht berechtigt den Inhaber, Aktien einer bestimmten Gesellschaft innerhalb einer bestimmten Frist zu einem festgelegten Bezugskurs zu beziehen. Insoweit Aktien bezogen werden, nimmt der Käufer eine Eigentümerposition ein, d.h. die Gesellschaft betreibt Eigenfinanzierung (sofern sich das Bezugsrecht auf eigene Aktien bezieht).

b) Welcher Unterschied besteht zu einer Wandelanleihe?

Bei einer Wandelanleihe geht die Anleihe bei Wandlung unter, da sie gegen Aktien eingetauscht wird (aus Fremdkapital wird Eigenkapital), während bei einer Optionsanleihe bei Ausübung des Optionsrechtes zum Fremdkapital zusätzliches Eigenkapital hinzukommt, d.h. die Anleihe als solche wird nicht umgetauscht.

c) Im Zusammenhang mit der Begebung von Optionsanleihen taucht häufig der Begriff „Vorratsbeschluß" auf. Was versteht man darunter?

Gemäß Aktiengesetz ist die Zustimmung der Hauptversammlung mit einer Mehrheit von mindestens drei Viertel des vertretenen Grundkapitals Voraussetzung für die Begebung einer Optionsanleihe (Bedingte Kapitalerhöhung gem. §193 AktG). Die Praxis trägt diesem Sachverhalt durch sogenannte Vorratsbeschlüsse Rechnung, in denen der Vorstand durch die Hauptversammlung im voraus ermächtigt wird, mit Zustimmung des Aufsichtsrates Optionsanleihen zu begeben. Damit wird die notwendige Flexibilität zur Ausnutzung günstiger Marktverhältnisse erreicht.

d) Welchen Fremdkapitalzufluß erhält das Unternehmen durch die Anleihe, welches bedingte Kapital muß zur Verfügung gestellt werden und wie hoch wäre der Eigenkapitalzufluß, wenn alle Optionsrechte ausgeübt werden?

Fremdkapitalzufluß: 200 Mio. DM · 134,5 % = 269 Mio. DM
Bedingtes Kapital: 800.000 Aktien · 50 DM = 40 Mio. DM
Eigenkapitalzufluß: 800.000 Aktien · 520 DM = 416 Mio. DM.

e) Wie hoch ist der Barwert pro Anleiheeinheit von 5.000 DM, wenn ein Marktzinssatz von 8,5 % unterstellt wird?

Da der Marktzinssatz dem Nominalzinssatz entspricht, folgt:
Barwert = 5000 DM = Rechnerischer Wert der Anleiheeinheit.

f) Wie hoch ist der Preis eines Optionsrechtes?

Die Ausgabe erfolgt zu 5000 DM · 134,5 % = 6725 DM.

Die Differenz zu 5000 DM = 1725 DM ist der rechnerische Wert aller 20 Optionsrechte pro Anlageeinheit, so daß der Wert eines Optionsrechts = 1725 : 20 = 86,25 beträgt.

115 Spezielle Probleme der Rentenrechnung

1151 Risikomaße

a) Was versteht man unter dem Begriff „Duration"?

Die Duration ist die sog. „kritische" Laufzeit einer Anleihe, d.h. die Laufzeit, bei der das (in der Anleihe angelegte) Vermögen (bei Reinvestition der Kupons) exakt gleich stark anwächst, gleichgültig ob zwischenzeitlich Zinsniveauveränderungen stattfanden oder nicht. Sie ist die Summe der mit der Zeit gewichteten Einzelbarwerte dividiert durch den Gesamtbarwert. Eine Kuponanleihe mit einer Duration von t_D hat damit die gleiche Zins-Sensitivität wie ein mit t_D laufzeitäquivalenter Zero-Bond. Mathematisch ist die Duration die erste Ableitung des Kurses nach der Rendite (Sensitivitätsmaß für die Kursveränderung in Abhängigkeit von Renditeveränderungen).

b) Duration und Standardabweichung sind beides Risikomaße. Bei der Anwendung einer dieser beiden Größen werden bestimmte Voraussetzungen bezüglich der Zinsstruktur unterstellt. Erläutern Sie kurz die entsprechenden Zusammenhänge.

Bei der Duration wird eine flache Zinsstrukturkurve unterstellt, d.h. alle Zahlungen werden mit dem gleichen Zinssatz abgezinst. Die Standardabweichung dagegen setzt keine spezielle Zinsstruktur voraus.

c) Die Standardabweichung wird neben der Duration als Risikomaß benötigt, da die Aussagefähigkeit der Duration begrenzt ist. Erläutern Sie dies.

Die Standardabweichung mißt das Gesamtrisiko (total risk) eines Portefeuilles. Man kann sie daher mit der Standardabweichung eines Markt-(Index)-Portefeuilles vergleichen. Die Duration macht zwar Aussagen über das Zinsänderungsrisiko, erfaßt damit jedoch keineswegs alle Risiken, wie z.B. das Bonitätsrisiko (default risk) und das Risiko einer vorzeitigen Kündigung (call risk).

d) Welche zusätzliche Information liefert die Convexity?

Die Convexity mißt die Krümmung, ist also ein Maßstab für die Nichtlinearität der Kurs-Rendite-Kurve. Sie macht eine Aussage über die Änderung der (modifizierten) Duration, wenn sich die Rendite ändert. Je höher die Convexity, desto schneller ändert sich die Duration bei Renditeänderung, d.h. desto größer ist der Fehler bei der Abschätzung des Zinsänderungsrisikos mit Hilfe der Duration. Mathematisch bestimmt sich die Convexity als Ableitung der „Modified Duration" nach der Rendite bzw. als zweite Ableitung des Kurses nach der Rendite.

1152 Duration

a) Eine dreijährige Anleihe besitzt folgende Charakteristika:

Jahr	*1*	*2*	*3*
Auszahlung Z	*6*	*6*	*106*

Der Marktzinssatz beträgt 6,5 %. Berechnen Sie die Duration dieser Anleihe in nachvollziehbarer Weise.

Die allgemeine Durationsformel lautet:

$$D = \frac{\sum_{t=1}^{n} t \cdot Z_t (1+i)^{-t}}{\sum_{t=1}^{n} Z_t (1+i)^{-t}} = \sum_{t=1}^{n} t \cdot \frac{B_t}{B}$$

Jahr	B_t	B_t/B	$t \cdot B_t/B$
1	$6/1{,}065 = 5{,}6338$	0,0571	$1 \cdot 0{,}0571 = 0{,}0571$
2	$6/1{,}065^2 = 5{,}2900$	0,0536	$2 \cdot 0{,}0536 = 0{,}1072$
3	$106/1{,}065^3 = 87{,}7520$	0,8893	$3 \cdot 0{,}8893 = 2{,}6679$
Summe	$B = 98{,}6758$		$D = 2{,}8322$

Die Duration beträgt 2,83 Jahre.

b) Berechnen Sie mit Hilfe der unter a) ermittelten Duration den Kursverlust, der sich einstellen müßte, wenn sich das Zinsniveau von 6,5 % (zum Emissionszeitpunkt) innerhalb kurzer Zeit auf 7,565 % erhöht. Wie lautet der geschätzte zukünftige Börsenkurs?

$$\frac{\Delta B}{B} = -\frac{D}{q} \cdot \Delta i = -\frac{2{,}8322}{1{,}065} \cdot (0{,}07565 - 0{,}065)$$

$$= -2{,}8322 \cdot \frac{0{,}01065}{1{,}065} = -\frac{2{,}8322}{100} = -2{,}83\,\%$$

$$\Rightarrow \Delta B = 98{,}68 DM \cdot (-2{,}83\%) = -2{,}79 DM$$

Der Kurs der Anleihe wird um ca. 2,80 DM von gegenwärtig 98,68 DM auf 95,88 DM fallen.

c) Bestimmen Sie die Duration eines 20-jährigen Zero-Bonds und einer 3 %igen ewigen Rente. Geben Sie weiterhin die allgemeine Formel für die Duration D_p eines Rentenporteufeuilles an.

Duration eines Zero-Bonds:

$D_{Zero\ Bond} = n =$ Restlaufzeit bis zur Tilgung = 20 (Jahre).

Duration einer ewigen Rente:

Setzt man die Barwertformel für die gesamtfällige Anleihe in die allgemeine Durationformel ein, gelangt man nach einigen Umformungen zu

$$D = \frac{1+i}{i} - \frac{n \cdot r + (q - i \cdot n)T}{r(q^n - 1) + i \cdot T}.$$

Strebt die Laufzeit gegen unendlich, so geht der zweite Term der Gleichung von D gegen Null (wegen q^n im Nenner), so daß sich

$$\lim_{n \to \infty} D = D_\infty = \frac{1+i}{i} \quad \text{ergibt.}$$

$$D_{Ewige\ Rente} = \frac{\text{Zinsfaktor}}{\text{Zinssatz}} = \frac{1+i}{i} = \frac{1+0{,}03}{0{,}03} = 34{,}3\,(\text{Jahre}).$$

Duration eines Rentenportefeuilles:

$$D_p = \sum_{j=1}^{m} x_j D_j \qquad \text{mit:}$$

D_j = Duration der Anleihe Nr. j im Portefeuille;

x_j = wertmäßiger Anteil (gemessen am Kurswert) der j-ten Anleihe am Gesamtportefeuillewert;

m = Anzahl der Anleihen im Portefeuille.

d) Berechnen Sie die Duration der Anleihe mit an den DAX gekoppelter Kündigung gemäß Aufgabe 1148 und zeigen Sie, wie sich die Duration bei steigendem DAX ändert.

Die Duration errechnet sich gemäß a) als $D = \frac{1}{B}\sum_{t=1}^{3} t \cdot B_t$

DAX-Stand zum Fälligkeitszeitpunkt	1.400			1.600			1.800		
	Z	B	t·B	Z	B	t·B	Z	B	t·B
t=1 (Kupon)	11	10,09	10,09	11	10,09	10,09	11	10,09	10,09
t=2 (Kupon)	11	9,26	18,52	11	9,26	18,52	11	9,26	18,52
t=3 (Kupon + Tilgung)	111	85,71	257,13	103	79,53	238,50	95	73,36	220,08
Summe	133	105,06	285,74	125	98,88	267,20	117	92,71	248,69
$D = \frac{1}{B}\sum_{t=1}^{3} t \cdot B$	2,72			2,70			2,68		

Die Duration sinkt mit steigendem DAX, da der Tilgungsbeitrag sinkt und somit ein geringeres Gewicht (Barwert) bekommt.

e) Berechnen Sie durch Ergänzen der untenstehenden Matrix die Gesamt-Duration D_P des tabellarisch dargestellten Rentenportefeuilles.

Anleihe (lfd. Nr.)	*Kurswert (Mio. DM)*	*Einzelduration (Jahre)*	*Portefeuilleduration* (relativer Anteil) · (Jahre)				
1	*2,0*	*7,50*	0,2	·	7,50	=	1,5
2	*3,0*	*5,00*	0,3	·	5,00	=	1,5
3	*4,0*	*2,25*	0,4	·	2,25	=	0,9
4	*1,0*	*10,00*	0,1	·	10,00	=	1,0
Summe	*10,0*	*24/9*			D_p	=	4,9

1153 Modified Duration und Price Value of a Basis Point

a) Skizzieren Sie die Bedeutung der Standard-Duration und der Modified Duration im Zusammenhang mit aktiven und passiven Anlagestrategien.

Aktive Strategien verfolgen das Ziel, Zinsschwankungen systematisch zur Performanceverbesserung zu nutzen. Hier liegt das typische Anwendungsgebiet der Modified Duration. Passive Strategien versuchen im Gegensatz dazu, eine zu einem bestimmten Zeitpunkt gegebene Rendite von den schwankenden Zinsen an den Rentenmärkten unabhängig zu machen, d.h. zu immunisieren. Hier findet vornehmlich die Standard-Duration Anwendung.

b) Ein Kundenportefeuille festverzinslicher Wertpapiere hat am 1.7.1990 einen Gesamtwert von 20 Mio. DM und folgende Struktur:

Papier	*Restlaufzeit (Jahre)*	*Kupon*	*Tilgung zu*	*Portefeuille-anteil (%)*
1 Gesamtfällige Staatsanleihe 85/95	*5*	*8%*	*100*	*45*
2 Gesamtfällige Staatsanleihe 88/93	*3*	*6%*	*101*	*25*
3 Zero Bond	*15*	—	*100*	*30*

Das Zinsniveau beträgt z.Zt. 7 %. Die Kupons sind jeweils am 30.6. fällig. Berechnen Sie mit Hilfe der Modified Duration die relative und absolute Wertänderung des Portefeuilles, die sich bei einem kurzfristigen Zinsshift auf 7,75 % theoretisch einstellen wird.

Standard-Duration: $$D = \frac{1}{B}\sum_{t=1}^{x} t \cdot B_t$$

$$D_1 = \frac{\frac{1\cdot 8}{1,07} + \frac{2\cdot 8}{1,07^2} + \frac{3\cdot 8}{1,07^3} + \frac{4\cdot 8}{1,07^4} + \frac{5\cdot 108}{1,07^5}}{\frac{8}{1,07} + \frac{8}{1,07^2} + \frac{8}{1,07^3} + \frac{8}{1,07^4} + \frac{108}{1,07^5}} = 4{,}32725 \text{ Jahre}$$

$$D_2 = \frac{\frac{1\cdot 6}{1,07} + \frac{2\cdot 6}{1,07^2} + \frac{3\cdot 107}{1,07^3}}{\frac{6}{1,07} + \frac{6}{1,07^2} + \frac{107}{1,07^3}} = 2{,}8324 \text{ Jahre}$$

D_3 = 15 Jahre (Restlaufzeit des Zero Bonds).

$D_{Portefeuille} = 0{,}3 \cdot 15 + 0{,}25 \cdot 2{,}8324 + 0{,}45 \cdot 4{,}32725 = 7{,}1553$ Jahre

Mittels der Modified Duration $D_{Mod.} = D_{Stan.} / (1+i)$ läßt sich die relative Wertänderung $\Delta B / B$ zu

$$\frac{\Delta B}{B} = -D_{Mod.} \cdot \Delta i = -\frac{D_{Stan.}}{q} \cdot \Delta i = -\frac{7{,}1553}{1{,}07} \cdot 0{,}75 = -5{,}015\,\%$$

und die absolute Wertänderung zu 20 Mio. DM · 0,05015 = 1.003.000 DM errechnen.

Die Dimension von $D_{Stan.}$ ist Jahre, die von $D_{Mod.}$ hingegen Prozent!

c) Die Modified Duration ist ein Maß für die Zinsssensitivität von Anleihen und kann daher auch als Beta-Faktor für Anleihen verstanden werden. Welches Risiko mißt demgegenüber die Kennzahl „Price Value of a Basis Point"? Wie wird diese Größe berechnet und wofür wird sie verwendet?

Mit der Kennzahl "Price Value of a Basis Point" (PVBP auch: Dollar Value of 0,01) mißt man das absolute Kursrisiko. Der PVBP ist die absolute Kursänderung, wenn sich die Rendite um einen Basispunkt (1 BP = 0,01 Prozent bzw. 100 BP = 1 Prozentpunkt) ändert. Je höher PVBP ist, desto höher ist das absolute Kursänderungsrisiko des Papiers. Die Kennzahl PVBP kann man aus folgender Gleichung ableiten:

$$\Delta B / B = - D_{Mod} \cdot \Delta i$$

$$B \cdot D_{Mod} = -\frac{\Delta B}{\Delta i} = -\frac{\Delta B}{\frac{\Delta p}{100}} = -\frac{\Delta B}{\frac{\Delta BP}{100 \cdot 100}} = -\frac{10.000\, \Delta B}{\Delta BP}$$

Bezieht man die Rechnung auf die Veränderung um einen Basispunkt, das heißt man setzt $\Delta BP = 1$ dann folgt:

$$B \cdot D_{Mod.} = 10.000\, \Delta B$$

$$\Delta B = PVBP = \frac{B \cdot D_{Mod}}{10.000}$$

wobei B = Dirty Price (= Anleihepreis incl. Stückzinsen) und ΔB die absolute Veränderung von B bei einer Renditeänderung pro Basispunkt (= PVBP).

Die PVBP verwendet man zur Berechnung des Delta-Faktors von Optionen bzw. seines Kehrwertes, der Volatility Ratio bzw. der Hedge Ratio beim Hedgen von Rentenportefeuilles mit Optionen und Futures.

1154 Convexity

a) Bei der Anwendung des Durationkonzepts werden üblicherweise Differenzen statt der exakten Differentiale verwendet. Welcher Zusammenhang wird bei dieser Vorgehensweise unterstellt ?

Durch Ersetzen der Differentiale durch Differenzen wird eine lineare Beziehung zwischen relativer Kursänderung $\Delta B/B$ und Zinssatzänderung Δi unterstellt. In Wirklichkeit ist der Zusammenhang, wie aus folgender (qualitativen) Abbildung hervorgeht, nichtlinear.

b) Was sagt die Convexity aus und wie wird sie berechnet ?

Die Convexity ist ein Maßstab für die Nichtlinearität, genauer: für die Krümmung der Kurs-Rendite-Kurve. Die C. beschreibt die Änderung der Modified Duration in Abhängigkeit von Renditeänderungen. Allgemein gilt: Je höher die Convexity eines Papiers ist, desto schneller ändert sich die Modified Duration, wenn sich die Rendite ändert.

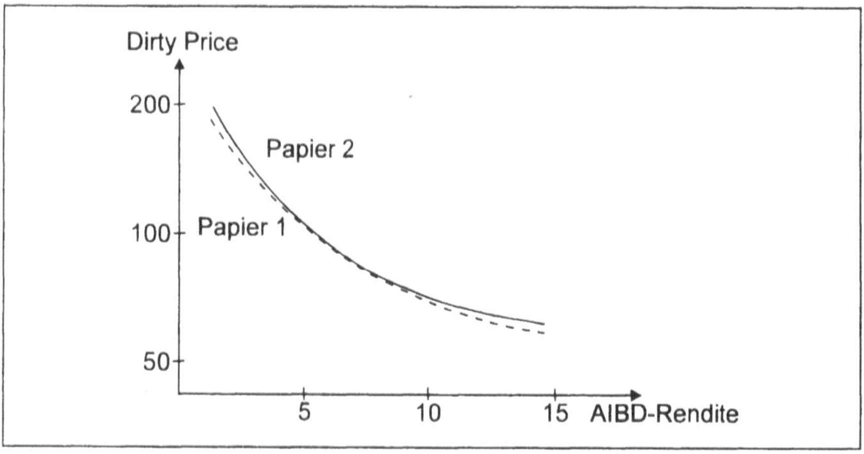

Abb. 43: Convexity festverzinslicher Wertpapiere

Mathematisch ist die Duration die erste Ableitung des Kurses (Barwertes) nach der Rendite. Die Convexity ist die erste Ableitung der Modified Duration nach der Rendite und damit die zweite Ableitung des Kurses nach der Rendite.

Für einen Anleger sind natürlich Papiere mit hoher C., d.h. mit starker Krümmung besonders wertvoll. Denn solche Papiere haben bei steigenden Renditen eine relativ geringe Kurssensitivität nach unten (Modified Duration wird kürzer). Bei fallenden Renditen haben sie eine relativ hohe Kurssensitivität nach oben (Modified Duration wird größer). Konkret bedeutet das: Wenn zwei Papiere die gleiche Modified Duration haben, sollte das Papier mit der höheren Convexity gekauft werden (Papier 2 in Abb. 43), da die Kursgewinne größer und die Kursverluste kleiner sind als bei einem Papier mit niedrigerer Convexity (Papier 1 in Abb. 43).

Die Convexity ermittelt man in der Praxis über folgende Näherungsformel: $C = \frac{100.000.000}{B_0} (B_1 - B_2)$

wobei:

B_0 = aktueller Dirty Price (Anleihepreis incl. Stückzinsen)
B_1 = Dirty Price, wenn Rendite um einen Basispunkt fällt
B_2 = Dirty Price, wenn Rendite um einen Basispunkt steigt.

1155 Zinsstrukturkurve

a) Stellen Sie graphisch dar und erläutern Sie verbal, was man unter einer „normalen", einer „inversen" und einer „flachen" Zins- bzw. Renditestrukturkurve versteht.

Graphische Darstellung:

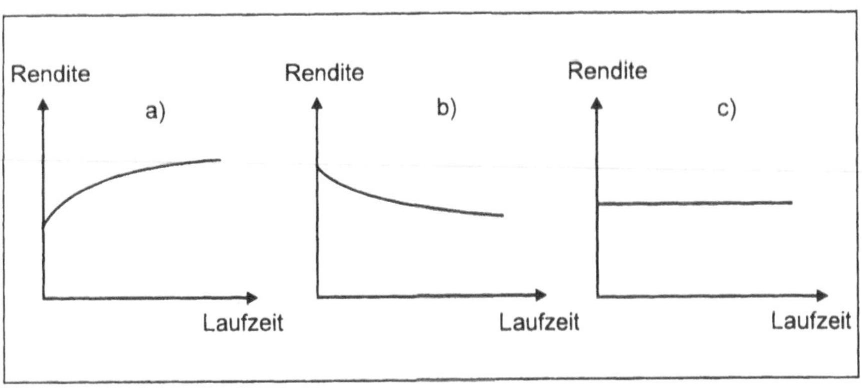

Abb. 44: Lösung zu Aufgabe 1155 a)

Verbale Charakterisierung:

Normale Zinsstruktur (Abb. 44 a)):
Die Rendite ist umso höher, je länger die Restlaufzeit wird, d.h. die Zinsstrukturkurve steigt mit der Restlaufzeit degressiv an.

Inverse Zinsstruktur (Abb. 44 b)):
Die Renditen am kurzen Ende liegen über denen am langen Ende, d.h. die Zinsstrukturkurve sinkt mit zunehmender Restlaufzeit degressiv.

Flache Zinsstruktur (Abb. 44 c)):
Die Renditen hängen nicht von der Restlaufzeit ab, d.h. sie sind für alle Laufzeitsegmente gleich hoch.

b) Für die Verläufe der Zinsstrukturkurve gibt es als Erklärungsansätze, die Markterwartungs-, die Liquiditätspräferenz- und die Marktsegmentierungstheorie. Erläutern Sie zunächst die wesentlichen Grundgedanken dieser theoretischen Ansätze. Veranschaulichen Sie diese dann in dem untenstehenden Koordinatensystem, indem Sie von einer „normalen" Zinsstruktur ausgehen.

Markterwartungstheorie:

Verlauf der Zinsstrukturkurve wird allein durch die Erwartungen der Marktteilnehmer hinsichtlich der künftigen Zinssätze-Entwicklung bestimmt. Die Erwartung von höheren (niedrigeren) zukünftigen Zinsen ist der einzige Grund für eine aufwärts-(abwärts-)gerichtete Zinsstrukturkurve.

Liquiditätspräferenztheorie:

Zusätzliche Beeinflussung der Zinsstrukturkurve durch Liquiditätsprämien (Risikoaufschläge infolge längerfristiger Liquiditätsbindung und Zinsänderungsrisiko). Diese Aufschläge sind der Grund für die in der Regel aufwärtsgerichtete Zinsstrukturkurve (auch als normaler Verlauf der Zinsstrukturkurve bezeichnet).

Marktsegmentierungstheorie:

Ausgangspunkt sind Ineffizienzen im Markt, die aus der Annahme einer Bevorzugung von unterschiedlichen Laufzeiten durch unterschiedlich potente Anlegergruppen resultieren. Angebot und Nachfrage sorgen dadurch für verschieden hohe Renditeauf- bzw. -abschläge für verschiedene Restlaufzeiten, so daß sich unterschiedlich gekrümmte Zisstrukturkurven ergeben können.

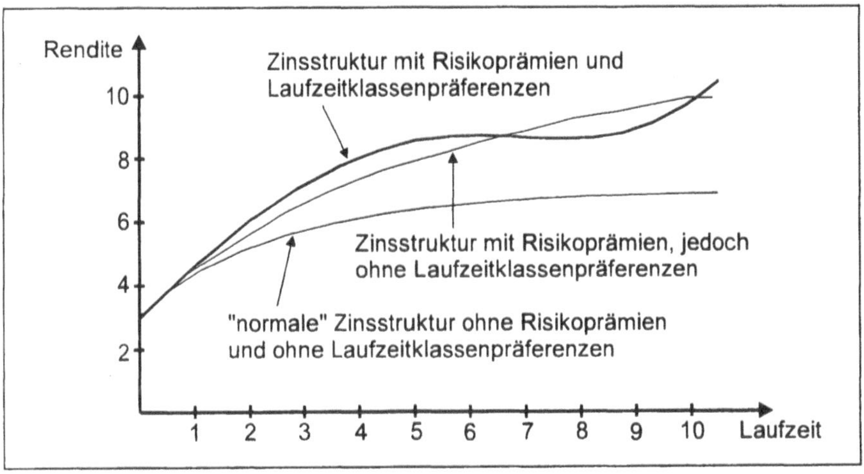

Abb. 45: Lösung zu Aufgabe 1155 b)

c) Welche Renditeeffekte lassen sich bei der Beurteilung von Anleihen in einer speziellen Kapitalmarktsituation unterscheiden ?

Es lassen sich 3 Effekte im Zeitablauf erkennen, die sich überlagern:

1. das „automatische" Verdienen der ursprünglich bei der Emission festgelegten Nominalverzinsung in Form von Kuponzahlungen und/oder zeitanteiligen Stückzinsen,
2. der Zinsshift (Veränderung der Zinsstrukturkurve) und
3. das sog. "Riding the Yield Curve" (automatische Renditeveränderung im Zeitablauf in Abhängigkeit von der Zinsstrukturkurve wegen der automatischen Laufzeitverkürzung) (unabhängig von Veränderungen der Zinsstrukturkurve).

d) Wie lassen sich diese Effekte bei der Bestimmung der Performance (erzielte Gesamtrendite) auf kurze Sicht berücksichtigen?

Faßt man diese drei Faktoren zusammen, dann ergibt sich für die insgesamt zu erwartende Rendite, d.h. für die sog. (Gesamt-)Performance P, auf kurze Sicht:

$$P \cong \text{aktuelle Rendite (zeitanteilig gerechnet)} - (\text{Zinsshift} + \text{R.Y.C.}) \cdot \frac{\text{Standard-Duration}}{1 + \text{Zinsniveau}}$$

mit R.Y.C = Riding the Yield Curve (= Ab- bzw. Aufgleiten auf der Zinsstrukturkurve).

e) Eine Anleihe mit einer Restlaufzeit n = 10 Jahre, einer Duration von 7,8 Jahren, einer aktuellen Rendite r = 5,55 % und einem Kupon C = 5,5 %, notiert nach 2 Monaten mit einer veränderten Rendite von 6,19 % [d.h. (Zinsshift + R.Y.C.) = (6,19 - 5,55) % = 0,64 %]. Wie war die Performance?

Die Zwei-Monats-Performance bestimmt sich zu:

$P \cong 0{,}0555 \cdot 2/12 - 0{,}0064 \cdot 7{,}8/1{,}0555 = -3{,}8\ \%.$

1156 Barwertbestimmung und Zinsstruktur

a) Welche Annahme wurde in den Aufgaben 111 bis 114 bezüglich der Zinsstruktur getroffen?

Die Renditen wurden bei der Diskontierung im Zeitablauf konstant (laufzeitunabhängig) angenommen, d.h. es wurde eine sog. flache Renditestrukturkurve unterstellt.

b) Gesucht ist der Kurs (Barwert) einer am 2.1.1998 emittierten gesamtfälligen Anleihe mit einem Nennbetrag von 100 DM, einer Laufzeit von 15 Jahren und einem jeweils zum Jahresende gezahlten Kupon von 6 %. Ziehen Sie für Ihre Berechnung eine flache Renditestruktur mit 7 % heran.

$$B = \frac{1}{q^n}\left(r\frac{q^n - 1}{q-1} + T\right) = \frac{1}{1{,}07^{15}} \cdot \left(6 \cdot \frac{1{,}07^{15} - 1}{0{,}07} + 100\right) = 90{,}89$$

Der theoretische Kurs der Anleihe ist 90,89 DM.

c) Welcher Kurs (Barwert) stellt sich ein, wenn jetzt eine normale Zinsstruktur gemäß nachfolgender Tabelle vorliegt?

Restlaufzeit (Jahre)	*1*	*2*	*3*	*4*	*5*	*6*	*7*	*8*
Rendite (in %)	*7*	*8,4*	*9,6*	*10,6*	*11,5*	*12,4*	*13*	*13,5*
Restlaufzeit (Jahre)	*9*	*10*	*11*	*12*	*13*	*14*	*15*	
Rendite (in %)	*14*	*14,4*	*14,6*	*14,8*	*14,9*	*15*	*15*	

Der Barwert der Anleihe bestimmt sich als Summe der mit der laufzeitäquivalenten Rendite berechneten Einzelbarwerte: $B = \sum_{t=1}^{15} \frac{Z_t}{(1+i_t)^t}$.

Jahr (t)	1	2	3	4	5	6	7	8
Cash-Flow (Z_t)	6	6	6	6	6	6	6	6
Barwert	5,61	5,11	4,56	4,01	3,48	2,98	2,55	2,18
Jahr (t)	9	10	11	12	13	14	15	
Cash-Flow (Z_t)	6	6	6	6	6	6	106	
Barwert	1,85	1,56	1,34	1,15	0,99	0,85	13,03	

Der theoretische Kurs der Anleihe berechnet sich zu 51,25 DM.

d) Welchen Kurs (Barwert) weist die Anleihe unter b) bei einer flachen Renditestruktur von 6 % auf?

Da der Kupon der Anleihe ebenfalls 6 % beträgt, beläuft sich der theoretische Kurs auf 100 DM.

116 Berechnung historischer (realisierter) Renditen

Der Kurswert eines aktiv gemanagten Rentenportefeuilles, das als Liquiditätsreserve zum Betriebsvermögen eines Unternehmens gehört, ist von einem Anfangswert von 100 Mio. DM innerhalb des ersten Jahres auf 80 Mio. DM gefallen und hat sich danach bis zum Ende des zweiten Jahres auf 142 Mio. DM erhöht. An Zinsen wurden jährlich 9 Mio. DM vereinnahmt, die jährlichen Spesen beliefen sich auf 4 Mio. DM. Der Einkommensteuersatz beträgt 50 % und die Inflationsrate 14 % p.a. Berechnen Sie in eindeutig nachvollziehbarer Weise die reale Nettorendite. Zinseszinseffekte (Wiederanlage der Zinszahlungen und der Steuerersparnis aus dem ersten Jahr) sind zu vernachlässigen.

Bruttorendite (vor Steuern und Spesen):

$$r = \sqrt{\frac{142 + 2 \cdot 9}{100}} - 1 = \frac{1}{10} \cdot \sqrt{142 + 2 \cdot 9} - 1 = 26{,}5\,\%.$$

Nettorendite (nach Spesen, vor Steuern):

$$r = \frac{1}{10} \cdot \sqrt{142 + 2 \cdot 9 - 2 \cdot 4} - 1 = \frac{1}{10} \cdot \sqrt{152} - 1 = 23{,}3\,\%.$$

Nettorendite (nach Spesen, nach Steuern):

$$r = \frac{1}{10} \cdot [142 + 2 \cdot (9-4) \cdot 0{,}5 - (80-100) \cdot 0{,}5 - (142-80) \cdot 0{,}5]^{1/2} - 1\,;$$

$$r = \frac{1}{10} \cdot [142 + 5 - 0{,}5 \cdot (-20+62)]^{1/2} - 1 = \frac{1}{10} \cdot \sqrt{126} - 1 = 12{,}25\,\%\,.$$

Reale Nettorendite (nach Spesen, nach Steuern, nach Inflation):

$$r = \frac{1}{10} \cdot \sqrt{\frac{126}{1{,}14 \cdot 1{,}14}} - 1 = \frac{1}{10} \cdot \sqrt{126/1{,}3} - 1 = 0{,}9845 - 1 \approx -1{,}5\,\%\text{ p.a.}$$

117 Renditeanalyse von Portefeuilles

1171 Performanceanalyse

Ein neu eingestellter Depotmanager für einen international gemischten Aktienfonds hat nach den ersten 12 Monaten seiner Tätigkeit mit dem von ihm verwalteten Fonds die in der nachstehenden Tabelle angegebenen Ergebnisse erzielt. Die Tabelle zeigt weiterhin die Struktur der ihm vorgegebenen Benchmark und deren tatsächliche Renditebeiträge.

	Fonds		*Benchmark*	
	Anteil	*erzielte Rendite*	*Anteil*	*Rendite*
Europa	*30 %*	*20 %*	*40 %*	*14 %*
USA	*50 %*	*8 %*	*40 %*	*8 %*
Fernost	*20 %*	*5 %*	*20 %*	*9 %*

Stolz auf seinen Erfolg rechnet der Manager vor, daß er die ihm vorgegebene Benchmark mit einem aktiven Ertrag von 0,4 % outperformed habe. Dies zeige, daß er im Hinblick auf die Gesamt-Benchmark sowohl die Allokation als auch die Selektion im Griff habe. Außerdem habe er eine Information-Ratio von 0,4 erreicht und damit den statistisch signifikanten Beweis erbracht, ein weit überdurchschnittlich guter Manager zu sein. Beurteilen Sie, ob der Manager mit seinen Aussagen Recht hat, indem Sie die nachfolgenden Aufgaben bzw. Fragen beantworten:

a) Welche Methode der Renditemessung (Beurteilungskriterium für Anlagen) ist anzuwenden, wenn die Qualität des Managements beurteilt werden soll und warum?

Es ist die zeitgewichtete Methode anzuwenden, da die Entscheidungen der Anleger über Mittelzu- bzw. Mittelabflüsse das Meßergebnis nicht beeinflussen sollen, sondern nur die börsenbedingte Wertentwicklung bzw. die börsenbezogenen Entscheidungen des Portfoliomanagers.

b) Berechnen Sie in nachvollziehbarer Weise, ob die aktive Rendite von 0,4 % stimmt.

Fonds-Rendite	= 20 % · 0,3 + 8 % · 0,5 + 5 % · 0,2	
	= 6 % + 4 % + 1 %	= 11 %
Benchmark-Rendite	= 14 % · 0,4 + 8 % · 0,4 + 9 % · 0,2	= 10,6 %

Da die Differenz + 0,4 % ist, stimmt die Aussage.

c) Begründen Sie, ob der Manager seine Information-Ratio (IR) richtig angegeben hat, wenn er in den vergangenen 12 Monaten ein aktives Risiko von 1 % Standardabweichung eingegangen war.

Ja, denn IR ist definiert als IR = aktiver Ertrag / aktives Risiko.

Aus den Zahlenangaben folgt daher IR = 0,4 % / 1,0 % = 0,4.

d) Eine dauerhaft erreichte Information-Ratio von 0,4 bedeutet pauschal gesehen:

Lösung:

☒ guter Manager

e) Berechnen Sie den Beitrag aus „Allokation", um die Behauptung des Managers zu überprüfen, er beherrsche die regionale Allokation (Gewichtung der Regionen (hier Erdteile) im Portefeuille). Geben Sie dazu zunächst die Formel für den Allokationsbeitrag aus Europa an und berechnen Sie in nachvollziehbaren Schritten unter Verwendung der in der vorstehenden Tabelle enthaltenen Zahlenangaben den entsprechenden Europa-Beitrag. Füllen Sie danach die untenstehende Tabelle vollständig aus. Wie ist das Ergebnis zu beurteilen?

1. Allgemeine Formel für den Europa-Beitrag aus Allokation:

[Gewichtung Europa (Fonds) – Gewichtung Europa (Benchmark)] ·

[Rendite Europa (Fonds) – Rendite (Benchmark)]

2. Berechnung des Europa-Beitrags aus Allokation:

Europa-Beitrag = (0,30 – 0,40) · (14,0 % – 10,6 %)
= –0,1 · 3,4 = –0,34 %

3. Ergänzen Sie die folgende Tabelle:

Bezeichnung	*Differenz Gewichtung*	*Differenz Benchmark-Rendite*	*Saldo*
Europa	–0,10	(14 %–10,6 %) = 3,4 %	–0,34 %
USA	+0,10	(8 %–10,6 %) = –2,6 %	–0,26 %
Fernost	±0,00	(9 %–10,6 %) = –1,6 %	0,00 %
			–0,60 %

f) Wie ist die Allokationsleistung des Managers zu beurteilen?

Die Allokation war schlecht. USA wurde übergewichtet, Europa untergewichtet und somit in beiden Fällen ein negativer Beitrag, d.h. ein negativer Renditebeitrag im Vergleich zu der Benchmarkrendite, erwirtschaftet.

g) Berechnen und beurteilen Sie analog zur Fragestellung unter d) den Beitrag aus Selektion (Einzeltitelauswahl).

1. Allgemeine Formel für den Europa-Beitrag aus Selektion:

[Rendite Europa (Fonds) – Rendite Europa (Benchmark)] ·
Gewicht Europa (Fonds)

2. Berechnung des Europa-Beitrags aus Selektion:

Europa-Beitrag aus Selektion = (20 % – 14 %) · 0,3
= 6 % · 0,3 = +1,8 %

3. Ergänzen Sie die folgende Tabelle:

Bezeichnung	*Renditedifferenz Fonds vs. Benchmark*	*Fondsgewicht*	*Saldo*
Europa	20 % – 14 % = +6 %	0,3	+1,8 %
USA	± 0 %	0,5	±0 %
Fernost	5 % – 9 % = –4 %	0,2	–0,8 %
			1,0 %

h) Wie ist die Selektionsleistung des Managers zu beurteilen?

Er hat offensichtlich in Europa gegenüber dem Index erfolgreich andere Einzelpapiere ausgewählt, während in Fernost durch Stockpicking eine leichte Unterperformance erzielt wurde. In den USA wurde gerade die Index-Performance realisiert. Per Saldo ergib sich daraus ein insgesamt (noch) positiver Selektionserfolg, der durchaus auf Zufall bzw. „Glück“ beruhen könnte.

1172 Performance, Markt- und Fremdwährungsrisiken

a) Ein deutscher Anleger, der am 7.3.1988 ein Index-Portefeuille in australischen Aktien gekauft hat, wollte am 29.8.1988 seine Performance überprüfen. Berechnen Sie in eindeutig nachvollziehbarer Weise das Anlageergebnis des deutschen Anlegers in Prozent. Geben Sie die verwendeten Zahlen, die Sie den folgenden Charts entnehmen können, explizit an. Spesen sind zu vernachlässigen.

In dem Anlagezeitraum von ca. 1/2 Jahr stieg der Aktienindex von 1320 (7.3.1988) auf 1600 (29.8.1988), d.h. um 21,2 %. Im gleichen Zeitraum erzielte der deutsche Anleger einen zusätzlichen Währungsgewinn von 31 Pfennig pro austral. $ (1,23 DM/A-$ auf 1,54 DM/A-$). Das entspricht 25,2 %. Damit errechnet sich die Gesamt-Performance wie folgt:

$$\frac{\text{Wert der Anlage am 29.8.1988}}{\text{Wert der Anlage am 07.3.1988}} = \frac{1600 \cdot 1{,}54}{1320 \cdot 1{,}23} = \frac{2464}{1623{,}6} = 1{,}5176$$

$= 51{,}76\ \%$ (in 6 Monaten)

(oder rechnerisch: $1{,}5176^2 = 2{,}303 \mathrel{\hat{=}} 130\ \%$ p.a.).

b) Ein anderer deutscher Anleger erfährt von den unter a) ermittelten Erfolgen und fragt an, ob er am 29.8.1988 noch mit einem Index-Portefeuille neu in Australien einsteigen soll. Was würden Sie empfehlen? Begründen Sie Ihre Empfehlung unter Heranziehung der Charts.

Empfehlung:

Unter den am 29.8.1988 gegebenen Umständen sollte z.Zt. nicht in australische Aktien investiert werden.

Begründung:

Der Aktienindex (Abb. 46) hat bereits ein erstes Verkaufsignal gegeben: Durchbruch des Index durch die aufwärtsgerichtete Trendlinie nach unten (zwischen dem 8. und 15.8.1988). Nach dem starken Anstieg des A-$ (Abb. 47) liegt eine Reaktion nach unten nahe, da der mittelfristige steile Aufwärtstrend (s. eingezeichntete Linie) bereits gebrochen scheint. Weiterhin besteht eine starke Abhängigkeit des A-$ von dem US-$. Dem deutschen Anleger können daher beträchtliche zusätzliche Währungsverluste drohen. Die Chance-Risiko-Relation ist somit aus deutscher Sicht ungünstig und rechtfertigt ein neues Engagement nicht.

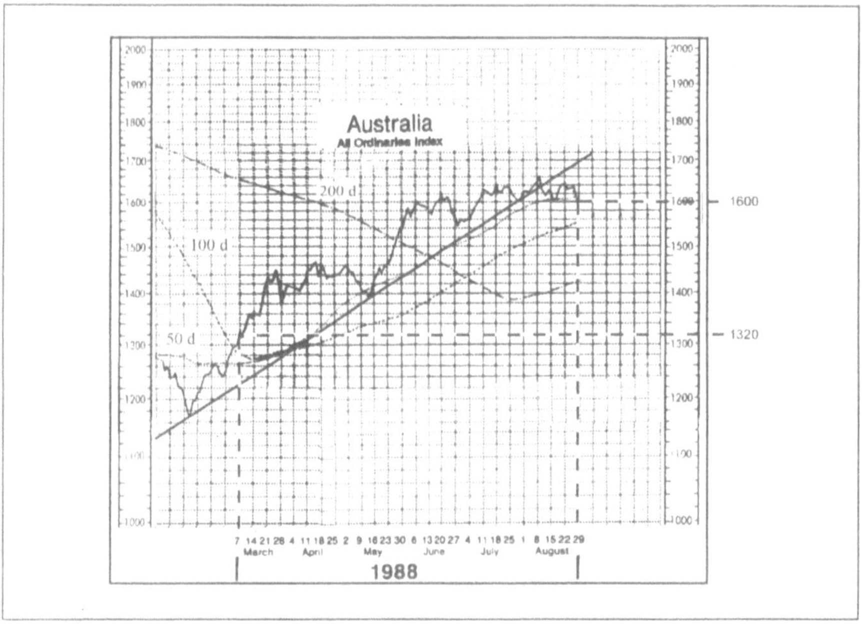

Abb. 46: Lösung zu Aufgabe 1172 b)

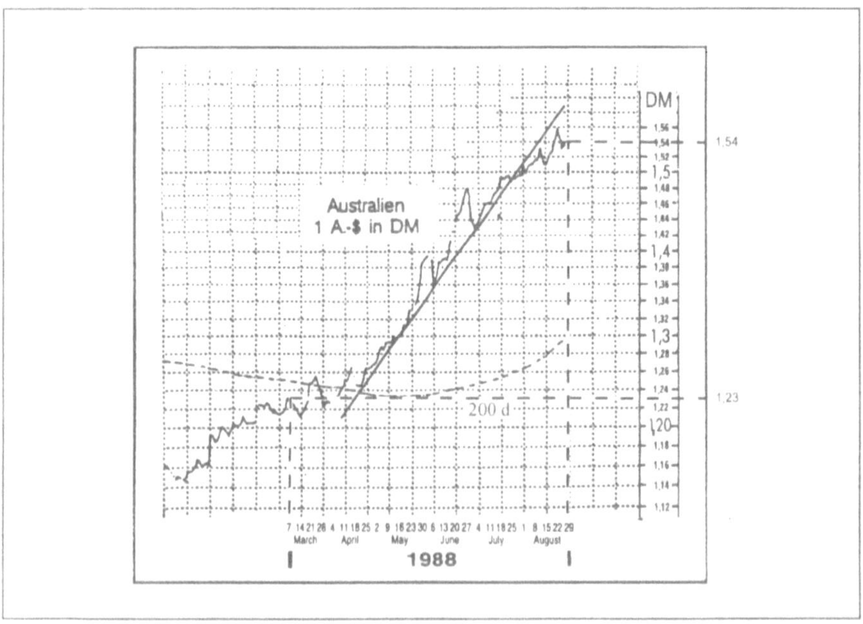

Abb. 47: Lösung zu Aufgabe 1172 b)

1173 Anlagestrategien im Bond-Portfolio-Management

a) Welche Angaben benötigt man für eine vollständige Rentenportfolio-Statistik?

1. Anzahl der Papiere
2. Durchschnittskurs
3. Stückzinsen
4. Stückzins je Anleihe
5. Portfoliorendite
6. Mittlerer Kupon (%)
7. Zinstermine
8. Laufende Verzinsung
9. Maximale Laufzeit
10. Mittlere Laufzeit
11. Duration (Zinssensitivität: 1. Ableitung des Kurses (Barwert) nach dem Zins)
12. Volatility (Preisbewegung des Portfolios bei einer Renditeänderung von 1 %)
13. Dispersion (mittlere Streuung des cash flow)
14. Convexity (2. Ableitung des Kurses nach dem Zins)

b) Was versteht man beim Bond-Portfolio-Management unter aktiven und passiven Anlagestrategien?

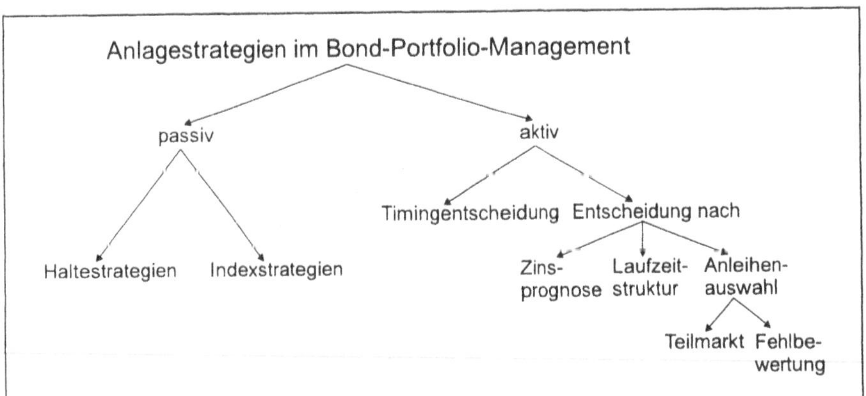

Abb. 48: Lösung zu Aufgabe 1173 b)

c) Welche Strategie würden Sie als Anlageberater einem Kunden vorschlagen, der bei einer inversen Zinsstruktur ein Investment mit festverzinslichen Wertpapieren beginnen möchte? Begründen Sie Ihre Aussage.

Es kommt darauf an, ob der Kunde eine passive oder eine aktive Portfolio-Strategie betreiben will. Eine inverse Zinsstruktur findet man i.d.R.

bei relativ hohem Zinsniveau, da Zentralbanken beim Betreiben einer konjunktur- oder inflationsdämpfenden Politik vornehmlich am „kurzen Ende" intervenieren. Bei einer passiven Portfolio-Strategie kommt es dem Investor in dieser Situation darauf an, sich für die Wiederanlage von Zins- und Tilgungszahlungen die hohen Zinsen zu sichern, d.h. das Zinsänderungsrisiko während der Investitionszeitdauer zu eliminieren. Daher wird er eine Immunisierungsstrategie betreiben (siehe Aufgabe 1174). Bei einer aktiven Portfolio-Strategie kommt es dem Investor darauf an, die Performance durch bewußtes Ausnutzen zwischenzeitlicher Zinsänderungen zu maximieren. Bei inverser Zinsstruktur und insgesamt hohem Zinsniveau wird ein Investor daher im langfristigen Bereich investieren und niedrige Kupons bevorzugen (also Anleihen mit hoher Duration wählen), um kurz- bis mittelfristig möglichst hohe Kursgewinne zu erzielen.

1174 Immunisierung und Widmung von Rentenportefeuilles

a) Was verstehen Sie unter Immunisierung eines Rentenportefeuilles und welche Aspekte müssen bei dem Management immunisierter Portefeuilles besonders beachtet werden?

Unter Immunisierung versteht man eine passive Strategie, die zu einem bestimmten Zeithorizont einen festgelegten Mindestwert der Anlage garantieren soll. Es ist besonders zu beachten, daß die Duration des Portefeuilles und der Planungshorizont zeitlich exakt übereinstimmen. Dabei stellt sich das Problem des (arbeits- und kostenintensiven) Rebalancing, denn einerseits verkürzt sich die Duration langsamer als die Restlaufzeit und andererseits hängt die Duration auch von Änderungen des Marktzinsniveaus ab. Bei jeder Kuponzahlung steigt die Duration (kurzfristig) leicht an.

b) Erläutern Sie verbal, den Immunisierungsprozeß mit Hilfe der Duration am Beispiel einer einzelnen Anleihe.

Jede plötzliche Zinsniveauänderung hat Rückwirkungen auf die weitere Wertentwicklung einer Anlage in Anleihen. Unterstellt man, daß alle gezahlten Kupons in die Anleihe reinvestiert werden, dann hat eine Zinsniveauänderung stets zwei gegenläufige Wirkungen. Sinkt der Zins, so steigt der Kurs und damit auch der Wert (Kurs + Stückzinsen) der Anleihe. Die künftig anfallenden Kupons können dann aber nur zu ungünstigeren Konditionen wieder angelegt werden. Ein Zinsniveauanstieg wirkt hingegen gerade umgekehrt. Der Wert der Anleihe sinkt, die zukünftigen Kupons lassen sich jedoch günstiger reinvestieren. Allgemein führen die schlechteren Wiederanlagebedingungen bei sinkendem Zins dazu, daß der auf die Endfälligkeit berechnete „future value" der Anleihe niedriger ausfällt als ohne Zinsänderung. Steigende Zinsen hingegen sorgen für einen insgesamt höheren „future value". Bei einem Renditeanstieg wird also der anfängliche Wertverlust durch den Kuponeffekt bis zur Anleihefälligkeit wieder überkompensiert. Genauso werden durch Zinsrückgänge bewirkte Kurssteigerungen durch spätere Wiederanlagenachteile mehr als aufgezehrt. Es existiert also stets ein zukünftiger Zeitpunkt, zu dem sich aus heutiger Sicht die jeweils gegenläufigen Kurs- und Kuponeffekte gerade aufheben. Zu diesem Zeitpunkt, in dem sich die Wertentwicklungskurven schneiden, ist der Wert der Anleihe von den heutigen Renditen unabhängig. Die Anleihe ist auf diesen Zeitpunkt gesehen gegen aktuelle Zinssprünge „immun". Die Zeitspanne bis zu diesem Immunisierungspunkt wird als „Duration" der Anleihe bezeichnet. Sie gibt also an, wie lange man warten muß, bis die Auswirkungen einer heutigen Zinsänderung durch die Kuponwiederanlage vollständig neutralisiert sind.

c) Unter den Widmungsportefeuilles (dedicated portfolios) spielen „cash matched dedicated portfolios" eine wichtige Rolle. Was verstehen Sie unter einem Cash Matched Dedicated Portfolio und welchen Vorteil weist diese Strategie gegenüber der Immunisierung auf?

Ein Cash Matched Dedicated Portfolio (CMDP) soll exakt einen vorher definierten Strom an Cash Outflows generieren. Im Gegensatz zu einem immunisierten Portefeuille, bei dem die Planungen auf einen einzigen bestimmten Zeitpunkt abzielen, sind bei einem CMDP die Verfallszeitpunkte und die Interimsauszahlungen des Portefeuilles über den gesamten Zeitraum verteilt zu planen.

Ist das Portefeuille einmal zusammengestellt, dann erfordert das CMDP weniger laufende Überwachung, da kein Rebalancing wie bei einem immunisierten Portefeuille notwendig ist.

d) Welche wichtigen grundsätzlichen Entscheidungen sind im Fall eines CMDP-Portfolio vor Beginn des Investments zu fällen?

1. Bestimmung eines günstigen Startzeitpunktes;
2. Auszahlungszeitintervalle (z.B. jährlich oder halbjährlich);
3. Vermeidung vorzeitiger Kündigungsrechte (call risk);
4. Reinvestitionsannahmen für Interimszahlungen (Annahmen sollten eher konservativ sein).

1175 Indexierung

a) Zur Erstellung von Kursindices festverzinslicher Wertpapiere gibt es zwei Möglichkeiten. Nennen Sie die beiden Möglichkeiten und skizzieren Sie den dahinterstehenden Grundgedanken.

Realindices:

Die Berechnung basiert auf realen Papieren, d.h. die Kurse gehen mit einem bestimmten Gewicht in den Index ein. Somit werden die täglichen Kursänderungen im Index direkt widergespiegelt.

Indexkonstruktionen über die Zinsstrukturkurve:

Hier werden aus der Zinsstrukturkurve Renditen für feste Laufzeitbereiche abgelesen, hieraus die theoretischen Kurse standardisierter Anleihen, die insgesamt die Struktur des abzubildenden Marktes möglichst gut widerspiegeln, ermittelt und zu einem Index zusammengefaßt. Diese Vorgehensweise liegt z.B. dem Deutschen Rentenindex REX zugrunde.

b) Nennen Sie die Vor- und Nachteile der beiden Berechnungen.

Realindices haben den Vorteil der direkten Nachvollziehbarkeit der Auswirkungen der Kursänderungen auf den Index. Der große Nachteil liegt in der variablen Basis. Da sich die Laufzeiten der Basispapiere ständig verkürzt, ist man zu Umbasierungen gezwungen. Als Konsequenz ist eine Vergleichbarkeit im Zeitablauf nicht mehr gegeben. Diese Nachteile sollen durch die Indexkonstruktion über die Zinsstruktur aufgehoben werden, da die standardisierten Anleihen ja gleich bleiben. Ändert sich allerdings auf längere Sicht die Struktur des abzubildenden Marktes erheblich, so können Anpassungen auch bei Indexkonstruktionen mittels standardisierten Anleihen notwendig sein.

c) *Erläutern Sie die Vorgehensweise bei der Indexierung von Rentenportefeuilles und nennen Sie die unterschiedlichen Verfahren zur Zusammenstellung sog. Indexportefeuilles.*

Vorgehensweise:

- Wahl einer geeigneten Benchmark
- Definieren und quantifizieren der Tracking-Parameter (= Maßgröße zur Beurteilung der Abbildungsgüte, d.h. i.d.R. Renditeabweichung von der Indexrendite)
- Zusammenstellung des Indexportfolios

Verfahren zur Zusammenstellung von Indexportfolios:

- Full Replication (Kauf eines Marktportefeuilles)
- Sampling (Replikation der Marktrendite mit einer möglichst geringen Zahl speziell selektierter Papiere)
- Stratified Sampling (Indexierung mit heuristischen Methoden)
- Optimized Sampling (Minimierung des Abweichungsrisikos mit mathematischen Optimierungsverfahren).

12 Ursprünge und Grundgedanken der modernen Portfoliotheorie

121 Traditionelle fundamentale Aktienanalyse

1211 Ansatz der Fundamentalanalyse

a) *Welche Größen zieht die Fundamentale Analyse für die Erklärung der Aktienkursbildung heran und von welchem Verhalten der Marktteilnehmer wird dabei ausgegangen?*

Die fundamentale Analyse erklärt die Aktienkursbildung anhand der zeitlichen Entwicklung gesamtwirtschaftlicher, branchenspezifischer sowie insbesondere unternehmensindividueller Größen. Es wird der Einfluß dieser Faktoren auf den Erfüllungsgrad der Ziele der Aktienmarktteilnehmer untersucht, insbesondere auf das Ertragsstreben (Streben nach Kursgewinnen und/oder Dividenden). Somit geht die Fundamentalanalyse von einem teleologischen (zielgerichtet-rationalen) Verhalten der Marktteilnehmer aus.

b) *Welcher prinzipielle Bewertungsvorgang liegt dem Vorgehen der Fundamentalen Analyse zugrunde?*

Der Ansatz der Fundamentalanalyse läuft letztendlich auf die Bestimmung des inneren Wertes, meist in Form eines in bestimmter Weise abgeleiteten Ertragswertes, einer Aktie hinaus, der mit der Börsenbewertung (aktueller Kurs der Aktie) verglichen wird. Ist der Kurs niedriger (höher) als der innere Wert, gilt die Aktie als „unterbewertet" („überbewertet") und damit kaufenswert (verkaufenswert).

1212 Price-Earnings-Ratio und Cash-Flow pro Aktie

Ein Analyst empfiehlt seinen Kunden Aktien der Sachsen-AG mit der Begründung, daß die Aktien bei einem Kurs von 500 DM und bei einem für das folgende Jahr vorausgeschätzten Gewinn pro Aktie von 40 DM unterbewertet seien, da die aktuelle Rendite der öffentlichen Anleihen mit 10-jähriger Laufzeit lediglich 6 % betrage.

a) Um den Gedankengang des Analysten zahlenmäßig nachvollziehen zu können, berechnen Sie die P/E-Ratio (PER) sowohl aufgrund der Daten der Sachsen-AG als auch die rechnerische Vergleichsgröße aufgrund des vorgegebenen Zinsniveaus.

Berechnung auf Basis der Daten der Sachsen-AG:

$$\text{PER} = \frac{\text{Kurs}}{\text{Gewinn / Aktie}} = \frac{500}{40} = 12{,}5$$

Berechnung auf Basis des Zinsniveaus:

$$\text{rechnerische PER} = \frac{100}{\text{Zinsnivau}} = \frac{100}{6} = 16{,}67$$

b) Bei der Berechnung der vorstehend behandelten Bewertungskennzahl und der Beurteilung ihrer „Angemessenheit" mit Hilfe der Rentenrendite wird eine bestimmte Gewichtung der beiden Haupteinflußfaktoren auf die Aktienkurse, nämlich Gewinn pro Aktie (G/A) und Rentenrendite (r), unterstellt. Wie lautet die unterstellte Gewichtung und welche tatsächliche (Markt-)Gewichtung erhält man ungefähr bei Korrelationsanalysen für den Gesamtmarkt?

Die unterstellte Gewichtung beträgt G/A : r = 1 : 1. Als tatsächliche Markt-Gewichtung erhält man ein Verhältnis von etwa 2 : 1.

c) Die Bewertungskennzahl PER eines Unternehmens schwankt in der Praxis sehr stark. Nennen Sie die Ihnen bekannten Gründe dafür.

- erwartete Gewinnsteigerungsrate
- Ertragszyklik
- Image des Unternehmens
- Bekanntheitsgrad des Unternehmens bzw. seiner Produkte
- Einschätzung der Produkte
- Marktbreite
- Modetrends
- Substanzdenken
- Brancheneinfluß
- Übernahmespekulation
- Bilanz- bzw. Finanzstruktur (leverage)

d) Da die PER oft starken Schwankungen unterliegt, wird die Kennzahl verschiedentlich dadurch modifiziert, daß der Gewinn pro Aktie durch den Cash-flow pro Aktie ersetzt wird. Wie ist der Cash-flow definiert und welche Vorzüge weist diese modifizierte Kennzahl auf?

Globale Definition des Cash Flow (CF):

CF = Jahresüberschuß

+ Nettozuweisungen zu den langfristigen Rückstellungen

+ Abschreibungen (auf das Anlagevermögen)

Der CF ist i.d.R. geringeren Schwankungen ausgesetzt als der Gewinn pro Aktie, da infolge der Einbeziehung der Abschreibungen die Auswirkungen von Investitionszyklen geglättet werden. Ferner werden unterschiedliche Bewertungsgrundsätze bei Abschreibungen und Rückstellungen im CF eliminiert.

1213 Theoretischer Kurs gemäß PER

Für die Konsum-AG, die in der gehobenen Konsumgüterbranche tätig ist, werde ab 1998 sowohl mit einer nachhaltigen Margenverbesserung als auch mit einer deutlichen Umsatzzunahme gerechnet. Aufgrund eingehender Analysen rechnen die Analysten der Xtra-Bank für die nächsten 5 Jahre konkret mit einem durchschnittlichen Zuwachs der Nettomarge (Umsatzrendite) von z.Zt. 4 % um jährlich 5 % und des Umsatzes von derzeit 2 Mrd. DM um 10 % p.a. Diese Erwartungen basieren auf der starken Marktstellung der Konsum-AG in Europa sowie auf dem international bekannten Markennamen und hohen Vorleistungen, die einen Turnaround auf den US-amerikanischen und fernöstlichen Märkten, insbesondere in Japan, erwarten lassen. Bei einem Kurs von 500 DM je Aktie à 50 DM nominal liegt deshalb die aktuelle Price Earnings Ratio der Gesellschaft bereits heute um 60 % über der durchschnittlichen nationalen PER von 12,5. Gemessen an der Bewertung der internationalen Konkurrenz und im Hinblick auf die individuelle Position der Konsum-AG erscheint den Analysten der Xtra-Bank der 60%ige Aufschlag augenblicklich und die entsprechende PER auch für die absehbare Zukunft gerechtfertigt.

Berechnen Sie unter Zugrundelegung der Analyseergebnisse der Xtra-Bank in eindeutig nachvollziehbarer Weise (unter verbaler Erläuterung der verwendeten Formeln) den theoretischen Kurs der Aktien der Konsum-AG in 5 Jahren.

1. Umsatzrendite (U_r) $= \dfrac{\text{Gewinn (G)}}{\text{Umsatz (U)}}$

   aus: $U_{r0} = \dfrac{G_0}{U_0} = 0{,}04$

   folgt: $G_0 = 0{,}04 \cdot U_0 = 0{,}04 \cdot 2 \cdot 10^9 = 80$ Mio. DM

   mit: G_0 = Gewinn zu Beginn der fünf Jahre (1998)

   U_0 = Umsatz in der Periode Null

   U_{r0} = Umsatzrendite in der Periode Null

2. Price Earnings Ratio $= \dfrac{\text{Kurs (K)}}{\text{Gewinn pro Aktie } (G_A)}$

   also: $PER = \dfrac{K_0}{G_{A0}} = 12{,}5 \cdot (1 + 0{,}6) = 20$

   $G_{A0} = \dfrac{K_0}{PER} = \dfrac{500}{20} = 25$ DM pro Aktie

3. Gesamtgewinn (G) = Anzahl der ausstehenden Aktien (ANZ) x Gewinn pro Aktie (G_A)

   aus: $G = ANZ \cdot G_A$

   folgt: $ANZ = \dfrac{G_0}{G_{A0}} = \dfrac{80 \cdot 10^6}{25} = 3{,}2$ Mio. Stück

4. Gewinn in 5 Jahren $(G_5) = U_{r5} \cdot U_5$

   also: $G_5 = U_{r0} \cdot (1 + w_{U.\ rendite})^5 \cdot U_0 \cdot (1 + w_{Umsatz})^5$

   $= (U_{r0} \cdot 1{,}05^5) \cdot (U_0 \cdot 1{,}1^5)$

   $= (0{,}04 \cdot 1{,}28) \cdot (2 \cdot 10^9 \cdot 1{,}61)$

   $= 0{,}0512 \cdot 3{,}22 \cdot 10^9 = 0{,}16486 \cdot 10^9$

   $G_5 \approx 165$ Mio. DM

   wobei: w = jährliche Wachstumsrate

5. Gewinn pro Aktie in 5 Jahren (G_5)

   $$G_{A5} = \frac{G_5}{ANZ} = \left(\frac{165 \text{ Mio. DM}}{3{,}2 \text{ Mio. Stück}}\right) = 51{,}56 \text{ DM / Aktie}$$

6. Theoretischer Kurs in 5 Jahren (K_5)

   $K_5 = G_{A5} \cdot PER = 51{,}56 \cdot 20 \approx 1030$ DM

1214 Risikozuschlag bei der Einzelaktienbewertung

a) Gegeben sei die gleiche Situation wie unter Aufgabe 1213 erläutert. Berechnen Sie, welchen kalkulatorischen Risikozuschlag zur augenblicklichen (als nachhaltig repräsentativ angesehenen) nationalen Rentenrendite von r = 8 % p.a. die aktuelle Börsenbewertung der Aktie der Konsum-AG impliziert.

K_0 = Present Value (Gegenwartswert, Barwert) in DM

K_5 = Future Value (Zukunftswert von K_0) in DM

r = Rentenrendite (nachhaltig repräsentativ) in % p.a.

x = von der aktuellen Marktbewertung implizierter Risikozuschlag in % p.a.

Damit ist der Diskontierungssatz des Aktienmarktes für die Aktien der Konsum-AG gleich (r + x).

Ansatz: Gegenwartswert = Diskontierter Zukunftswert

also:
$$K_0 = \frac{K_5}{q^5} = \frac{K_5}{[1+(r+x)]^5}$$

$$[1+(r+x)]^5 = \frac{K_5}{K_0}$$

$$1+r+x = \sqrt[5]{\frac{K_5}{K_0}}$$

$$x = \sqrt[5]{\frac{K_5}{K_0}} - 1 - r$$

Durch Verwendung der Zahlen aus Aufgabe 1213 erhält man:

$$x = \sqrt[5]{(1030/500)} - 1{,}08 = \sqrt[5]{2{,}06} - 1{,}08 = 0{,}0755$$

$$x = 7{,}55\ \%\ \text{p.a.}$$

Der Risikoaufschlag auf die Rentenrendite von 8 % beträgt rund 7,55 %.

b) Die Bank-AG beabsichtigt, in absehbarer Zeit die Einführung der Aktien der Z-AG in den Geregelten Markt. Daher stehen Überlegungen über einen möglichen angemessenen Kurs der Aktien im Nominalwert von 50 DM an. Erste Analysen haben gezeigt, daß der Betafaktor des Branchenindex bisher um ca. 20 % über dem Gesamt-Marktindex lag. Als langfristige durchschnittliche Aktienmarktrendite ist 9,5 % anzusetzen. Der Vorstand rechnet mit einem nachhaltig erzielbaren Gewinn nach Steuern in Höhe von jährlichen 20 Mio. DM. Das Grundkapital beträgt 50 Mio. DM, ferner sei folgende Zinsstrukturkurve für erstklassige Staatspapiere (AAA) bekannt.

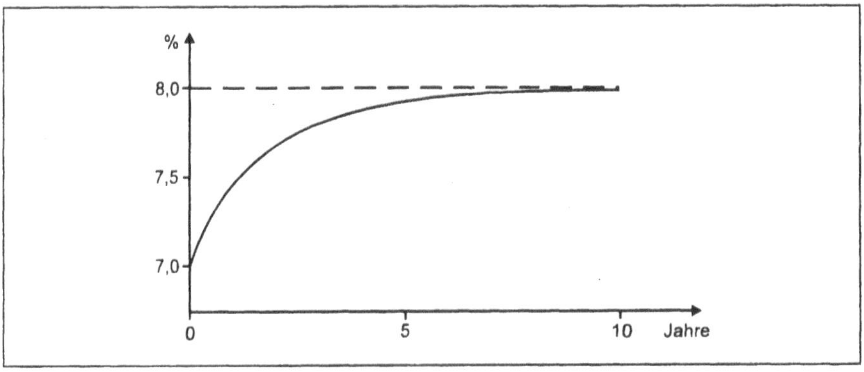

Abb. 49: Zinsstrukturkurve für erstklassige Staatspapiere (AAA)

Berechnen sie aufgrund vorstehender Angaben in eindeutig nachvollziehbarer Weise den angemessenen Kurs der Aktien der Z-AG.

$$\text{Kurs} = \text{PER} \cdot \text{G/A}$$

$$\text{Anzahl der Aktien} = \frac{50.000.000 \text{ DM}}{50 \text{ DM / Stück}} = 1.000.000 \text{ Stück}$$

$$\text{Gewinn pro Aktie: (G/A)} = \frac{20.000.000 \text{ DM}}{1.000.000 \text{ Stück}} = 20 \text{ DM/Stück}$$

$$\text{PER} = \frac{1}{\text{Kalkulationszinssatz (k)}}$$

$$k = r_F + \beta_Z \cdot RP_{Markt} = 0{,}07 + 1{,}2\,(0{,}095 - 0{,}07) = 0{,}07 + 0{,}03 = 0{,}1$$

mit: β_Z = Betafaktor der Z-AG

RP_{Markt} = Risikoprämie des Marktes

r_F = risikofreie Rendite (aus Zinsstrukturkurve)

also: $K = \text{PER} \cdot \text{G/A} = 10 \cdot 20 \text{ DM} = 200 \text{ DM pro Stück.}$

1215 Pricing bei Neuemissionen

a) Nennen Sie vier Kriterien für die Erfolgskontrolle eines Pricing von Neuemissionen:

1. erfolgreiche Plazierung
2. erste Kursnotierung über Emissionskurs
3. Emissionskurs wird im Laufe der Zeit nicht unterschritten
4. Relative Stärke

b) Wie läßt sich die voraussichtliche Börsenkapitalisierung bzw. der Börsenwert eines noch nicht börsennotierten Unternehmens bestimmen und welche Probleme treten dabei auf?

Börsenkapitalisierung = (Gesamt-)Gewinn · Gewinnmultiplikator (PER)

Probleme bei der Bestimmung:

- Wahl des Gewinnjahres (laufendes, letztes, nächstes)
- Vergleichbarkeit der Nettogewinne (Ausschüttungspolitik, Gewinnstabilität u.a.)
- Kriterien für die Wahl des Gewinnmultiplikators festlegen.

c) Wie bestimmt sich der Emissionspreis und welche Probleme sind dabei zu lösen?

Emissionspreis = Börsenkapitalisierung : Anzahl der Aktien

Probleme:

- welche Anzahl der Aktien bzw. Emissionsvolumen (können wiederum Rückwirkungen auf den Preis haben)
- Emissionspreis wird vom Zeitpunkt des Börsengangs beeinflußt
- Auswirkung des Mittelzuflusses auf das Pricing (siehe d) und e)).

d) Ein Unternehmen mit einem Grundkapital von 30 Mio. DM plant Mitte des laufenden Jahres eine Kapitalerhöhung von 30 Mio. auf ein Grundkapital von dann 60 Mio. DM durchzuführen. Der Nominalwert der Aktie lautet auf 50 DM, der Gewinn im laufenden Jahr betrage 40 Mio. DM. Bei der Bestimmung des Emissionskurses wird eine PER von 15 angestrebt. Bestimmen Sie unter Verwendung des durchschnittlich gebundenen Kapitals im laufenden Jahr den Gewinn je Aktie sowie den Emissionskurs.

$$\text{Anzahl Aktien} = \frac{\text{durchschnittlich gebundenes Kapital}}{\text{Nominalwert der Aktien}}$$

$$= \frac{45.000.000 \text{ DM}}{50 \text{ DM}} = 900.000$$

$$\text{Gewinn je Aktie} = \frac{\text{Gewinn}}{\text{Anzahl der Aktien}}$$

$$= \frac{40.000.000 \text{ DM}}{900.000 \text{ Aktien}} = 44{,}40 \text{ DM/Aktie}$$

$$\text{Emissionskurs} = \text{Gewinn je Aktie} \cdot \text{PER}$$

$$= 44{,}40 \text{ DM} \cdot 15 = 666{,}70 \text{ DM}$$

e) Bestimmen Sie jetzt den Gewinn je Aktie und den Emissionskurs, indem Sie Ihren Berechnungen das Grundkapital nach der Kapitalerhöhung zugrunde legen.

$$\text{Anzahl der Aktien} = \frac{\text{Kapital nach Emission}}{\text{Nominalwert der Aktien}}$$

$$= \frac{60.000.000 \text{ DM}}{50 \text{ DM}} = 1{,}2 \text{ Mio. Aktien}$$

$$\text{Gewinn je Aktie} = \frac{40.000.000 \text{ DM}}{1.200.000 \text{ Aktien}} = 33{,}30 \text{ DM / Aktie}$$

$$\text{Emissionskurs} = 33{,}30 \text{ DM} \cdot 15 \approx 500 \text{ DM}$$

f) Im nächsten Jahr erscheint eine Steigerung des Gewinns um 10 % auf 44 Mio. DM realistisch. Bestimmen Sie den Gewinn je Aktie im nächsten Jahr. Welche PER würde sich bei Zugrundelegung der Emissionskurse gemäß d) und e) errechnen.

$$\text{Gewinn je Aktie} = \frac{44.000.000 \text{ DM}}{1.200.000 \text{ Aktien}} = 36{,}70 \text{ DM/Aktie}$$

$$1. \quad \text{PER} = \frac{\text{Emissionskurs}}{\text{Gewinn / Aktie}} = \frac{666{,}70 \text{ DM}}{36{,}70 \text{ DM}} = 18{,}2$$

$$2. \quad \text{PER} = \frac{500 \text{ DM}}{36{,}70 \text{ DM}} = 13{,}6$$

1216 Der Übergang zur modernen Betrachtungsweise

a) Nennen Sie die vier wichtigsten Kriterien zur Beurteilung von Investments.

1. Sicherheit
2. Rentabilität
3. Liquidierbarkeit
4. Verwaltbarkeit

b) Nennen Sie die wichtigsten, die Sicherheit von Investments gefährdenden, Risiken.

- Bonitätsrisiken
- Politische Risiken
- Marktrisiken
- Währungsrisiken
- Risiko der (schleichenden) Geldentwertung

c) Im Rahmen des Anlagevorganges benötigt ein Anlageberater für die Kundenbetreuung i.d.R. Informationen aus verschiedenen Quellen. Nennen Sie die Ihnen bekannten wichtigsten grundlegenden Informationen stichwortartig.

1. Kunde
   - Informationen über den Kunden (Vermögen, Einkommen, Alter, usw.)
   - Anlageziele des Kunden und Anlagepolitik (aktiv, passiv, Benchmark)
2. Wirtschaftliches Umfeld
   - Informationen über die Gesamtwirtschaft, Branchen und einzelne Gesellschaften, Informationen über Kurse und markttechnische Daten
   - Erwartungen hinsichtlich der Performance der Assets
3. Anlageentscheidung
   - Portefeuilleauswahl (sachliche Portefeuillestruktur), geographische und gattungsmäßige Auswahl, Branchen, Einzelwerte, Depotanteil bzw. Streuung
   - Timing (zeitliche Strukturierung des Portefeuilles)

d) Welche Gefahren resultieren aus einem schrittweisen bzw. stufenweisen Selektionsprozeß im Rahmen des Anlagevorganges?

Durch den stufenweisen Auswahlprozeß und die damit verbundenen schrittweisen Selektionsprozesse besteht die Gefahr, in vorgelagerten Schritten Assets von vornherein auszuscheiden, die als solche dem Anlageziel zwar scheinbar nicht entsprechen, die jedoch innerhalb eines Portefeuilles durch geschickte Kombination mit anderen Aktien (Risikostreuung!) durchaus zur Erreichung der Anlageziele hätten beitragen können. Auf dieser Grundidee basiert z.B. der klassische Portfolioselektion-Ansatz von Markowitz.

e) Skizzieren Sie kurz die Grundidee der Modelle zur optimalen Depotzusammenstellung.

Mit Hilfe der Modelle sollen solche Portefeuillezusammensetzungen berechnet werden, die (unter Berücksichtigung der Sicherheitspräferenz des Anlegers) ein Optimum im Hinblick auf die beiden konkurrierenden Hauptanlageziele Ertrag und Risikomeidung darstellen.

122 Das Portfolio Selection-Modell von Markowitz

1221 Grundlegendes Modell

Die Fragestellung, die es bei der Depotoptimierung zu beantworten gilt, lautet einfach: Wie soll ein bestimmter verfügbarer Geldbetrag auf die einzelnen Anlagemöglichkeiten bzw. Assets (z.B. Bargeld, Aktien, festverzinsliche Wertpapiere) aufgeteilt werden, damit der Anleger seine Ziele am besten erreicht?

a) Welche Anlageziele liegen der Optimierung eines Aktienportefeuilles nach Markowitz zugrunde?

Es liegt eine zweidimensionale Zielfunktion vor, bei der Rendite (aus Wertveränderungen des Assets zuzüglich laufender Erträge, wie Dividenden und Zinsen) und Risiko (Streuung der Rendite) gleichzeitig Berücksichtigung finden.

b) Welche Maßgrößen zieht Markowitz zur Beurteilung 1. des Ertrags und 2. des Risikos heran?

1. Erwartungswert der Rendite
2. Varianz (oder Standardabweichung) der Rendite

c) Wann wird ein Portefeuille im Sinne des Markowitz-Modells als effizient bezeichnet?

Ein Portfolio ist dann effizient, wenn es bei gleicher Rendite kein anderes Portfolio mit einem geringeren Risiko gibt oder bei gleichem Risiko kein anderes Portfolio mit einer höheren Rendite gibt.

d) Wodurch läßt sich die Portefeuillevarianz reduzieren?

Durch Anlagestreuung, wobei die im Portefeuille befindlichen Assets nicht vollständig positiv korreliert sein dürfen (Korrelationskoeffizienten kleiner als +1).

1222 Systematisches und unsystematisches Risiko

a) In der modernen Portfolio-Theorie unterscheidet man bei Aktienportefeuilles zwischen systematischen und unsystematischen Risiken. Ist es möglich, diese Risiken durch Streuung zu beseitigen?

Lösung:

☒ nur das unsystematische Risiko ist wegdiversifizierbar

☒ der Diversifizierungserfolg hängt auch von der Anzahl der Assets im Portefeuille ab

☒ der Diversifizierungserfolg hängt auch von der Korrelation zwischen den Assets ab

b) Gegeben seien zwei Anlagealternativen mit folgenden charakteristischen Daten:

Alternative 1:	*Erwarteter Ertrag 30 %,*
	Standardabweichung des Ertrages 10 %
Alternative 2:	*Erwarteter Ertrag 50 %,*
	Standardabweichung des Ertrages 30 %

Wenn der Anleger ein Verlustrisiko praktisch ausschließen will, wie muß er sich dann entscheiden? Begründen Sie kurz Ihre Antwort.

Lösung:

☒ Wahl der Alternative 1, denn Erwarteter Ertrag − 3 · Standardab weichung des Ertrages = 30 % - 3 · 10 % = 0. Der Ansatz der

dreifachen Standardabweichung bedeutet eine Wahrscheinlichkeit von mehr als 99 %, daß kein Verlust eintritt.
Dieser Sicherheitsgrad kann von der Alternative 2 nicht erreicht werden (50 % − 3 · 30 % = − 40 %).

c) Zeichnen Sie in das nachfolgende Koordinatensystem den (qualitativen) Verlauf der möglichen Risikoreduktion durch Streuen ein, wenn die Returns aus den einzelnen Aktien nicht vollständig korreliert sind. Kennzeichnen Sie dabei sowohl den Verlauf des Gesamtrisikos als auch den Bereich des unsystematischen und des systematischen Risikos.

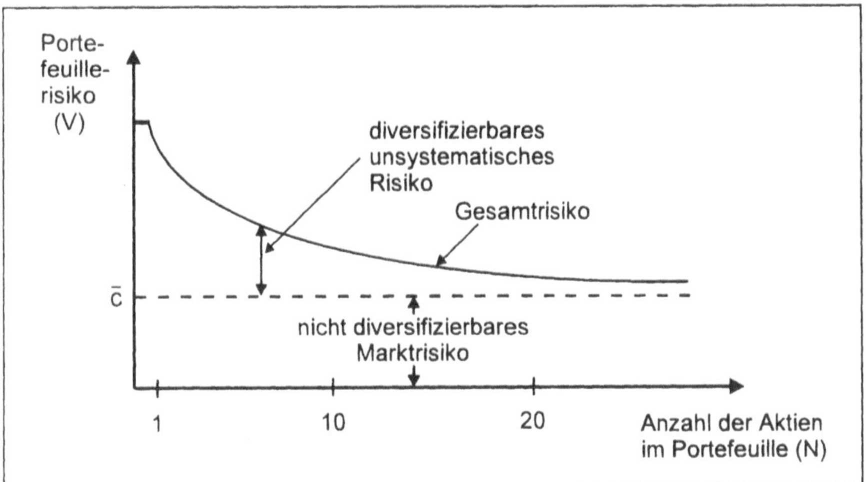

Abb. 50: Lösung zu Aufgabe 1222 c)

d) Der Abbildung unter c) liegen deutsche Verhältnisse zugrunde. Wieviel Prozent des diversifizierbaren Risikos können mit 20 Aktien ungefähr eliminiert werden?

Es können ca. 90 % des unsystematischen Risikos diversifiziert werden.

e) Was würde sich ändern, wenn Sie die Abbildung unter c) für amerikanische Aktienportefeuilles darstellen müßten? Begründen Sie Ihre Aussage.

Um die gleiche Reduktion des unsystematischen Risikos um ca. 90 % zu erreichen, müßte die Anzahl der Aktien im Portefeuille von 20 auf ungefähr 40 verdoppelt werden, da der amerikanische Aktienmarkt beträchtlich größer und in sich stärker differenziert ist als der deutsche Aktienmarkt.

1223 Minimum-Varianz-Portefeuille (1)

Studentin A und Student B erwägen die Eröffnung eines Geschäfts in unmittelbarer Nähe der Universität Leipzig. Studentin A plant den Verkauf von Badeartikeln und Student B möchte Regenschirme verkaufen. Die Wahrscheinlichkeit einer Schönwetterperiode (Sonnenschein) beträgt $p_{Sonne} = 3/4$, die einer Schlechtwetterperiode (Regen) beträgt $p_{Regen} = 1/4$. Beide Studenten haben Anschaffungskosten von je 1.000 DM. Es gelten folgende Daten:

	Anschaffungs-auszahlung	*Einzahlung bei Sonne*	*Einzahlung bei Regen*
Badeartikelgeschäft	*-1.000*	*9.000*	*5.000*
Regenschirmgeschäft	*-1.000*	*5.000*	*25.000*

a) Berechnen Sie für das Badeartikel- und das Regenschirmgeschäft die erwartete Rendite.

$$\text{Rendite} = \frac{\text{Gewinn}}{\text{Kapitaleinsatz}}$$

$$\text{Erwartete Rendite} = p_{Sonne} \cdot r_{Sonne} + p_{Regen} \cdot r_{Regen} \quad \text{mit } p_{Sonne} + p_{Regen} = 1$$

$$E[r_{B(adeartikel)}] = \frac{3}{4} \cdot \frac{9000 - 1000}{1000} + \frac{1}{4} \cdot \frac{5000 - 1000}{1000}$$

$$= \frac{3}{4} \cdot 8 + \frac{1}{4} \cdot 4 = 6 + 1 = 7 \mathrel{\hat{=}} 700\%$$

$$E[r_{R(egenschirm)}] = \frac{3}{4} \cdot \frac{5000 - 1000}{1000} + \frac{1}{4} \cdot \frac{25000 - 1000}{1000}$$

$$= \frac{3}{4} \cdot 4 + \frac{1}{4} \cdot 24 = 3 + 6 = 9 \mathrel{\hat{=}} 900\%$$

b) Ermitteln Sie die jeweilige Varianz der Renditen und die Kovarianz der Renditen (vgl. auch Aufgabe 1263 a)).

$$\text{Var}(r) = E\left[(r - E(r))^2\right] = E\left[r^2 - 2r \cdot E(r) + [E(r)]^2\right]$$

$$= E(r)^2 - 2E(r) \cdot E(r) + [E(r)]^2 = E(r^2) - [E(r)]^2$$

$$\mathrm{Var}(r_B) = \frac{3}{4}\cdot 8^2 + \frac{1}{4}\cdot 4^2 - 7^2$$

$$= 48 + 4 - 49 = 3$$

$$\sigma(r_B) = \sqrt{3} = 1{,}732 \mathrel{\hat{=}} 173\,\%$$

$$\mathrm{Var}(r_R) = \frac{3}{4}\cdot 4^2 + \frac{1}{4}\cdot 24^2 - 9^2$$

$$= 12 + 144 - 81 = 75$$

$$\sigma(r_B) = \sqrt{75} = 8{,}66 \mathrel{\hat{=}} 866\,\%$$

$$\mathrm{Cov}(r_B, r_R) = E\left[\left[r_B - E(r_B)\right]\cdot\left[r_R - E(r_R)\right]\right]$$

$$= E(r_B \cdot r_R) - E(r_B)\cdot E(r_R)$$

$$= \frac{3}{4}\cdot 8\cdot 4 + \frac{1}{4}\cdot 4\cdot 24 - 7\cdot 9$$

$$= 24 + 24 - 63 = -15$$

c) *Student C möchte sich an beiden Geschäften beteiligen und überlegt, wieviel Anteile er jeweils erwerben soll. Da er sehr risikoavers eingestellt ist, möchte er in das Minimum-Varianz-Portefeuille investieren. Bestimmen Sie deshalb zunächst die Portefeuillegewichte x_{Bad} und x_{Regen}, die die Portefeuillevarianz minimieren und anschließend die erwartete Rendite und Varianz des Minimum-Varianz-Portefeuilles.*

Die Varianz eines Portefeuilles aus 2 korrelierten Anlagemöglichkeiten berechnet sich nach folgender Formel:

$$\mathrm{Var}(P) = x_B^2\sigma_B^2 + 2\cdot x_B \cdot x_R \cdot \mathrm{Cov}(r_B, r_R) + x_R^2\sigma_R^2 \qquad (1)$$

Da gilt: $x_R = 1 - x_B$

$$\mathrm{Var}(P) = \left(\sigma_B^2 - 2\mathrm{Cov}(r_B, r_R) + \sigma_R^2\right)\cdot x_B^2 \qquad (2)$$

$$+\left(2\mathrm{Cov}(r_B, r_R) - 2\sigma_R^2\right)\cdot x_B + \sigma_R^2 \qquad (3)$$

$$\mathrm{Var}(P) = 108x_B^2 - 180x_B + 75 \qquad (4)$$

Minimum bestimmen:

$$\frac{dVar(P)}{dx_B} = 216x_B - 180 = 0$$

$$x_B = \frac{180}{216} = 0{,}8\overline{3} \qquad \Rightarrow x_R = 1 - 0{,}8\overline{3} = 0{,}1\overline{6} \approx 17\,\%$$

$$\frac{d^2Var(P)}{dx_B^2} = 216 \rightarrow \text{positiv} \Rightarrow \text{Minimum!}$$

Erwartete Rendite des Portefeuilles:

$$E[P] = x_B \cdot E[r_B] + x_R \cdot E[r_R]$$

$$E[P] = 0{,}833 \cdot 7 + 0{,}167 \cdot 9 = 7{,}334$$

Varianz des Portefeuilles:

$$Var(P) = 108 \cdot 0{,}833^2 - 180 \cdot 0{,}833 + 75 = 0$$

Unter den gegebenen Bedingungen wird C bei einer Aufteilung der Investitionsmittel im Verhältnis $x_B{:}x_R = 83{,}3{:}16{,}7$ eine sichere Rendite von 733% erzielen, da die erwartete Varianz Null ist.

1224 Minimum-Varianz-Portefeuille (2)

Folgende Daten sind für ein Portfolio gegeben, das sich nur aus 2 Aktien A und B zusammensetzt:

Anteil Aktie A am Portfolio	*Anteil Aktie B am Portfolio*	*Erwartete Rendite des Portfolios (in % p.a.)*	*Standardabweichung des Portfolios σ_P für vorgegebenen Korrelationskoeffizient r (in % p.a.)*			
x_A	x_B	*E(P)*	*r = -1*	*r = 0*	*r = 0,3*	*r = 1*
0	*1*	*13,00*	*20,00*	*20,00*	*20,00*	*20,00*
0,25	*0,75*	*11,75*	*12,00*	*15,30*	*16,16*	*18,00*
0,5	*0,5*	*10,5*	*4,00*	*11,66*	*13,11*	*16,00*
0,75	*0,25*	*9,25*	*4,00*	*10,30*	*11,53*	*14,00*
1	*0*	*8*	*12,00*	*12,00*	*12,00*	*12,00*

Berechnen Sie für die unterschiedlichen Korrelationskoeffizienten jeweils die Erwartete Rendite und die Standardabweichung der Minimum-Varianz-Portfolios. Leerverkäufe sind dabei nicht zugelassen. Zeichnen Sie alle erwarteten Portfoliorenditen und Standardabweichungen in ein E(r), σ - Diagramm ein und verbinden Sie die Punkte zu Effizienzkurven.

Die allgemeine Gleichung für den Anteil $x_{A_{Min}}$ des Minimum-Varianz-Portfolios ergibt sich analog zu Aufgabe 1223 c) durch Nullsetzen der ersten Ableitung der Portfoliovarianz gem. Gleichung (3) nach dem Anteil x_A, also: $dVar(P) / dx_A$.

$$x_{A_{Min}} = \frac{\sigma_B^2 - Cov(R_A, R_B)}{\sigma_A^2 + \sigma_B^2 - 2Cov(R_A, R_B)} = \frac{\sigma_B^2 - r(R_A, R_B)\sigma_A\sigma_B}{\sigma_A^2 + \sigma_B^2 - 2r(R_A, R_B)\sigma_A\sigma_B}$$

Minimum-Varianz-Portfolio für r = – 1:

$$x_{A_{Min}} = \frac{0{,}2^2 + 1 \cdot 0{,}12 \cdot 0{,}2}{0{,}12^2 + 0{,}2^2 + 2 \cdot 0{,}12 \cdot 0{,}2} = 0{,}625$$

$E(P_{Min}) = 0{,}625 \cdot 0{,}08 + 0{,}375 \cdot 0{,}13 = \underline{\underline{9{,}875\ \%}}$

$\sigma_P^2 = x_A^2\sigma_A^2 + x_B^2\sigma_B^2 + 2x_A x_B \sigma_A \sigma_B r_{AB}$ (siehe Gleichung (1) von Aufgabe 1223 c))

$$\sigma_P = \sqrt{0{,}625^2 \cdot 0{,}12^2 + 0{,}375^2 \cdot 0{,}2^2 + 2 \cdot 0{,}625 \cdot 0{,}375 \cdot 0{,}12 \cdot 0{,}2 \cdot (-1)} = \underline{\underline{0}}$$

Daten der Minimum Varianz Portfolios für verschiedene Korrelationen:

Korrelations-koeffizient	r = -1	r = 0	r = 0,3	r = 1
$x_{A_{min}}$	0,625	0,735	0,82	(2,5) nicht zulässig, da keine Leer-verkäufe zugelassen
E(P)	9,875 %	9,325 %	8,9 %	--
σ_P	0	10,29 %	11,45 %	--

Verlauf der Effizienzkurven

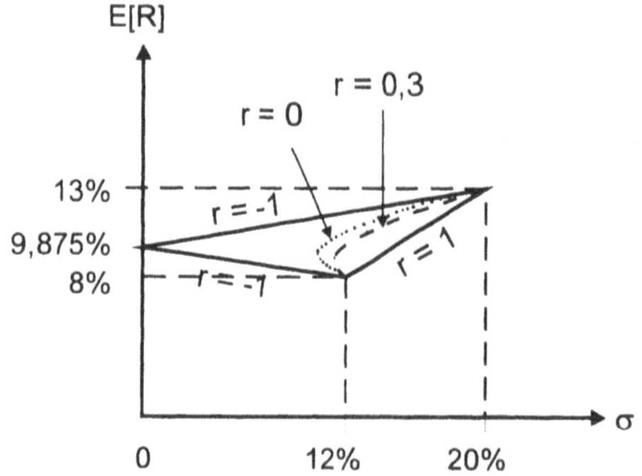

Abb. 51: Lösung zu Aufgabe 1224

123 Das Index-Modell nach Sharpe

a) Nennen Sie den wichtigsten Nachteil, der eine praktische Anwendung des Markowitz-Ansatzes erschwert. Welche Verbesserungen bzw. Vereinfachungen hat in diesem Zusammenhang Sharpe eingeführt?

Markowitz:
Es ist die Ermittlung der charakteristischen Größen der Wahrscheinlichkeitsverteilung der Erträge der einzelnen Aktien erforderlich: Erwartungswert E(r) und Varianz σ^2, ferner die Kovarianzen der Erträge (Korrelation). Diese Werte, insbesondere die $0{,}5 \cdot N \cdot (N-1)$ Kovarianzen, müssen von einem Investmentanalysten mit großem Aufwand einzeln explizit geschätzt werden.

Sharpe:
Sharpe greift auf die an sich unerwünschte Korrelation der Erträge zurück und führte ein Indexmodell ein, das es erlaubt die vorgenannten Eingabewerte $(E(r), \sigma, Cov)$ für jede Aktie mit Hilfe der Parameter der Korrelations- und Regressionsrechnung in Abhängigkeit vom (künftigen) Indexstand zu berechnen. Daher sind wesentlich weniger Größen explizit zu schätzen.

b) Welche Vorteile und Probleme weist das Index-Modell im Vergleich zum Original-Markowitz-Modell auf?

Die Zahl der explizit zu schätzenden Input-Daten ist bei Verwendung des Index-Modells deutlich geringer. Insbesondere ist im Indexmodell keine direkte Angabe der Kovarianzen mehr notwendig. Das einfache Indexmodell setzt allerdings voraus, daß die Renditen der einzelnen Assets über einen einzigen gemeinsamen und grundlegenden Faktor (Index) verbunden darstellbar sind, und daß die zufälligen „Restgrößen" ε_i unkorreliert sind. Beide Annahmen gelten nur approximativ. Die von dem Indexmodell implizierten Kovarianzen (bzw. Beta-Faktoren) weichen daher von den wahren Kovarianzen, wie sie in dem ursprünglichen Markowitz-Modell definiert wurden, ab.

c) Welche Funktionen haben Aktienindizes?

Aktienindizes erfüllen eine Informationsfunktion, d.h. sie sollen die Preisentwicklung eines Aktienkorbes bzw. eines Aktienportefeuilles ex-post aufzeigen.

Sie dienen dabei

- als allgemeines Börsenbarometer,
- als Benchmark bei aktiven und passiven Anlagestrategien
- zur Performancemessung (Branchen-, Gesamtmarktvergleich),
- und zur Chart-Analyse.

Sie erfüllen ferner eine operative Funktion, indem sie als Basisobjekt von Terminmarktinstrumenten verwendet werden.

d) Charakterisieren Sie den Deutschen Aktienindex DAX hinsichtlich der Art der Indexberechnung, Titelauswahl, Basis, Gewichtung, Bereinigung und Indexform.

Beim DAX handelt es sich um einen Preisindex nach Laspeyres, der ständig um Kapitalveränderungen, Bezugsrechte und Dividenden bereinigt wird (Performance-Index). Er umfaßt 30 umsatzstarke, an der Frankfurter Wertpapierbörse notierte Standardwerte. Die Gewichtung wird mit dem zugelassenen Grundkapital vorgenommen. Die konkrete Auswahl der aufzunehmenden Werte orientiert sich an den Kriterien möglichst hoher Börsenumsatz und Börsenkapitalisierung. In beiden Fällen sollten die Werte mindestens unter den 35 größten Werten liegen. Basis: Ultimo 1987 = 1000.

124 Marktmodell

Eine durchgeführte Regressionsanalyse hat für zwei Aktien A und B zu folgenden Ergebnissen geführt:

$$r_A = 1\,\% + 1{,}2 \cdot r_M; \qquad r_B = -2\,\% + 0{,}8 \cdot r_M$$

$$\sigma_{\varepsilon A} = 10{,}3\,\%; \quad \sigma_{\varepsilon B} = 9{,}1\,\%; \quad \sigma_M = 25\,\%$$

mit $\sigma_{\varepsilon A}, \sigma_{\varepsilon B}$ = *unsystematisches Risiko der Aktien A, B*
σ_M = *systematisches Gesamtmarktrisiko.*

Es gelte das Marktmodell.

a) Berechnen Sie für beide Wertpapiere die Varianz und geben Sie an, welche der beiden Aktien das größere systematische und welche das größere unsystematische Risiko besitzt. (Begründung erforderlich!)

Es gilt allgemein: $\sigma_i^2 = \beta_i^2 \cdot \sigma_M^2 + \sigma_{\varepsilon i}^2$

Das systematische Risiko ist in diesem Modell: $\beta_i^2 \cdot \sigma_M^2$

Das unsystematische Risiko ist: $\sigma_{\varepsilon i}^2$

Varianz der Aktie A: $\sigma_A^2 = 1{,}2^2 \cdot 0{,}25^2 + 0{,}103^2 = 0{,}09 + 0{,}01 = 0{,}1$

Varianz der Aktie B: $\sigma_B^2 = 0{,}8^2 \cdot 0{,}25^2 + 0{,}091^2 = 0{,}04 + 0{,}0083 = 0{,}0483$

Damit besitzt Aktie A sowohl das größere systematische Risiko (0,09 > 0,04), als auch das größere unsystematische Risiko (0,01 > 0,0083).

b) Zeichnen Sie die beiden Regressionsgleichungen in ein Koordinatensystem ein (Achsenbezeichnungen nicht vergessen) und geben Sie das jeweilige Beta der Wertpapiere A und B an.

$\beta_A = 1{,}2$ und $\beta_B = 0{,}8$

Für $r_M = 10\%$ folgt $\quad r_A = 1\% + 1{,}2 \cdot 10\% = 13\%$
$r_B = -2\% + 0{,}8 \cdot 10\% = 6\%$

Für $r_M = 0\%$ folgt $\quad r_A = 1\% + 1{,}2 \cdot 0\% = 1\%$
$r_B = -2\% + 0{,}8 \cdot 0\% = -2\%$

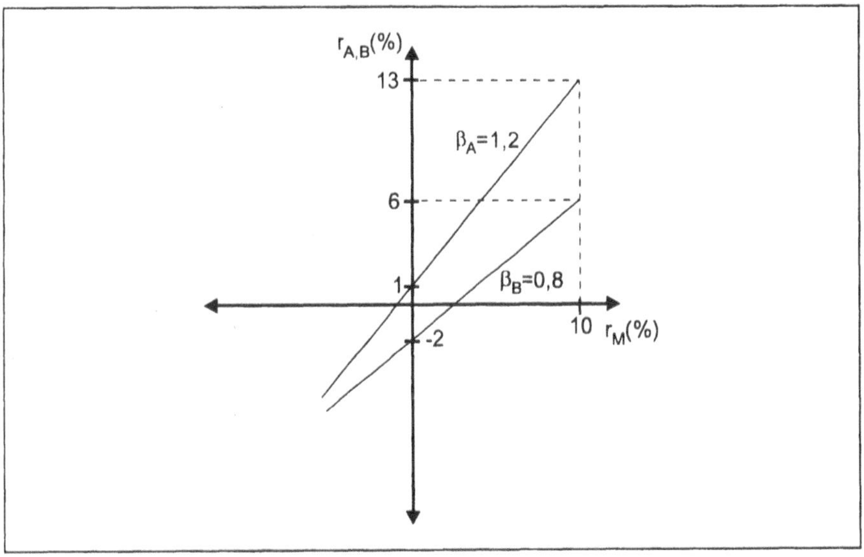

Abb. 52: Lösung zu Aufgabe 124

c) Ihnen stehen folgende Vergangenheitsdaten von drei Unternehmen zur Verfügung:

Unternehmen	$\bar{r}_i$	σ_{r_i}	$q(r_i, r_M)$	β_i
U 1	*0,15*		*1,0*	*1,5*
U 2	*0,15*	*0,08*	*0,5*	
U 3	*0,1*	*0,02*		*0,5*
Markt	*0,1*	*0,04*		
risikolose Anlage	*0,05*			

mit $\bar{r}_i$ *= Durchschnittsertrag p.a.;* σ_{r_i} *= Standardabweichung des Durchschnittsertrages p.a.;* β_i *= Betafaktor;* $q(r_i, r_M)$ *= Korrelationskoeffizient der Rendite der Aktie i und der Marktrendite* r_M.

Vervollständigen Sie die obige Tabelle unter Angabe der verwendeten Formeln und des Rechenweges.

Aus den grundlegenden Zusammenhängen

$$\text{cov}(r_i, r_M) = \sigma_{r_i} \cdot \sigma_{r_M} \cdot q(r_i, r_M); \qquad \beta_i = \frac{\text{cov}(r_i, r_M)}{\sigma^2_{r_M}} = \frac{\sigma_{r_i} \cdot q(r_i, r_M)}{\sigma_{r_M}}$$

folgt:

$$\sigma_{r_i} = \frac{\beta_i \cdot \sigma_{r_M}}{q(r_i, r_M)} \qquad \text{und damit:} \qquad \sigma_{r_1} = \frac{1{,}5 \cdot 0{,}04}{1{,}0} = 0{,}06$$

ferner auch:

$$\beta_2 = \frac{0{,}08 \cdot 0{,}04 \cdot 0{,}5}{0{,}04^2} = 1 \qquad \text{und} \qquad q_3 = \frac{\beta_3 \cdot \sigma_{r_M}}{\sigma_{r_3}} = \frac{0{,}5 \cdot 0{,}04}{0{,}02} = 1$$

Vervollständigte Tabelle:

Unternehmen	$\bar{r}_i$	σ_{r_i}	$q(r_i,r_M)$	β_i
U 1	*0,15*	**0,06**	*1,0*	*1,5*
U 2	*0,15*	*0,08*	*0,5*	**1**
U 3	*0,1*	*0,02*	**1**	*0,5*
Markt	*0,1*	*0,04*	**1**	**1**
risikolose Anlage	*0,05*	**0**	**nicht def.**	**0**

125 Performancemessung

a) Erläutern Sie die Bedeutung von Beta-Faktoren und erklären sie verbal die analytische Herleitung. Welchen Beta-Faktor hat ein „Index"?

Beta-Faktoren sind ein Risikomaß für das systematische Risiko eines Finanztitels. Sie sind ein Maßstab für die Sensitivität einer Aktie auf Gesamtmarktänderungen.

Analytisch ergibt sich der Beta-Faktor einer Aktie als Steigerungsmaß der Regressionsgeraden aus den prozentualen Wertveränderungen der Aktienrendite als abhängiger Variable und der die Marktentwicklung repräsentierenden prozentualen Indexveränderungen als unabhängiger Variable.

Der Beta-Faktor des Index (systematisches Gesamtmarktrisiko) wird ex definitione gleich „eins" gesetzt.

b) Welche beiden Hauptaufgaben hat die Performancemessung bei der Portefeuilleverwaltung?

- Messung der Managementleistung von Vermögensverwaltern
- Messung des persönlichen Anlageerfolges des Investors

c) Der sog. „differential return" eines Portefeuilles (α-Wert nach Jensen) ist eine einfache Meßmethode für den Managementerfolg von Portefeuilleverwaltungen. Die Größe α kann mit Hilfe des Capital Asset Pricing Model definiert werden. Nennen Sie die Definitionsgleichung für α und erläutern Sie die darin enthaltenen Größen.

Definitionsgleichung:

$$\alpha = (r_P - r_f) - \beta_P(r_M - r_f) = RP_P - \beta_P \cdot RP_M$$

mit:

r_P = Return des Portefeuilles

r_f = Return der risikofreien Anlage

r_M = Return des Marktportefeuilles

β_P = Beta-Faktor des Portefeuilles

RP_P = Risikoprämie für das Halten eines riskanten Portefeuilles anstatt einer risikofreien Anlage

RP_M = Risikoprämie für das Halten des riskanten Marktportefeuilles anstatt einer risikofreien Anlage

d) Wie lautet die Formel für das Treynor-Maß zur Performancemessung? Auf welchem Modell basiert es, und wann sollte dieses Maß nur angewendet werden?

Die Formel lautet: $T_P = \frac{r_P - r_f}{\beta_P}$.

mit: r_P = Portfeuillerendite

r_f = risikofreie Rendite

β_P = Beta-Faktor des Portfeuilles

Das Treynor-Maß basiert auf dem CAPM. Es ist die Portefeuille-Risikoprämie pro Einheit des eingegangenen (systematischen) Risikos (da $T_P = RP_M + \alpha_P/\beta_P = (r_P - r_f)/\beta_P$) und beinhaltet eine Normierung des Jensen-Maßes auf die zugrundeliegende Risikoeinheit. Dieses Maß sollte nur zur Beurteilung gut diversifizierter Portefeuilles angewendet werden, da durch den Beta-Faktor nur das systematische Risiko berücksichtigt wird.

126 Capital Asset Pricing Model (CAPM)

1261 Grundlagen

a) Nennen Sie die Annahmen und die Hauptanwendungsgebiete des CAPM-Grundmodells.

Modellannahmen:

- alle Marktteilnehmer sind gleich gut informiert, d.h. verfügen über die gleichen Informationen
- keine Informationsbeschaffungskosten
- keine Transaktionskosten
- keine Steuern
- sehr hohe Reaktionsgeschwindigkeit der Marktteilnehmer
- homogene Erwartungen der Marktteilnehmer
- Existenz einer risikolosen Anlagemöglichkeit
- Existenz des Marktportefeuilles

Hauptanwendungsgebiete:

Erklärungsversuch des Pricing von Wertpapieren (insbesondere von Aktien), Anlageempfehlungen (die Kombination von risikofreier Anlage und Marktportefeuille auf der Wertpapiermarktlinie), Erkennung unterbewerteter bzw. überbewerteter Wertpapiere (insbesondere Aktien), Bestimmung risikobezogener Diskontierungssätze.

b) Um welche Größe unterscheidet sich nach dem CAPM die Risikoprämie RP eines bestimmten Portefeuilles von der Risikoprämie des Marktportefeuilles?

Um den Beta-Faktor des Portefeuilles.

$$RP_{\text{Portefeuille}} = \beta_{\text{Portefeuille}} \cdot RP_{\text{Markt}}$$

c) Aktie A habe einen Beta-Faktor von 0,8, Aktie B von 1,2. Welche prozentualen Einbußen sind für A und B zu erwarten, wenn der Index um 10 % fällt?

A: $0{,}8 \cdot (-10\,\%) = -8\,\%$

B: $1{,}2 \cdot (-10\,\%) = -12\,\%$

d) Berechnen Sie in eindeutig nachvollziehbarer Weise, welchen Beta-Faktor ein Portefeuille hat, das sich aus je 1.000 Stück A und B zusammensetzt, wenn der Kurs von A 200 DM und von B 1.000 DM ist.

Der Beta-Faktor eines Portefeuilles bestimmt sich aus der Summe der mit den wertmäßigen Anteilen gewichteten Beta-Faktoren der einzelnen Aktien:

$$\beta_P = \sum_{i=1}^{n} x_i \beta_i$$

Gesamtwert des Depots:

1000 · 200 DM + 1000 · 1000 DM = 1.200.000 DM

$$\text{Wertmäßiger Depotanteil von A} = \frac{200}{1200} = \frac{1}{6}$$

$$\text{Wertmäßiger Depotanteil von B} = \frac{1000}{1200} = \frac{5}{6}$$

Beta-Faktor des Portefeuilles β_p:

$$\beta_p = \frac{1}{6} \cdot 0{,}8 + \frac{5}{6} \cdot 1{,}2 = 0{,}133 + 1 \approx 1{,}13$$

e) Wie ist die Risikoprämie des Marktes definiert und warum muß diese vom Markt gewährt werden?

Die Risikoprämie des Marktes ist als Differenz von Erwartungswert E der Rendite des Marktportefeuilles r_M und der risikofreien Rendite r_f definiert: $RP = E[r_M] - r_f$.

Würde die Risikoprämie nicht gewährt, würden die Investoren keine mit Risiko behafteten Wertpapiere kaufen, da Sie eine Rendite in Höhe von r_f risikolos erhalten könnten.

1262 Wertpapiermarkt- und Effizienzlinie

a) Erläutern Sie verbal, was die Wertpapiermarktlinie ökonomisch darstellt.

Sie stellt die Linearkombination der risikofreien Rendite (r_f) und der Rendite des Marktportefeuilles (r_M) dar, auf der die effizienten Portefeuilles liegen.

b) Kennzeichnen Sie in der untenstehenden, unvollständigen graphischen Veranschaulichung des CAPM eindeutig

1. den Beta-Faktor = 1
2. die Rendite r_M des Marktportefeuilles
3. die risikofreie Rendite r_f
4. die Risikoprämie des Marktportefeuilles (RP_M)
5 die Lage eines Portefeuilles P_K, das teilweise mit Kredit zum Zinssatz r_f finanziert wurde, wobei der Kredit in das Marktportefeuille investiert wurde
6. die Wertpapiermarktlinie.

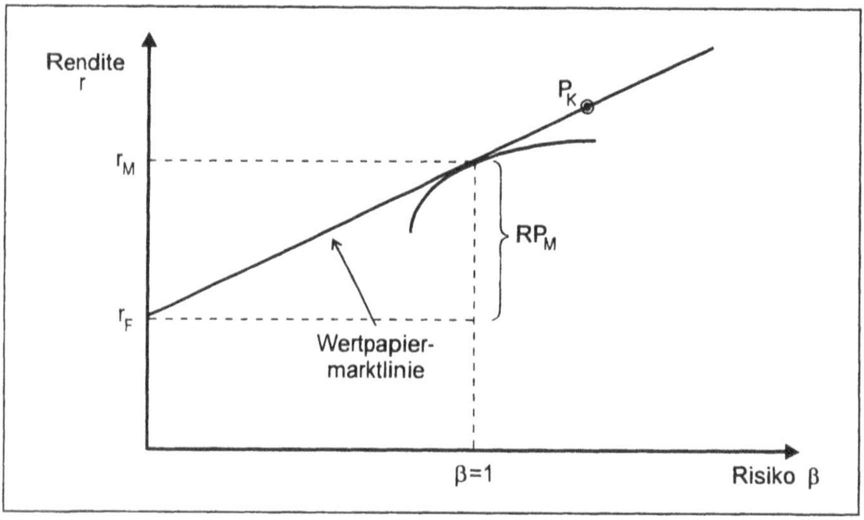

Abb. 53: Lösung zu Aufgabe 1262

c) Folgende Daten risikobehafteter Portfolios seien bekannt:

Portfolio	*A*	*B*	*C*	*D*	*E*	*F*
Erwartete Rendite (%)	*18*	*15*	*16*	*18*	*19*	*10*
Standardabweichung (%)	*30*	*20*	*24*	*24*	*27*	*18*

Tragen Sie die Portfolios in das untenstehende Koordinatensystem ein und zeichnen Sie die Effizienzkurve. Welche Portfolios sind ineffizient?

Portfolio A und C sind ineffizient.

d) Sie können zu 6 % Geld risikofrei aufnehmen und anlegen. Zeichnen Sie die Wertpapiermarktlinie in das Koordinatensystem von Abb. 54 ein.

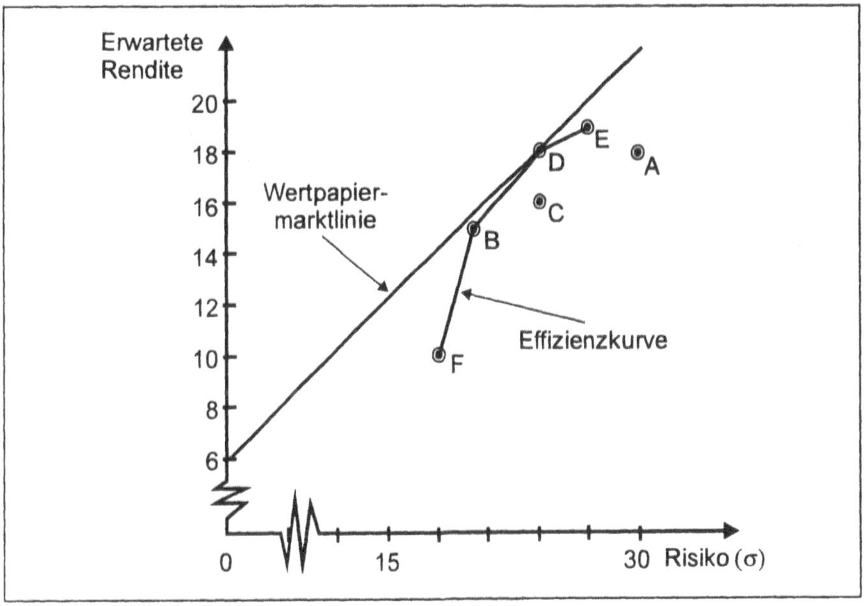

Abb. 54: Lösung zu Aufgabe 1262 c) und d)

1263 CAPM und Pricing

a) Gegeben sei die folgende Situation, wobei r_A und r_M die Renditen des Wertpapiers A und des Marktportefeuilles bezeichnen.

Umweltzustand	*Wahrscheinlichkeit*	r_M	r_A
1	*0,2*	*-20 %*	*-10 %*
2	*0,3*	*-10 %*	*-20 %*
3	*0,3*	*30 %*	*10 %*
4	*0,2*	*50 %*	*90 %*

Es gelte das CAPM.

Berechnen Sie unter Angabe der verwendeten Formeln die erwarteten Renditen des Wertpapiers A und des Marktportefeuilles sowie das Beta des Wertpapiers A.

Allgemein gilt:

$$E(r) = \sum_{i=1}^{n} p_i r_i \qquad \text{wobei} \quad \sum_{i=1}^{n} p_i = 1$$

also:

$E[r_A] \quad = 0{,}2 \cdot (-0{,}1) + 0{,}3 \cdot (-0{,}2) + 0{,}3 \cdot 0{,}1 + 0{,}2 \cdot 0{,}9 = 0{,}13$

$E[r_M] \quad = 0{,}2 \cdot (-0{,}2) + 0{,}3 \cdot (-0{,}1) + 0{,}3 \cdot 0{,}3 + 0{,}2 \cdot 0{,}5 = 0{,}12$

Allgemein gilt (vgl. auch Aufgabe 1223 b)):

$$\text{Cov}(r_1, r_2) = E\left[\left[r_1 - E(r_1)\right] \cdot \left[r_2 - E(r_2)\right]\right] = E(r_1 \cdot r_2) - E(r_1) \cdot E(r_2)$$

also:

$$\begin{aligned}\text{Cov}(r_A, r_M) &= 0{,}2 \cdot (-0{,}2 \cdot (-0{,}1)) + 0{,}3 \cdot (-0{,}1 \cdot (-0{,}2)) \\ &\quad + 0{,}3 \cdot (0{,}3 \cdot 0{,}1) + 0{,}2 \cdot (0{,}5 \cdot 0{,}9) - (0{,}13 \cdot 0{,}12) \\ &= 0{,}109 - 0{,}0156 = 0{,}0934\end{aligned}$$

Ferner gilt:

$$\text{Var}(r) = \sigma^2 = E(r - E[r])^2 = E(r^2) - E(r)^2$$

also:

$$\begin{aligned}\sigma^2_{rM} &= 0{,}2 \cdot (-0{,}2)^2 + 0{,}3 \cdot (-0{,}1)^2 + 0{,}3 \cdot 0{,}3^2 + 0{,}2 \cdot 0{,}5^2 - 0{,}12^2 \\ &= 0{,}088 - 0{,}0196 = 0{,}0736\end{aligned}$$

Für β_A gilt (vgl. auch Aufgabe 124 c)):

$$\beta_A = \frac{\text{cov}(r_A, r_M)}{\sigma^2_{r_M}} = q(r_A, r_M) \cdot \frac{\sigma_{r_A}}{\sigma_{r_M}} = \frac{0{,}0934}{0{,}0736} = 1{,}269$$

b) Wie hoch ist der risikolose Zinssatz und die Risikoprämie des Marktes?

Die Gleichung der Wertpapiermarktlinie lautet:

$$E(r_i) = r_f + \beta_i \cdot (E(r_M) - r_f)$$

Werte einsetzen ergibt:

$$0{,}13 = r_f + 1{,}269 \cdot [0{,}12 - r_f]$$

$$r_f = \frac{0{,}13 - 1{,}269 \cdot 0{,}12}{1 - 1{,}269} = 0{,}082825 \mathrel{\hat{=}} 8{,}28\ \%$$

$$RP_M = 12\ \% - 8{,}28\ \% = 3{,}72\ \%$$

c) *Nehmen Sie an, daß ein Wertpapier X ein Beta von 0,5 und eine erwartete Rendite von 10 % besitzt. Wo befindet sich dieses in der Zeichnung? Beschreiben Sie, welche Arbitragemöglichkeit besteht, wenn die Renditen der Wertpapiere, die sich in der gleichen Risikoklasse befinden (gemessen am Beta-Faktor) „normalerweise" übereinstimmen (d.h. sich im Gleichgewicht befinden) und geben sie den Ertrag pro Arbitragevorgang an.*

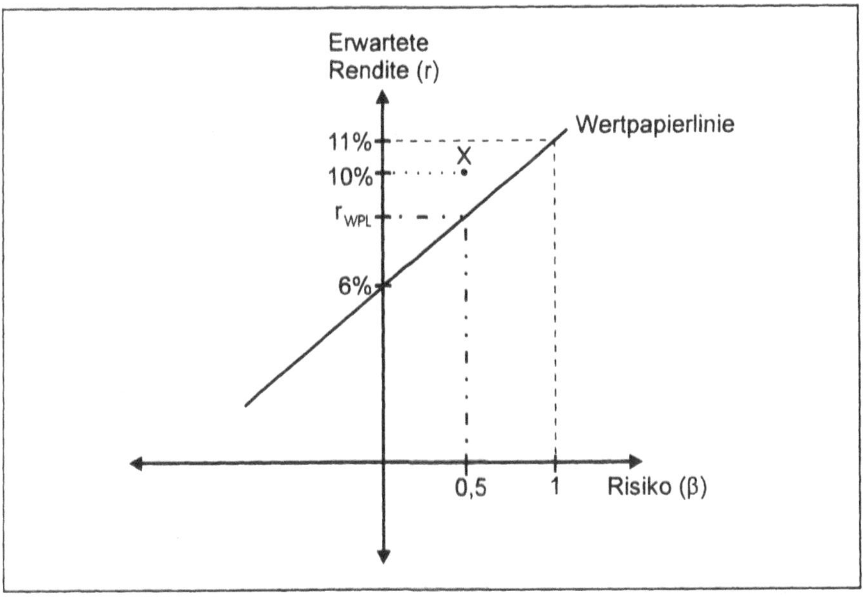

Abb. 55: Lösung zu Aufgabe 1263 c)

$$r_i = r_f + \beta_i (r_M - r_f) = r_f + \beta_i RP_M$$

Arbitragemöglichkeit: Kauf des Wertpapiers X mit 10 % Rendite und gleichzeitiger Leerverkauf des Papiers auf der Wertpapiermarktlinie mit r_{WPL} (≈ 8,5 % (s.u.)) in der Erwartung, daß sich ein Marktgleichgewicht einstellt, d.h. der Preis des Wertpapiers X steigt und seine Rendite solange fällt, bis sie der Wertpapiermarktlinie bei $\beta = 0{,}5$ entspricht.

Ertrag pro Arbitragevorgang:

$$r_{WPL} = 0{,}06 + 0{,}05(0{,}11 - 0{,}6) = 0{,}085$$

$$r_{Arbitrage} = 0{,}10 - 0{,}085 = 0{,}015 \mathrel{\hat{=}} 1{,}5\%$$

d) Wie hoch ist die Risikoprämie für das unsystematische Risiko einer Aktie nach dem CAPM?

Nach dem CAPM wird für das Eingehen des unsystematischen Risikos bei einzelnen Aktien vom Markt keine Risikoprämie gewährt, da das unsystematische Risiko durch Streuen „kostenlos" wegdiversifiziert werden kann.

127 Arbitrage Pricing Theory (APT)

1271 APT und Marktgleichgewicht

a) Nennen Sie die zentralen Aussagen der Arbitrage Pricing Theory.

- Die Wertpapierrenditen hängen von mehreren makro- und/oder mikroökonomischen Risikofaktoren ab.
- Die Wertpapierrendite setzt sich aus einem erwarteten risikofreien Teil und Risikoprämien für die verschiedenen Risikofaktoren zusammen.
- Arbitrageprozesse sorgen dafür, daß die Wertpapiere im Gleichgewicht stets richtig bewertet sind.
- Zwischen den Wertpapierrenditen und den zugehörigen Risikoprämien besteht ein linearer Zusammenhang.
- Auf die Kenntnis des Marktportfolios kann verzichtet werden.

b) Für drei Wertpapiere A, B und C sei folgendes bekannt:

Wertpapier	*Faktorsensitivität*	*Expected Return*
A	*0,0*	*10 %*
B	*0,5*	*14 %*
C	*1,5*	*18 %*

Außerdem habe das Marktportefeuille einen Expected Return von 15,33 % und (definitionsgemäß) eine Faktorsensitivität von 1,0.

Zeigen Sie mit Hilfe einer kleinen Skizze, ob ein Marktungleichgewicht vorliegt, das einen risikofreien Arbitragegewinn ermöglicht. Welches Wertpapier ist fehlbewertet? Kennzeichnen Sie in der Grafik das Ausmaß der Fehlbewertung.

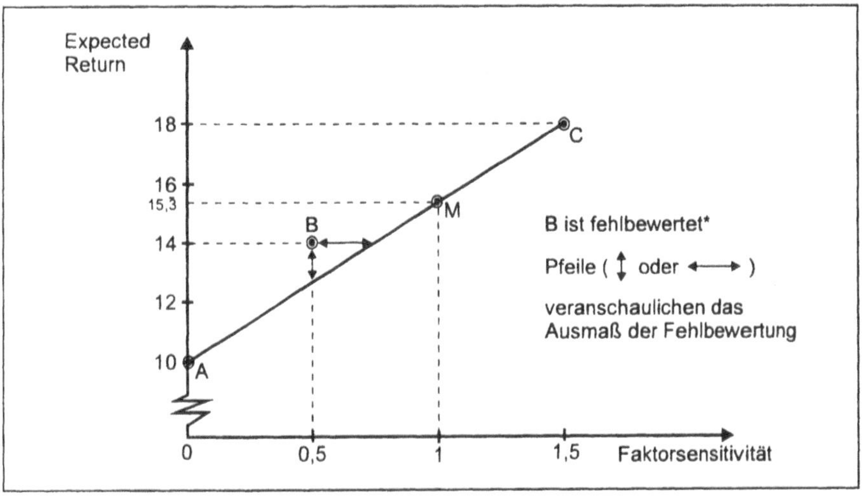

Abb. 56: Lösung zu Aufgabe 1271 b)

* kursmäßig unterbewertet, da es bei einer Sensitivität von 0,5 eine höhere Rendite erwarten läßt, als es der Gleichgewichtsannahme entspricht.

c) Ein Anleger halte ein Portfolio, das eine Rendite von 12 % liefert. Außerdem gelte das folgende 2-Faktorenmodell:

$$E(r_P) = r_f + \beta_1 \cdot RP_1 + \beta_2 \cdot RP_2$$

mit:

$$RP_i = E(r_i - r_f) \qquad i = 1,2$$

und

$$E(r_1) = 0{,}1;\ E(r_2) = 0{,}12;\ r_f = 0{,}04;\ \beta_1 = 0{,}5;\ \beta_2 = 0{,}75.$$

Zeigen Sie, ob eine Arbitragemöglichkeit existiert, und geben Sie die dazugehörige Arbitragestrategie an.

$E(r_P)$ berechnet sich nach dem obigen Faktorenmodell:

$$E(r_P) = 0{,}04 + 0{,}5(0{,}1 - 0{,}04) + 0{,}75(0{,}12 - 0{,}04) = 0{,}13$$

Arbitragestrategie: Verkaufe Portfolio P und kaufe das Portfolio, welches aus der APT resultiert, da dieses bei gleichem Risiko eine höhere erwartete Rendite verspricht.

Bei einer reinen Arbitrage ohne Kapitaleinsatz könnte man das Portfolio P leer verkaufen und das aus der APT resultierende Portfolio kaufen.

1272 CAPM, APT und Mehrfaktorenmodelle

a) Skizzieren Sie die wesentlichen Unterschiede zwischen CAPM und APT.

Das CAPM unterstellt einen risikoaversen Anleger. Diese Annahme läßt sich bis auf Markowitz (1952) zurückverfolgen. Ein Wertpapieranleger hat danach eine zweidimensionale Zielfunktion. Diese verknüpft unter Verwendung eines Risikoaversionsparameters den erwarteten Ertrag mit dem damit untrennbar verbundenen Risiko. Das CAPM unterstellt weiterhin wohldiversifizierte Portefeuilles, bei denen das unsystematische Risiko bereits vollständig wegdiversifiziert ist. Denn nur so kann lediglich das systematische Risiko verbleiben, das dann allein durch den Beta-Faktor als dem einzigen Risikofaktor darstellbar wird. Man spricht daher beim CAPM auch von einem „Single Factor Model“. Die APT hingegen kommt ohne Annahmen über die Anlegerpräferenzen aus. Sie unterstellt vielmehr ein Gleichgewicht, das durch Arbitrageprozesse entsteht. Im Vordergrund steht der Gedanke, daß mehrere Schlüsselfaktoren, die u.U. im Zeitablauf variieren, Einfluß auf die Wertpapierrenditen haben, wobei Renditeabweichungen vom Gleichgewichtszustand durch sofort einsetzende Arbitragevorgänge eliminiert werden (vgl. auch Aufgaben 1263 und 1271) und so ein erneutes Gleichgewicht entsteht. Daher auch die Bezeichnung „Multi Factor Model“.

b) Welche Faktoren beeinflussen nach Untersuchungen von Roll und Ross aus den 1970er Jahren den erwarteten Ertrag von Assets im Besonderen.

Roll und Ross meinten, vier systematische Faktoren identifiziert zu haben, nämlich nicht antizipierte Inflationsraten sowie Änderungen der Risikoprämien, der Zinsstrukturkurven und der Industrieproduktion. Die Rendite eines „asset“ r_i folge dann aus einer Linearkombination dieser Schlüsselfaktoren.

c) Ähnliche Überlegungen, allerdings in etwas modifizierter Form, fanden bereits in den 1960er Jahren für den deutschen Aktienmarkt Anwendung.

1. Welche statistische Methode wurde dabei angewendet?

Die lineare multiple Regression in Verbindung mit einer Faktorenanalyse.

2. *Welche Faktoren erwiesen sich als besonders wichtig?*

- Auftragseingänge (als Gewinnindikator)
- Umlaufrendite festverzinslicher Wertpapiere (als Gewinnmultiplikator)
- Geldmenge (insbes. M_1).

128 Random Walk-Hypothese und Wiener-Prozeß

a) Was besagt die klassische strenge Formulierung der Random Walk-Hypothese und aus welchen Teilhypothesen setzt sie sich zusammen?

Nach der Random Walk-Hypothese lassen sich Börsenkursveränderungen in ganz ähnlicher Weise beschreiben wie die zufälligen Bewegungen kleinster, in Flüssigkeiten suspendierter Teilchen (sog. Brownsche Bewegungen).

$P_{t+1} = P_t + \varepsilon_t$ oder: $P_{t+1} = P_t\,(1+\varepsilon_t)$

P_t = Kurs eines Wertpapiers oder Stand eines Index zum Zeitpunkt t

ε_t = Zufallsvariable

mit: $E(\varepsilon_t) = 0$ und $\mathrm{cov}\,(\varepsilon_t, \varepsilon_{t-n}) = 0$ für $n \neq 0$

3 Teilhypothesen:

1. Aufeinander folgende Kursänderungen sind unabhängige Zufallsvariable.
2. Der Erwartungswert der Verteilung der Kursänderungen ist Null.
3. Die Kursänderungen sind normalverteilt.

Die beste Schätzung, d.h. der Erwartungswert für den nächsten Kurs, ist der heutige Kurs, d.h. $E(P_{t+1}) = P_t$ bzw. $E(P_{t+n}) = P_t$

b) Welches Vorstellungsmodell der Aktienkursentwicklung liegt der Black/Scholes-Formel zugrunde?

Das Black/Scholes-Modell geht von der Aktienkursentwicklung als einem generalisierten Wiener-Prozeß aus, der auch als Ito-Prozeß bezeichnet wird.

$$dS = \mu S\,dt + \sigma S\,dz \quad \text{mit} \quad dz = \varepsilon\sqrt{dt}$$

S steht dabei für den Kassakurs (Spotprice), μ ist die Driftrate, σ die (annualisierte) Kassakurs-Standardabweichung. dz ist ein Wiener Prozeß mit der standard-normalverteilten Zufallsvariablen ε.

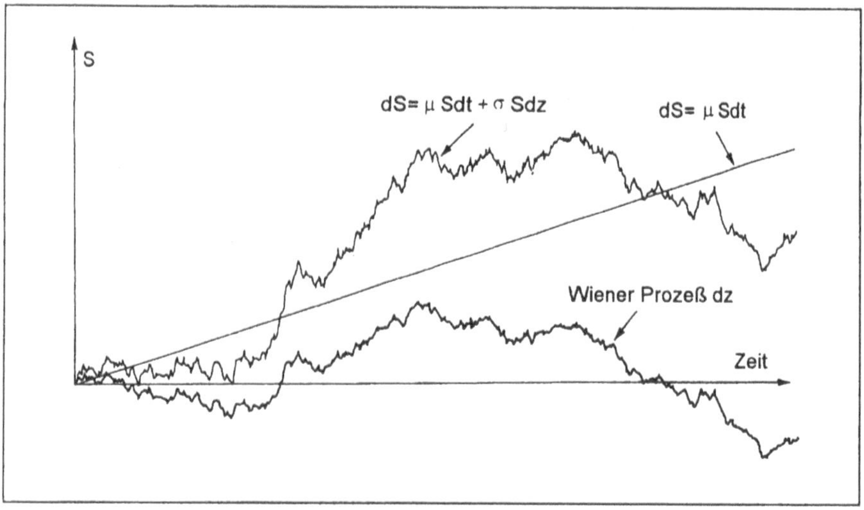

Abb. 57: Generalisierter Wiener-Prozeß

c) Gegeben sei eine Aktie ohne Dividendenausschüttung, die einen aktuellen Kurs von 100 DM (16.5.1997), eine Volatilität p.a. von 30 % und einen erwarteten Wertzuwachs von 15 % p.a. aufweise. Bestimmen Sie den Erwartungswert des Kurses zum 23.5.1997 unter der Annahme, daß der Aktienkurs einer geometrischen Brownschen Bewegung folgt.

Der Erwartungswert des Kurses kann als Summe aus dem aktuellen Kurs und dem erwarteten Wertzuwachs nach einer Woche dargestellt werden. Für den Zeitraum von einer Woche bestimmt sich die Größe dt $\Rightarrow \Delta t$ zu Δt = 7 Tage / 365 Tage, also Δt =0,019178 Jahre. Gemäß der Gleichung für dS aus Aufgabe 128 b) und den Angaben für $\mu = 0{,}15$ und $\sigma = 0{,}30$ kann die Aktienkursentwicklung nun dargestellt werden durch

$$E(\Delta S) = E(\mu S\,\Delta t + \sigma S\,\Delta z) \quad \text{mit} \quad \Delta z = \varepsilon\sqrt{\Delta t}$$

$$E(\Delta S) = E(0{,}15 \cdot 100 \cdot 0{,}019178 + 0{,}30 \cdot 100 \cdot \varepsilon \cdot\ 0{,}1386)$$

$$E(\Delta S) = E\big(100 \cdot (0{,}00288 + 0{,}04158\ \varepsilon)\big)$$

Damit folgt für den erwarteten Kurs nach einer Woche, da $E(\varepsilon) = 0$:

$$E\left(S_{t+1\ \text{Woche}}\right) = 100\ \text{DM} + 0{,}29\ \text{DM} = 100{,}29\ \text{DM}.$$

129 Die Anwendung moderner portfoliotheoretischer Überlegungen im Rahmen der Asset Allocation

1291 Gegenstand und Arten von Asset Allocation

a) Was verstehen Sie unter Asset Allocation und welche prinzipiellen Strategien finden dabei hauptsächlich Anwendung?

In der modernen Portefeuilletheorie versteht man unter Asset Allocation die systematischen Verteilungen von Geldfonds auf verschiedene „Assets".

Passive Strategien gewichten z.B. die einzelnen Assets in einem Portfolio entsprechend ihres wertmäßigen Anteils am Gesamtwert aller Assets durch „full replication" oder „sampling" (z.B. Indexportefeuilles, vgl. auch Aufgabe 1294).

Aktive Strategien hingegen, z.B. „Stock Picking" oder „Tilting", weichen bewußt vom Durchschnitt ab, um „überdurchschnittliche" Erträge (Excess bzw. Differential Returns) zu erzielen.

Kombinationen aktiv/passiv sind möglich (z.B. Core/Satellite-Strategien).

b) Nennen Sie die 3 Stufen der Asset Allocation und charakterisieren Sie diese kurz.

1. Stufe	Datenermittlung	Schaffung und Aufbereitung einer Datengrundlage
2. Stufe	Portfoliogenerierung	Berechnung der möglichen Portfolios und der effizienten Anlagealternativen
3. Stufe	Portfolioselection	Anlegerindividuelle Portfolioselection

c) Welche Diversifikations-Ebenen lassen sich der strategischen und welche der taktischen Asset Allocation zuordnen?

Strategische Asset Allocation:

- Assetklassendiversifikation
- Länderdiversifikation
- Währungsdiversifikation

Taktische Asset Allocation:

- Branchen-, Schuldnerklassen-, Laufzeitendiversifikation
- Titel- und Emittentendiversifikation

d) Nennen Sie drei grundlegende Tatbestände, auf deren isolierte oder kombinierte Veränderung ein Portefeuillemanager mit Portefeuillerevisionen reagieren muß, wenn er seiner Aufgabe professionell nachkommen will.

Portfoliorevisionen werden notwendig wegen

- Preisänderungen, die zu ungewollten Über- oder Untergewichtungen einzelner Assets oder Assetklassen führen, mit negativen Folgen für Diversifikation, Optimalität und Effizienz.
- Veränderung der Ziele bzw. Präferenzen des Investors, beispielsweise infolge Änderung des Zeithorizonts, Steuersituation, Liquiditäts- bzw. Risikopräferenz, Einkommens- und Vermögenslage. Hierzu gehören auch außerplanmäßige Zuführungen zu oder Abzüge aus dem Portefeuille.
- Veränderung der allgemeinen Marktlage, die grundsätzliche Neueinschätzungen der mikro- bzw. makro-ökonomischen Gegebenheiten für einzelne Assets oder ganze Assetklassen erfordern. Dazu gehören neben gesamtwirtschaftlichen Entwicklungen (wie Änderungen der Zentralbankpolitik, Änderungen von politischen oder Währungsrisiken, von Steuergesetzen, nichtantizipierte Veränderungen von Inflationsraten u.a.) genauso Veränderungen in einzelnen Wirtschaftssektoren, Industriebereichen oder Gesellschaften (z.B. Innovationen, Deregulierungen, Änderung des Rating oder Ranking).

1292 Parameterschätzung

a) Leistungsfähige Personal Computer erlauben heute Optimierungen mit der Original-Modellformulierung von Markowitz. Dabei sind sämtliche Varianzen und Kovarianzen aufgrund historischer Daten explizit einzeln zu berechnen. Unterstellt man deren Stabilität, dann reduziert sich der von dem Analysten zu erbringende Schätzaufwand auf die erwarteten Renditen der Assets. Geben Sie im folgenden die üblichen Formeln zur empirischen Schätzung der historischen Varianzen c_{ii} *des Asset i, der Kovarianzen* c_{ik} *bzw. Korrelationskoeffizienten* q_{ik} *sowie der Betafaktoren* β_{ik} *zwischen zwei Assets i und k an.*

$$c_{ii} = \frac{1}{n-1}\sum_{j=1}^{n}(r_{ij}-\bar{r}_i)^2 \qquad c_{ik} = \frac{1}{n-1}\sum_{j=1}^{n}(r_{ij}-\bar{r}_i)\cdot(r_{kj}-\bar{r}_k)$$

$$q_{ik} = \frac{c_{ik}}{\sqrt{(c_{ii}\cdot c_{kk})}} \qquad \beta_{ik} = \frac{c_{ik}}{c_{ii}}$$

mit: r_{ij} = Periodenrendite des Asset i in Periode j

$\bar{r}_i$ = arithmetisches Mittel der r_{ij} über n Beobachtungsperioden

b) Als Berechnungsgrundlage für die Standardabweichung als Risikomaß bei der Aktienanalyse dienen historische Kursschwankungen, z.B. die Kursgewinne und -verluste pro Monat während einer bestimmten Zeit (monatliche Renditen). Berechnen Sie auf Basis der folgenden Angaben die Standardabweichung dieser Aktie.

Zeit	*Januar*	*Februar*	*März*	*April*	*Mai*	*Juni*
Kursveränderung	*+ 10 %*	*+ 2 %*	*– 6 %*	*+ 4 %*	*– 3 %*	*+ 5 %*

$$\text{Varianz } V = \sigma^2 = \frac{\sum_{i=1}^{n}(x_i-\bar{x})^2}{(n-1)} \qquad \bar{x} = 2\,\%$$

Standardabweichung $\sigma = \sqrt{V}$

Berechnungstabelle:

x_i	$x_i - \bar{x}$	$(x_i - \bar{x})^2$
+ 10	+ 8	64
+ 2	0	0
− 6	− 8	64
+ 4	+ 2	4
− 3	− 5	25
+ 5	+ 3	9

$$V = \frac{166}{5} \qquad \sigma = \sqrt{V} = 5{,}76$$

c) Angenommen, der durchschnittliche monatliche Kursgewinn (genauer gesagt der Erwartungswert der monatlichen Rendite) betrage 2 % und die Standardabweichung 5 %. Wie interpretieren Sie diese Zahlen?

$\bar{x} = 2\,\%$ und $\sigma = 5\,\%$.

Es ist zu erwarten, daß die künftigen Monatsgewinne mit einer Wahrscheinlichkeit von rund 67 % innerhalb der Spanne $\bar{x} \pm \sigma$, d.h. zwischen + 7 % und - 3 % liegen werden (bzw. mit rund 95 % zwischen $\bar{x} \pm 2\sigma$).

d) Standardabweichung und Beta-Faktor sind beides Risikomaße. Welche Risiken werden durch welches Risikomaß erfasst?

Die Standardabweichung mißt das Gesamtrisiko („total risk"), meist in Prozent. Der Beta-Faktor erfaßt hingegen lediglich das systematische Risiko eines einzelnen Assets oder eines Portefeuilles (wobei das systematische Gesamtmarktrisiko (Index) definitionsgemäß gleich 1 gesetzt wird).

1293 Hedging von Währungsrisiken

a) Im Rahmen der internationalen Asset Allocation spielt das Währungsmanagement eine wichtige Rolle. Erläutern Sie verbal, was Sie in diesem Zusammenhang unter „Currency Overlay" verstehen.

Currency Overlay besagt, daß die Rendite r_e (in eigener Währung gerechnet) sich näherungsweise additiv aus der Rendite der ausländischen Assets in ausländischer (fremder nationaler) Währung r_f und dem Return r_w der zugehörigen Wechselkurse ermitteln läßt (= additive Überlagerung). Dies gilt jedoch nur für relativ kleine r_f und r_w (genauer: das Produkt ($r_f \cdot r_w$) muß vernachlässigbar klein sein).

b) Welche (vorteilhaften) Möglichkeiten ergeben sich aus Ihren unter a) angeführten Argumenten für die betriebsinterne organisatorische Gestaltung eines international orientierten Asset-Management ?

Das Währungsmanagement und das Asset Management für die jeweiligen nationalen Auslandsmärkte können organisatorisch verselbständigt werden.

c) Beweisen Sie Ihre vorstehenden Antworten mathematisch. Geben Sie dazu unter Verwendung der folgenden Symbole zunächst die Berechnung des Returns in fremder nationaler Währung r_f, in eigener Währung r_e und des Returns aus Wechselkursveränderungen r_w an.

Symbole: P_0 = *Kaufkurs in fremder nationaler Währung*
P_1 = *Aktueller Kurs in fremder Währung*
X_0 = *Wechselkurs zum Kaufzeitpunkt*
X_1 = *Aktueller Wechselkurs*

Return in fremder Währung r_f: $1 + r_f = P_1/P_0$ (1)

Return in eigener Währung r_e: $1 + r_e = (P_1 \cdot X_1) / (P_0 \cdot X_0)$ (2)

Return aus Währung r_w: $1 + r_w = X_1 / X_0$ (3)

Durch Einsetzen von X_1 aus (3) und P_1 aus (1) in Gleichung (2) folgt:

$$1 + r_e = (1 + r_f) \cdot (1 + r_w)$$

$$= 1 + r_w + r_f + r_f \cdot r_w$$

$$r_e = r_f + r_w + r_f \cdot r_w$$

wenn: $r_f \cdot r_w$ klein (was auf kurze Sicht oft der Fall ist), gilt:

$r_e = r_f + r_w$ q.e.d.

d) Die eingehende Analyse des Diversifikationseffekts aus Mischungen von deutschen (AD) und ausländischen Aktien (AA) auf Basis monatlicher Returns über 15 Jahre hat aus DM-Sicht das in folgender Abb. 58 dargestellte Ergebnis gebracht:

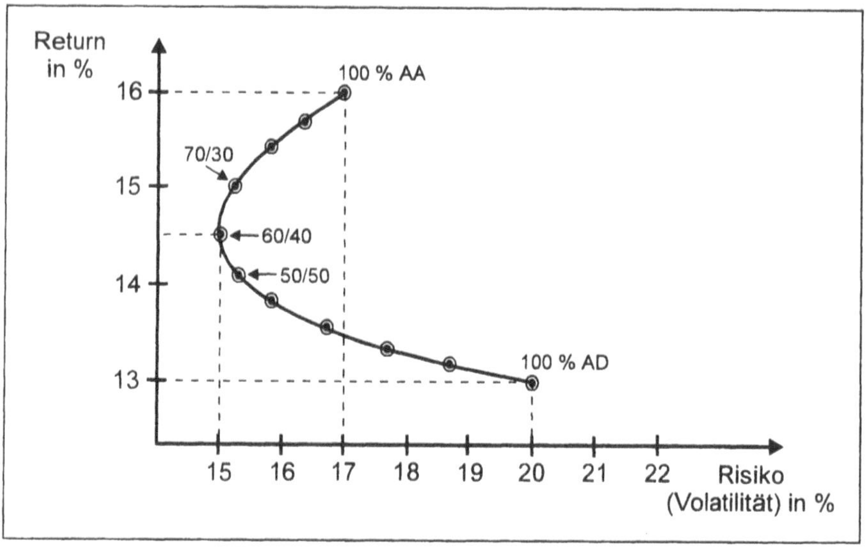

Abb. 58: Lösung zu Aufgabe 1293 d)

Ein Nachwuchsanalyst ist aufgrund des großen Stichprobenvolumens und der auch ansonsten sorgfältigen Ausarbeitung von der Studie so beeindruckt, daß er beabsichtigt, das Resultat seiner künftigen Beratung zugrunde zu legen. Insbesondere risikominimierenden Anlegern möchte er künftig generell die berechnete 60/40 Mischung empfehlen. Was halten Sie von einer solchen Empfehlung?

Eine internationale Diversifikation weist zwar prinzipiell die aufgezeigte Struktur auf. Das Ergebnis solcher Untersuchungen ist jedoch sehr instationär. Es ist insbesondere stark datenabängig (vor allem von der Stichprobe, d.h. dem zugrundegelegten Zeitraum). Deshalb kann keineswegs generell eine internationale Diversifikation von 60/40 empfohlen werden.

1294 Relative Optimierung und Indexportefeuilles

a) Zur Konstruktion von Indexfonds existieren verschiedene Methoden. Nennen Sie diese Methoden und erläutern Sie stichwortartig jeweils in einem Satz, was man unter der jeweiligen Methode zu verstehen hat.

1. Full Replication: exakte Nachbildung des Index durch Kauf derselben Assets mit der gleichen Gewichtung, wie sie im Index enthalten sind.

2. Sampling: repräsentative Nachbildung des Index mit einer geringeren Zahl ausgewählter Assets als im Index enthalten sind.
   a) Stratified Sampling: Indexierung mit heuristischen Methoden, d.h. im Prinzip mit probieren (meist mit Branchengewichtungen).
   b) Optimized Sampling: durch Minimierung des Abweichungsrisikos (tracking error). Der Tracking Error wird i.d.R. in Form der Standardabweichung der Renditeabweichungen von der Indexrendite minimiert.

b) Ist es mit Hilfe der Methode des „Sampling" einfacher, ein Industrieaktien-Indexportefeuille oder ein Industrieanleihen-Indexportefeuille einmalig zu konstruieren oder laufend zu managen?

Es ist einfacher, einmalig ein Renten-Indexportefeuille zu konstruieren als ein Aktien-Indexportefeuille, da die Homogenität des Rentenmarktes erheblich größer ist als die des Aktienmarktes. Die Rentenkurse werden insgesamt in so hohem Maße gleichförmig von den allgemeinen Zinsbewegungen beeinflußt, daß sich die Performance eines Rentenindex mit mehreren tausend Emissionen i.d.R. bereits mit weniger als 10 % der enthaltenen Emissionen nachbilden läßt. Das Sampling von Aktienindices hingegen erfordert im allgemeinen wesentlich höhere Prozentsätze (vgl. auch Aufgabe 1222).

Trotz der oben skizzierten Gegebenheiten ist die laufende Verwaltung eines Renten-Indexportefeuilles erheblich aufwendiger. Denn eine vollständige Rentenportfolio-Charakteristik (vgl. auch Abschnitt 1173 c)) erfordert die Angabe von viel mehr Einzelparametern als eine Charakteristik für Aktienportefeuilles. Da aus einem Rentenportefeuille i.d.R. häufige und vergleichsweise hohe Rückflüsse aus Zinsen und Tilgungen resultieren, ist laufend ein aufwendiges Rebalancing des Rentenportefeuilles unter Betrachtung aller relavanter Charakteristika erforderlich. Bei Aktienindexportefeuilles hingegen genügt neben der Rendite im allgemeinen die Berücksichtigung der Kapitalisierung und eines geeigneten Risikomaßes.

13 Börsenmäßig gehandelte Finanzoptionen

131 Einleitung

a) Handelt es sich beim Abschluß von Optionsgeschäften immer um spekulative Geschäfte?

Ob bei Optionsgeschäften spekulative oder konservative Motive vorliegen, läßt sich nicht aus einer isolierten Betrachtung von Optionsgeschäften erkennen. Vielmehr müssen sämtliche betreffenden Positionen der jeweiligen Marktteilnehmer in die Betrachtung einbezogen werden. Das Finanzinstrument Option ist also nicht per definitionem spekulativ. Erst die Motive und die speziellen Einsatzmodalitäten selbst können aus dem an sich neutralen Instrument risikobehaftete Spekulationen werden lassen:

Ist der Wert der resultierenden Gesamtposition eines Marktteilnehmers von zukünftigen Kassakursbewegungen abhängig, so wird sie als „offen" bezeichnet. Besitzt diese Position einen großen Hebel, d.h. bewirken kleine Kassakursschwankungen prozentual wesentlich größere Veränderungen des investierten Kapitals, so werden sie als spekulative Risikopositionen eingestuft. Optionsgeschäfte werden allerdings keineswegs nur zum Aufbau solcher offenen Positionen verwendet. Vielmehr liegen bei ihrer Anwendung oftmals auch gerade entgegengesetzte Ziele zugrunde. So können zur Verminderung bestehender Risiken mit Hilfe von Optionen Kompensationsgeschäfte mit gegenläufigen Risikoverläufen zur Absicherung (Hedging) offener Positionen aufgebaut werden. Kompensieren sich alle Risikoverläufe, dann entstehen „geschlossene" Positionen.

b) Welche Faktoren haben den heute zu beobachtenden großen Umfang von Optionsgeschäften ermöglicht?

In der Literatur ist dokumentiert, daß Warengeschäfte bereits im 17. Jahrhundert mittels Optionen preisgesichert wurden. Bedingt durch ungeeignete Mechanismen zur Preisermittlung und daraus resultierenden Fungibilitätsdefiziten konnten sich Optionen damals jedoch nicht lange behaupten und verschwanden wieder von den Märkten. Im Zuge des Auftretens vieler Finanzinnovationen erlebten seit den 1970er Jahren die Termingeschäfte, insbesondere auch die Optionen, eine Renaissance. Dies ist zum einen auf eine weite Verbreitung und Akzeptanz neuer Modelle zur Bestimmung „richtiger" Preise zurückzuführen. Zum anderen hatten technische Verbesserungen bei der operativen Abwicklung von Termingeschäften einen großen Anteil an dem Wiederaufschwung der Optionen.

132 Das Terminmarktinstrument „Option"

1321 Begriffsbestimmung

a) Nennen Sie die wichtigsten Merkmale eines Optionsgeschäfts.

Optionsgeschäfte sind Termingeschäfte, bei denen dem Käufer der Option das Recht eingeräumt wird, Wertpapiere, Waren, Währungen, Futures oder ganz allgemein „Assets" zu einem bestimmten zukünftigen Zeitpunkt (europäische Option) oder innerhalb eines festgelegten künftigen Zeitraumes (amerikanische Option) von der anderen Partei zu kaufen (Kaufoption oder Call) oder an die andere Partei zu verkaufen (Verkaufsoption oder Put). Dabei wird der Preis, zu dem das Geschäft später erfüllt wird (Ausübungs- bzw. Basispreis), bereits bei Vertragsabschluß festgelegt.

b) Worin besteht der grundlegende Unterschied zwischen einem Futures Kontrakt und einer Option und welcher Unterschied stellt den „Vorteil" der Option dar.

Der entscheidende Unterschied besteht darin, daß ein Futures Kontrakt eine Verpflichtung beinhaltet, das „Underlying" (Commodity oder Financial Future) am Verfalltag zu liefern oder abzunehmen. Von dieser Verpflichtung kann man sich ökonomisch durch den vorherigen zusätzlichen Abschluß eines kompensierenden Gegengeschäfts befreien, mit dem das ursprüngliche Geschäft verrechnet wird. Der Optionsinhaber hat demgegenüber von vornherein ein Wahlrecht, ob er liefern bzw. abnehmen will oder nicht.

Der Käufer einer Option muß also nicht von seinem Ausübungsrecht Gebrauch machen, er kann die Option auch verfallen lassen. Für dieses Recht zahlt der Käufer dem Optionsverkäufer allerdings einen Preis, die Optionsprämie. Der Verkäufer einer Option wird auch als Stillhalter bezeichnet, da ihm nach Vertragsabschluß nur noch eine passive Rolle zukommt, denn er muß abwarten, ob der Optionskäufer sein Recht ausübt oder nicht.

c) Erläutern Sie kurz die unterschiedlichen Mechanismen, mit denen Futures und Optionen auf das Risiko eines Portefeuilles wirken.

Futures haben ein symmetrisches, Optionen ein asymmetrisches Risikoprofil. Sie beeinflussen dementsprechend das Portefeuillerisiko unterschiedlich. Der Preis eines Futures-Kontraktes verändert sich näherungsweise im gleichen Ausmaß wie derjenige des „Underlying". Mit dem Kauf bzw. Verkauf von Futures-Kontrakten kann das aus der Volatilität resultierende Aufwärts- und Abwärtsrisiko eines Portefeuilles kompensiert werden. Durch die Kompensation werden allerdings nicht nur die Risiken, sondern auch die Gewinnchancen eliminiert bzw. begrenzt. Optionen hingegen begrenzen das Risiko nur nach einer Seite, so daß z.B. Gewinnchancen gewahrt werden können.

1322 Veroptierte Instrumente und Optionsmärkte

Geben Sie eine Übersicht über die verschiedenen Basisinstrumente, auf die sich Optionen üblicherweise beziehen.

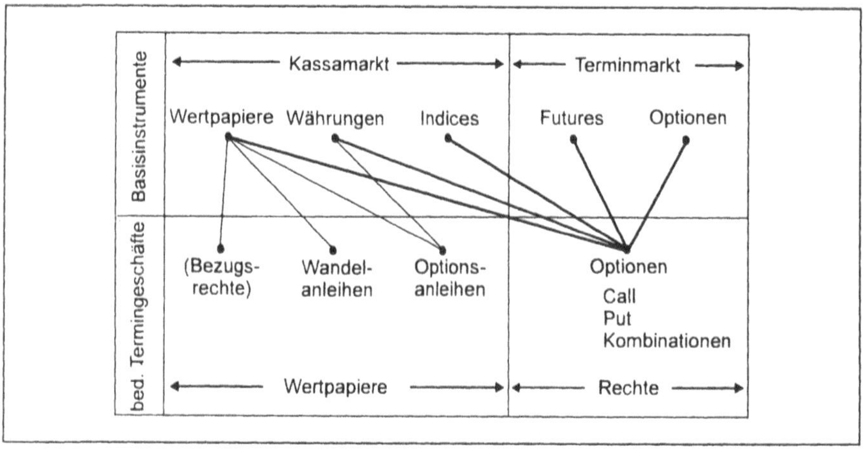

Abb. 59: Lösung zu Aufgabe 1322

Optionen können auf verschiedene Basisinstrumente wie Wertpapiere, Waren, verbriefte Rechte oder ganz allgemein auf Assets begründet werden. Beziehen sich Optionen auf Kassainstrumente, so werden durch die Optionsausübung die (bedingten) Termingeschäfte beendet und die Terminposition geht direkt in eine Kassaposition über. Handelt es sich bei den veroptierten Assets selbst jedoch um Termingeschäfte, so stellt dieser Typ von Optionen ein zweistufiges Termingeschäft dar. Nach der Optionsausübung verbleibt immer noch eine Terminposition.

133 Positionen bei Optionsgeschäften

1331 DAX-Option

In der Börsenzeitung am 16. Februar 1993 war in der Überschrift zu lesen: „Optionshändler spekulieren auf fallenden DAX." Ein Händler empfiehlt, in diesem Zusammenhang, Verkaufsoptionen (Puts) auf den DAX zu erwerben. Die Puts sollen einen Basispreis von 1.625 Punkten haben und bis zum 19. April gültig sein. Diese Option kostet 15 DM. Diesen Einsatz soll der Optionskäufer finanzieren, indem er als Stillhalter eine DAX-Kaufoption (Call) mit einer Basis von 1.700 Punkten und gleicher Laufzeit verkauft. Dafür erhält der Stillhalter 30 DM. Der aktuelle DAX-Stand am Tage der Empfehlung lag bei 1.665 Punkten.

a) Welche Rechte und Pflichten stecken in dieser Empfehlung?

Kauf (Put):	Erwerb des Rechts zum Verkauf des DAX zum Basispreis 1.625 gegen Zahlung einer Prämie von 15 DM.
Verkauf (Call):	Empfang einer Prämie von 30 DM und auf Anforderung Pflicht der Lieferung des DAX zum Basispreis 1.700.

b) Zeichnen Sie für beide Optionen den Chancen- und Risikoverlauf in das nachfolgende Koordinatensystem und beschriften Sie jeweils die Achsen.

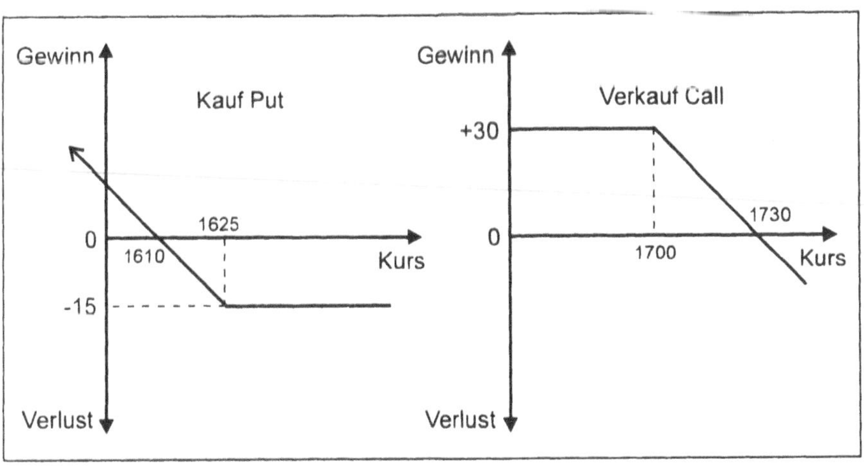

Abb. 60: Lösung zu Aufgabe 1331 b)

c) *Wie hoch ist der Gewinn bzw. der Verlust aus der kombinierten Optionsposition bei folgenden hypothetischen Indexständen am 3. Freitag im April (19.4. 1993) und ab welchem Indexstand beginnt die Verlustzone?*

– *DAX liegt zwischen 1.625 und 1.700 Punkten:* + 15 DM

– *DAX beträgt genau 1.580 Punkte:* + 60 DM

– *DAX beträgt genau 1.730 Punkte:* - 15 DM

– *Die Verlustzone beginnt* bei einem Indexstand von 1.715 Punkten.

1332 Chance/Risiko-Verläufe von Optionen

Im folgenden ist der kombinierte Chancen-Risikoverlauf von drei einzelnen Optionen (entweder Calls oder Puts) aufgezeigt, die zum gleichen Zeitpunkt erworben bzw. verkauft wurden. Dieser Verlauf ergibt sich also durch die Überlagerung der einzelnen Chancen-Risikoverläufe (Duplizierungsprinzip). Der aktuelle Kassakurs liegt in Höhe des Basispreises B. Zeichnen Sie in die folgenden leeren Koordinatenkreuze jeweils den Verlauf der einzelnen Optionspositionen ein und benennen Sie diese im einzelnen. Vereinfachend ist davon auszugehen, daß alle Einzeloptionen jeweils einen Wert von einer Geldeinheit besitzen.

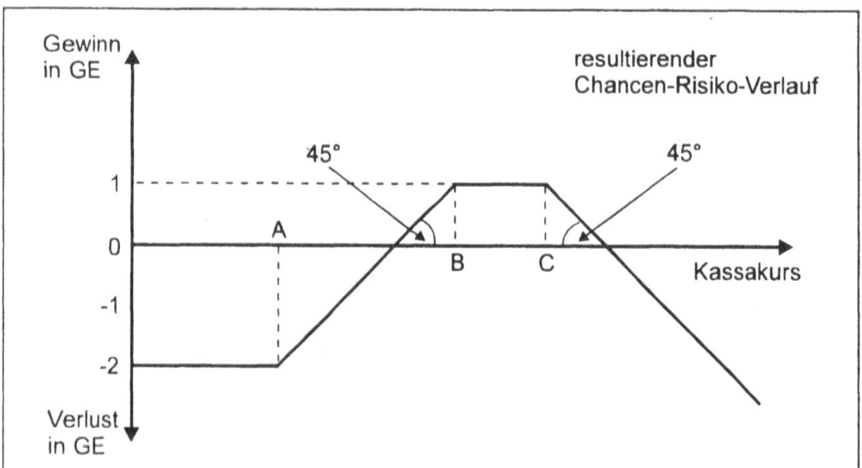

Abb. 61: Überlagerung der Chance/Risiko-Verläufe der drei Optionen

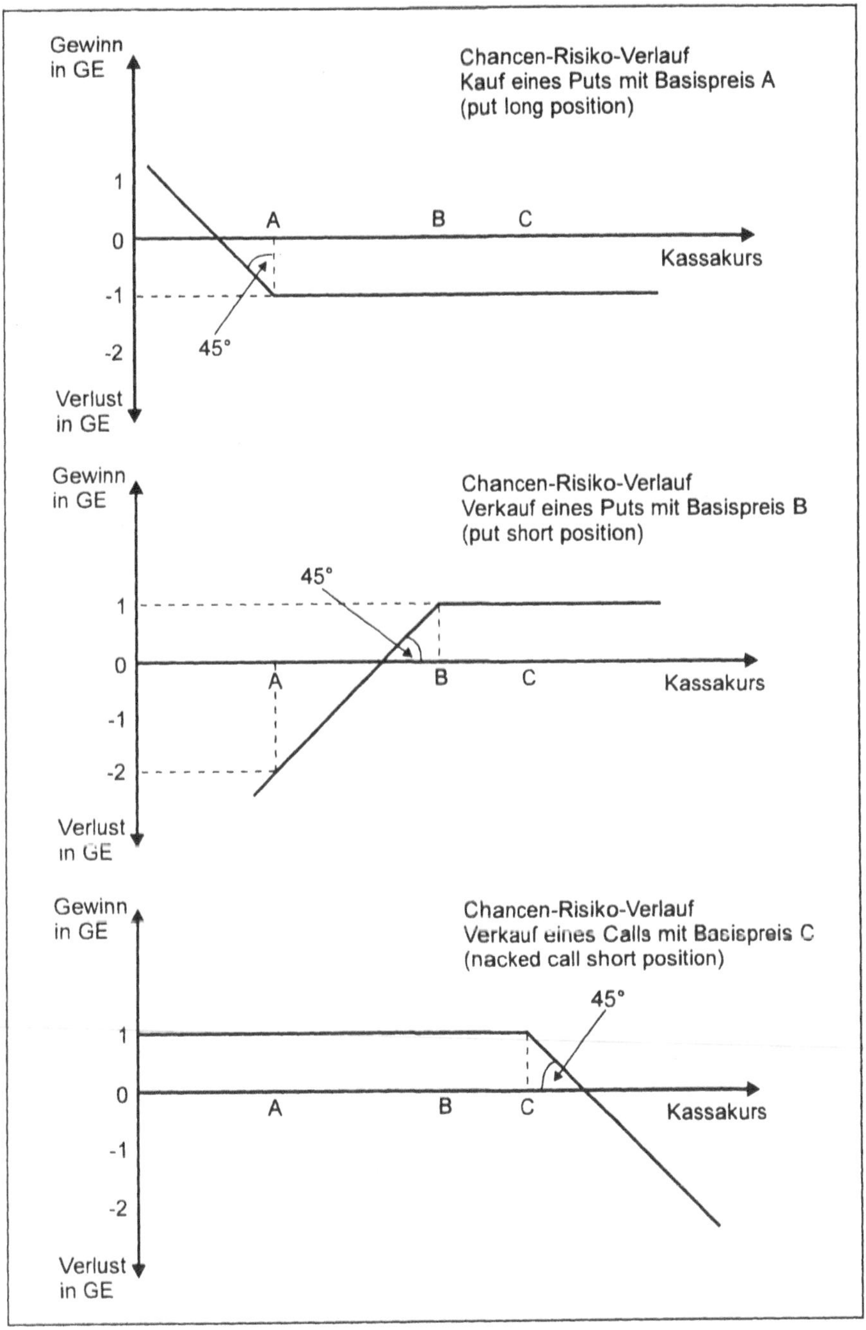

Abb. 62: Lösung zu Aufgabe 1332

1333 Straddle und Strangle

a) Erläutern Sie verbal und mit Hilfe einer Graphik, welche Strategie ein Optionskäufer in einem extrem volatilen Markt zweckmäßigerweise eingehen sollte, wenn zur Zeit keine einheitliche Kassakurstendenz erkennbar ist.

Man könnte durch den Kauf einer Kaufoption und den gleichzeitigen Kauf einer Verkaufsoption an starken Kursausschlägen nach „oben" und „unten" partizipieren. Im einzelnen lassen sich zwei Varianten unterscheiden: ein Straddle und ein Strangle.

Straddle:
Gleichzeitiger Kauf einer Kauf- und einer Verkaufsoption, die auf das gleiche Asset bezogen sind, einen identischen Basispreis besitzen und dieselbe (Rest-)Laufzeit aufweisen.

Strangle:
Gleichzeitiger Kauf einer Kauf- und einer Verkaufsoption, die auf das gleiche Asset bezogen sind, dieselbe Restlaufzeit besitzen, deren Basispreise jedoch out-of-the-money und damit unterschiedlich sind. Liegt der Basispreis der Kaufoption höher als der der Verkaufsoption, dann ist der Kapitaleinsatz niedriger als bei einem vergleichbaren Straddle, so daß der maximale Verlust kleiner ist als beim Straddle, die Gewinnzone aber erst mit stärkeren Kassakursveränderungen erreicht wird, da zusätzlich der out-of-the-money Anteil verdient werden muß.

Graphische Darstellung:

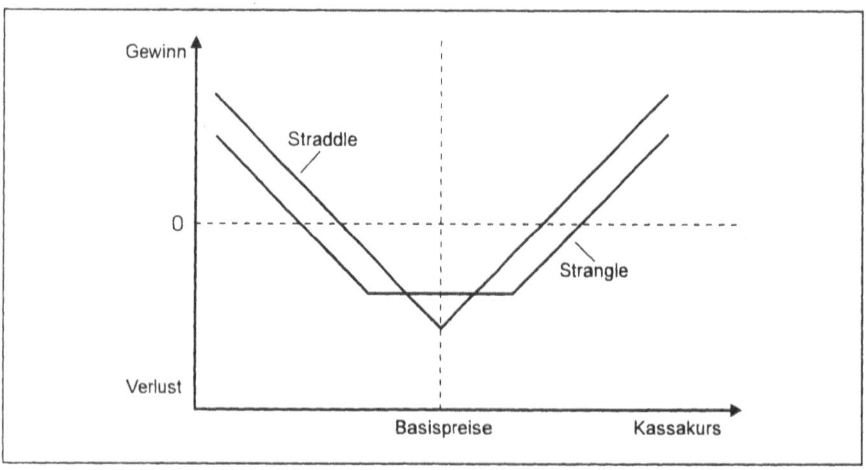

Abb. 63: Lösung zu Aufgabe 1333 a)

b) Auf dem Optionsmarkt wird ein Call mit Ausübungspreis 320 zu 10,- DM angeboten. Ein Put mit Ausübungpreis 280 auf dieselbe Aktie kostet 5,- DM. Stellen Sie jeden Bestandteil sowie die Gesamtstrategie eines Long Strangle am Fälligkeitstag exakt graphisch dar. (Der Long Strangle setzt sich dabei aus dem Kauf des Calls und dem Kauf des Puts zusammen.)

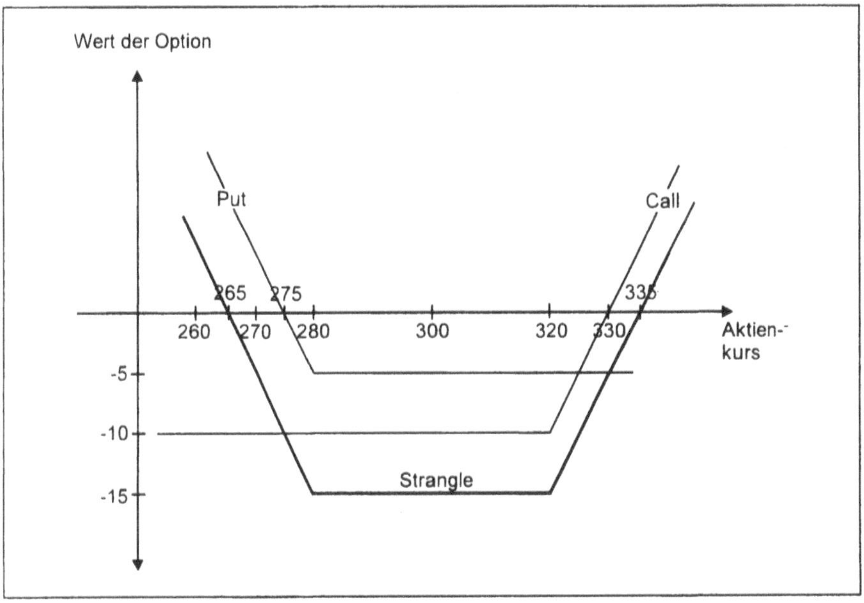

Abb. 64: Lösung zu Aufgabe 1333 b)

1334 Portfolio Insurance

Nehmen Sie an, daß Sie ein breit gestreutes Portfolio aus deutschen Standardwerten besitzen, einen allgemeinen Kursrückgang (Baisse) erwarten und sich den aktuellen Kurswert des gesamten Portfolios mit Hilfe eines Kauf oder Verkaufs der entsprechenden Menge an DAX-Optionen sichern wollen.

a) Was versteht man unter dem Schreiben einer Covered Call Option bzw. dem Kauf einer Protective Put Option auf ein Asset, und wie wirken sich diese Maßnahmen auf das Risiko des Underlying aus?

Beim Schreiben einer Covered Call Option verkauft der Eigentümer eines Assets eine Call Option auf das Asset gegen eine Optionsprämie. Damit ist er maximal bis zur Höhe der Prämie gegen Kursverluste geschützt, gleichzeitig verzichtet er aber auf alle Kursgewinne, die über dem Ausübungspreis (strike price) der Call Option hinausgehen. Der

Kauf einer Protective Put Option auf bereits vorhandene Assets beschränkt mögliche Verluste, während die Gewinnchancen, abgesehen von der Put-Prämie, voll erhalten bleiben, da der Putinhaber bei steigenden Kursen den Put verfallen lassen kann. Die Put-Strategie ermöglicht also, einen Großteil des Aufwärtspotentials des zugrundeliegenden Asset zu erhalten. Der Putkäufer zahlt also eine Prämie zum Schutz gegen fallende Kurse. Der Callschreiber hingegen erhält eine Prämie, verzichtet dafür aber auf einen großen Teil der Gewinnchancen.

b) Kaufen oder verkaufen Sie als Portfolioinhaber einen DAX-Put oder DAX-Call? Begründen Sie Ihre Entscheidung verbal.

Kauf von DAX-Puts (Protective Puts).

Gegen Zahlung des Optionspreises überträgt der Käufer eines DAX-Puts das Risiko eines allgemeinen Kursrückgangs und damit verbundener Verluste auf den Verkäufer. Sinken die Kurse tatsächlich, erzielt der Käufer eines Puts einen Erlös, und zwar in der Höhe der Differenz, um die der Schlußabrechnungspreis unter dem vereinbarten Basispreis liegt (mal 10 DM pro Kontrakt) abzüglich der gezahlten Prämie. Die dem Portfolio entstandenen Verluste können so durch Gewinne aus der Optionsposition (abzüglich Prämie) kompensiert werden. Bei steigenden Kursen läßt man den Put hingegen verfallen.

c) Zeigen Sie anhand einer einfachen Abbildung die Auswirkungen der Entscheidung gemäß b) bei fallenden Kursen auf.

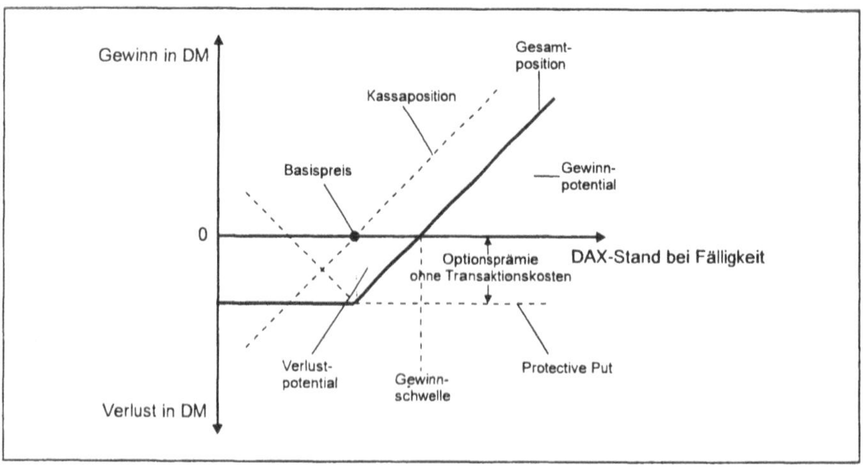

Abb. 65: Lösung zu Aufgabe 1334 c)

134 Komponenten des Optionswertes

1341 Innerer Wert und Zeitwert

a) Der theoretische Optionspreis setzt sich aus zwei Hauptpreiskomponenten zusammen. Welche sind diese beiden Komponenten?

Innerer Wert (intrinsic value) und Zeitwert (time value, extrinsic value).

b) Stellen Sie den Verlauf des Optionspreises und seiner beiden Hauptkomponenten im Zeitablauf bis zum Verfall graphisch dar. Zur Vereinfachung der Darstellung kann eine der Komponenten konstant gehalten werden.

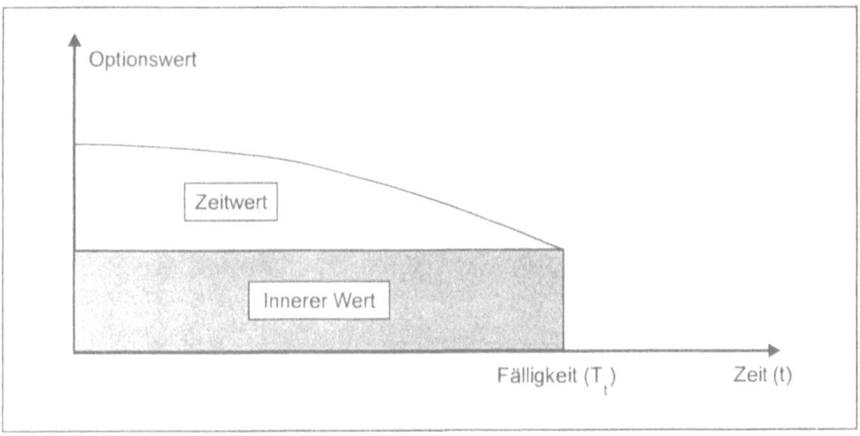

Abb. 66: Lösung zu Aufgabe 1341 b)

c) Nennen Sie für Aktienoptionen sämtliche optionswertbestimmenden Einflußparameter, die in die gängige theoretische Preisbestimmung eingehen und vermerken Sie dabei jeweils, auf welche der beiden Optionspreiskomponenten diese wirken.

Parameter	Komponente
Basispreis (X) Kassakurs (S)	innerer Wert
Restlaufzeit (T) risikoloser Zinssatz (r) Volatilität (V) Optionstyp (europäisch oder amerikanisch)	Zeitwert

d) Wie wird die sog. Volatilität bestimmt?

Die Volatilität wird als Maßstab für die erwarteten Preisschwankungen des Underlyings in Prozent ausgedrückt und entweder mittels statistischer Verfahren als Standardabweichung (σ) der historischen Renditen des Underlyings (historische Volatilität) ermittelt oder aus den am Markt beobachtbaren Optionspreisen über eine Optionspreisformel abgeleitet (implizite Volatilität).

e) Wie läßt sich eine aufgrund von Monatswerten gewonnene Standardabweichung auf Jahresbasis umrechnen? Welche Annahme liegt dieser Berechnung zugrunde?

Ausgehend von der Annahme, daß die monatlichen Veränderungen einem diskreten Zufallsprozeß („random walk“) gehorchen, gilt das sog. Wurzelgesetz:

Varianz $V = M \cdot \sigma^2$ und damit Standardabweichung $S = \sqrt{M} \cdot \sigma$

wobei:

σ = Standardabweichung aufgrund von monatlichen Stichproben

M = 12 bei monatlichen Stichprobenintervallen

S = rechnerische Standardabweichung auf Jahresbasis.

1342 Arbitragegleichgewicht

Sie besitzen einen deutschen Aktienwert, bei dem kürzlich die jährliche Dividende ausgeschüttet wurde. Langfristig halten Sie dieses Papier für erfolgversprechend, doch befürchten Sie im kurzfristigen Bereich Kursrückschläge. Da Sie sich in Ihrer Erwartung noch nicht sicher sind (der Marktzins hat ein Niveau von 8 % p.a. erreicht), wollen Sie Ihren Aktienbestand zu diesem Zeitpunkt noch nicht veräußern, sondern lediglich zeitbegrenzt absichern. Sie werden deshalb Ihre Aktienposition durch den Aufbau einer Put-long-Position auf Basis des aktuellen Kassakurses (100 DM) hedgen. Auf dem bestehenden Optionsmarkt stehen dafür europäische Optionen zur Verfügung. Während das Preisniveau für Kaufoptionen, dank einer ausreichenden Fungibilität, als gerechtfertigt angesehen werden kann, ist der Optionsmarkt auf der Putseite nicht effizient. Eine at-the-money Verkaufsoption mit 6-monatiger Laufzeit wird zu diesem Zeitpunkt zum Preis von 3,40 DM angeboten, während ein Call mit gleichen Konditionen 7,65 DM kostet.

Überprüfen Sie, ob der gehandelte Put-Kontrakt „richtig" bewertet ist, indem Sie den notierten Putpreis mit dem theoretischen Optionspreis vergleichen. Berechnen Sie dabei den fair-value der Verkaufsoption nicht über eine Optionspreisformel, sondern auf Basis des Arbitragegleichgewichts bzw. Put-Call-Parity. Führen Sie die Berechnung in einer eindeutig nachvollziehbaren Weise durch.

Aus dem Arbitragegleichgewicht: $(P + S - C) \cdot (1 + r) = X$

folgt für den Putpreis P: $P = \frac{X}{1+r} + C - S$ (Put-Call-Parity)

mit:					
	S	=	Kassakurs (Spot Rate)	=	100 DM
	X	=	Basispreis	=	100 DM
	C	=	Callpreis	=	7,65 DM
	r	=	Zinssatz (8 % p.a. bzw. bei 6 Monaten 4 % = 0,04):		

P = 100/1,04 + 7,65 - 100 = 3,80 DM

Der Put ist auf dem Optionsmarkt mit 3,40 DM im Vergleich zum theoretisch gerechtfertigten Preis (fair value) von 3,80 DM leicht unterbewertet.

135 Theoretische Optionspreisbestimmung

1351 Black/Scholes-Modell

a) Nennen Sie den Grundgedanken zur Ableitung des Black/Scholes-Modells.

Rendite eines gehedgeten risikolosen Portfeuilles	=	Marktrendite risikoloser Anlagen

b) Leiten Sie aus der Formel für die unterjährige Verzinsung von Kapitalanlagen die (auch in der Black/Scholes-Formel vorkommende) Formel für die stetige Verzinsung ab.

Wenn die Länge der Zinsperioden infinitesimal klein wird oder, was das Gleiche bedeutet, die Anzahl der unterjährigen Zinsperioden m unendlich groß wird, erfolgt in jedem Augenblick eine Zinszahlung, die von nun an zum weiteren Kapitalwachstum beiträgt (→ stetige Verzinsung). Für die Ableitung kann man von folgender Gleichung für die unterjährige Verzinsung ausgehen:

$$K_n = K_0 (1 + i / m)^{m\,n}$$

Läßt man (mit K_n = Zukunftswert bzw. Future Value, K_0 = Barwert, Present Value) m gegen unendlich gehen:

$$\lim_{m\to\infty} K_n = \lim_{m\to\infty} K_0 [(1 + i / m)^m]^n = K_0 \lim_{m\to\infty}\left[(1+i/m)^m\right]^n$$

und berücksichtigt man, daß

$$\lim_{m\to\infty} (1 + 1 / m)^m = e \approx 2{,}71828\ldots \text{ (Eulersche Zahl), so folgt}$$

$$\lim_{m\to\infty}\left(1+\frac{i}{m}\right)^m = e^i$$

und für den Future Value:

$$K_n = K_0\, e^{i\,n}$$

Bei stetiger Verzinsung wächst das Kapital also keineswegs unendlich schnell an.

c) Nennen Sie die Kurzform der Black/Scholes-Formel für europäische Optionen.

$$C = S \cdot N(d_1) - X \cdot e^{(-rT)} \cdot N(d_2)$$

mit:

C	=	Wert eines „european call“	S	=	Kassakurs (spot rate)
X	=	Basispreis	r	=	risikoloser Zinssatz
T	=	Restlaufzeit	V	=	Volatilität (gemessen in σ bzw. σ^2)

$$d_1 = \frac{\ln(S / X) + (r + 0{,}5 \cdot \sigma^2) \cdot T}{\sigma \cdot \sqrt{T}} \qquad d_2 = d_1 - \sigma \cdot \sqrt{T}$$

$N(d_{1,2})$= Wert der kumulierten Standard-Normalverteilung bei $d_{1,2}$, d.h. von $-\infty$ bis $d_{1,2}$. Die numerischen Werte für $N(d_{1,2})$ können Tabellenwerken entnommen werden (siehe z.B. Bleymüller, J./ Gehlert, G.: Statistische Formeln, Tabellen und Programme. 3. Aufl., Vahlen Verlag, München 1985, S. 114-115).

d) Interpretieren Sie diese Formel kurz verbal.

Ein „european call" ist dadurch gekennzeichnet, daß das Optionsrecht nur am Ende der Optionslaufzeit ausgeübt werden kann. Sieht man zunächst von $N(d_{1,2})$ ab, so ergibt sich der Wert eines „european call" als Differenz aus aktuellem Kassakurs und dem (durch Momentanverzinsung mit dem risikofreien Zinssatz über die Optionslaufzeit) abgezinsten Basispreis. Die N(d) beinhalten eine Gewichtung des Risikos bzw. sie machen eine Aussage über die Wahrscheinlichkeit, mit der der Call vom Inhaber ausgeübt wird. Das Ausübungsrisiko hängt dabei vom Verhältnis S/X, ferner von r, σ, sowie $\sqrt{T}$ (Wurzelgesetz nach der Random Walk Hypothese) ab. Vereinfacht ausgedrückt, stellt die Black/Scholes-Formel daher nichts anderes dar, als die Anwendung des Barwertkonzepts auf unsichere Gewinne. M.a.W. der Wert des Call besteht aus dem Barwert der möglichen Gewinne, gewichtet jeweils mit einer Eintrittswahrscheinlichkeit der beiden Komponenten des Barwertes (S bzw. X).

e) Geben Sie an, ob ein jeweiliges Ansteigen der einzelnen Einflußparameter preissteigernd oder preismindernd auf einen Call und einen Put wirkt. Ziehen Sie zu diesen Überlegungen die Formeln unter c) heran.

Einflußparameter	Call	Put
Basispreis	mindernd	steigernd
Kassakurs	steigernd	mindernd
Restlaufzeit	steigernd	steigernd
risikoloser Zinssatz	steigernd	mindernd
Volatilität	steigernd	steigernd

1352 Optionen auf Futures und Devisen

a) Erklären Sie den Begriff „Futures-Option".

Futures-Optionen sind Optionen, deren Underlying ein Futureskontrakt ist. Es handelt sich um ein bedingtes Termingeschäft auf ein anderes unbedingtes Termingeschäft.

b) Wie verhält sich üblicherweise die Laufzeit einer Futures-Option zur Laufzeit des veroptierten Futures in der Praxis?

Die Laufzeit der Option ist stets kleiner oder gleich der Laufzeit des veroptierten Futures. In der Praxis endet die Optionsfrist am Erfüllungstag des Futureskontraktes oder wenige Tage vorher.

c) Berechnen Sie den theoretischen Preis C einer Kaufoption für einen DAX-Future nach dem Black-Modell unter Verwendung folgenden Annahmen:

1. *die Volatilität des Futureskurses (F) entspricht der Volatilität des zugrun deliegenden Kassainstruments und ist konstant.*
2. *der risikolose Zinssatz r beträgt 10 %.*
3. *Der aktuelle Stand des DAX (Underlying) S liegt bei 2200.*
4. *Die Restlaufzeit T des Futures und der Option beträgt noch 1 Jahr.*
5. *Der Basispreis der Option ist 2300.*
6. *$N(d_1)$ und $N(d_2)$ sind eins.*
7. *Haltekosten für den Futureskontrakt sollen nicht berücksichtigt werden.*

Der aktuelle Futureskurs (siehe auch die Berechnung des Future Value in Aufgabe 1351 b)) berechnet sich durch Aufzinsen des Kassakurses S zu:

$$F = S \cdot e^{r \cdot T}$$

$$F = 2200 \cdot e^{0,1 \cdot 1} = 2200 \cdot 1,10517 = 2431,37$$

Der theoretische Preis der Kaufoption nach dem Black-Modell berechnet sich (nach Umformulierung der B/S-Formel gem. Aufgabe 1351 c)) zu

$$C = e^{-r \cdot T}\left[F \cdot N(d_1) - X \cdot N(d_2)\right]$$

$$C = e^{-0,1 \cdot 1}\left[2431,37 \cdot 1 - 2300 \cdot 1\right]$$

$$C = 0,9048 \cdot 131,37 = 118,86 \text{ (Punkte)}$$

Bei einem Indexmultiplikator von 10 DM pro Punkt hat der Call einen theoretischen Kurs von DM 1188,60.

d) Bestimmen Sie unter Verwendung des Bewertungsmodells von Garman/Kohlhagen den theoretischen Preis einer Kaufoption auf den US-Dollar mit einem Basispreis B von 1,80 DM/$ und einer Restlaufzeit T von 1 Jahr.

Folgende Marktdaten seien bekannt:

Devisenkassakurs $D = 1{,}80$ *DM/\$*

DM-Zinssatz p.a. $r_i = 4{,}5\ \%$ *US-\$-Zinssatz p.a.* $r_a = 6{,}0\ \%$

Erwartete Volatilität des Devisenkurses p.a. $\sigma_{DM/\$} = 10\ \%$

Der theoretische Preis eines Calls nach der aus der B/S-Formel abgeleiteten Formel von Garman/ Kohlhagen bestimmt sich zu:

$$C = D \cdot e^{-r_a \cdot T} \cdot N(d_1) - B \cdot e^{-r_i \cdot T} \cdot N(d_2)$$

$$\text{mit } d_1 = \frac{\ln(D\ B) + (r_i - r_a + 0{,}5 \cdot \sigma^2) \cdot T}{\sigma \cdot \sqrt{T}} \quad \text{und } d_2 = d_1 - \sigma \cdot \sqrt{T}$$

Die Diskontierung des Devisenkassakurses mit $e^{-r_a \cdot T}$ ist erforderlich, da bei diesem Modell davon ausgegangen wird, daß der Devisenbetrag verzinslich angelegt werden kann.

$$d_1 = \frac{\ln(1{,}80\ 1{,}80) + (0{,}045 - 0{,}06 + 0{,}5 \cdot 0{,}1^2) \cdot 1}{0{,}1 \cdot \sqrt{1}}$$

$$= \frac{\ln(1) + (-0{,}01) \cdot 1}{0{,}1} = \frac{0 - 0{,}01}{0{,}1} = -0{,}1$$

$$N(d_1) = N(-0{,}1) = 1 - N(0{,}1) = 1 - 0{,}5398 = 0{,}4602$$

$$d_2 = -0{,}1 - 0{,}1 \cdot \sqrt{1} = -0{,}2$$

$$N(d_2) = N(-0{,}2) = 1 - N(0{,}2) = 1 - 0{,}5793 = 0{,}4207$$

$$C = 1{,}8 \cdot e^{-0{,}06 \cdot 1} \cdot 0{,}4602 - 1{,}8 \cdot e^{-0{,}045 \cdot 1} \cdot 0{,}4207$$

$$= 1{,}8 \cdot 0{,}9418 \cdot 0{,}4602 - 1{,}8 \cdot 0{,}956 \cdot 0{,}4207$$

$$= 0{,}7802 - 0{,}7239 \approx 0{,}0563 \text{ DM/\$}$$

Bei einem Kontraktvolumen von 100 US-Dollar hat der Call einen theoretischen Preis von 5,63 DM.

1353 Binomialmodell

Berechnen Sie anhand des Binomialmodells den Preis einer Kaufoption (Call) mit einem Ausübungspreis von 100 DM, wenn der aktuelle Aktienkurs 110 DM beträgt und am Ende der Periode mit einer Wahrscheinlichkeit von jeweils 0,5 entweder um 20 % höher oder um 20 % niedriger liegt. Der risikolose Zinssatz für diese eine Periode beträgt 10 %. Berechnen Sie außerdem über die Put-Call-Parität den Preis eines entsprechenden Puts.

Im Binomialmodell wird ein diskreter Aktienhandel unterstellt, d.h. der im Beispiel angenommene Einperiodenfall umfaßt nur die beiden Zeitpunkte t = 0 und t = 1. Zum Verfallszeitpunkt t = 1 können im einperiodischen Binomialmodell nur zwei verschiedene Ausprägungen des Aktienkurses und damit auch nur zwei verschiedene Optionswerte existieren (siehe Abbildung). Die Wahrscheinlichkeiten einer 20 %igen Auf- bzw. Abwärtsbewegung des Aktienkurses betragen jeweils 0,5, der entsprechende Aktienkurs in t = 1 132 bzw. 88 (s. Abb. 67 Spalte (1)). Die risikolose Geldanlagemöglichkeit bzw. Kreditaufnahmemöglichkeit für eine Periode zum Zinssatz r_f entwickelt sich wie in der Abbildung Abb. 67 Spalte (3) dargestellt (da risikolose Anlage, ist die Wahrscheinlichkeit für den Wert von 1,1 bei t = 1 gleich (0,5 + 0,5) = 1). Der Wert des Call beträgt bei einem Ausübungspreis von 100 in t = 1 entweder (132 − 100) = 32 oder (88 − 100) = 0, da Call nicht ausgeübt wird. (Vgl. Abb. 67 Spalte (2))

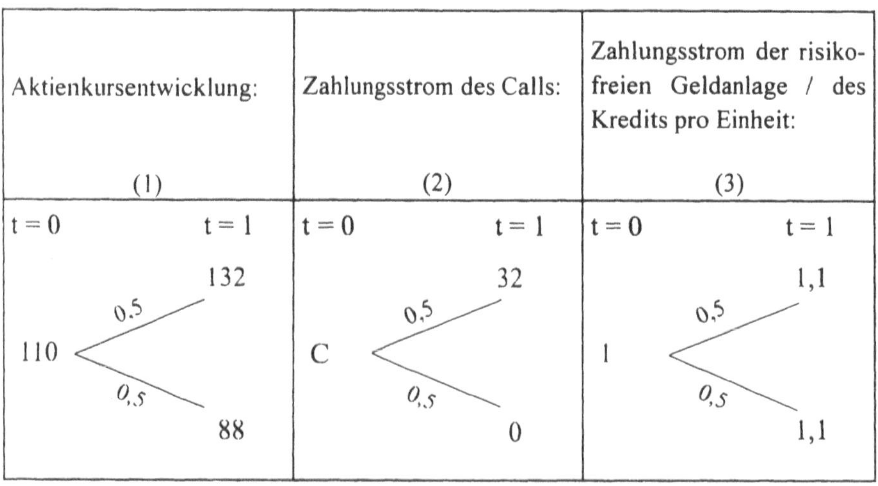

Abb. 67: Lösung zu Aufgabe 1353

Zur Bestimmung des Optionspreises C im Zeitpunkt t = 0 wird ein Portfolio aus Aktien und der risikolosen Anlageform gebildet. Das Portefeuille muß die Option zum Zeitpunkt t = 1 duplizieren, d.h. das Portefeuille muß die Aktienkursentwicklung gem. Spalte (1) so mit dem Zahlungsstrom der risikolosen Anlage gem. Spalte (3) kombinieren, daß Spalte (2) resultiert.

Für den Fall, daß der Aktienkurs gestiegen ist, muß folgendes Portfolio gebildet werden: 132 a + 1,1 b = 32. Dabei gibt a (-a) die Anzahl der zu kaufenden (verkaufenden) Aktien und b (-b) den anzulegenden Geldbetrag (den aufzunehmenden Kreditbetrag) an. Für den Fall, daß der Aktienkurs gesunken ist, gilt entsprechend:

88 a + 1,1 b = 0.

Aus den beiden vorstehenden Gleichungen folgt für a und b:

$$a = \frac{32}{44} = \frac{8}{11} = 0{,}\overline{72}$$

b = - (88 · 0,727) / 1,1 = -58,18 DM.

Der Preis des Calls berechnet sich nach: $C_{t_0} = a \cdot S_{t_0} + b$

mit S_{t_0} = Spotpreis zum Zeitpunkt t_0. Daraus folgt:

C_{t_0} = 0,727 · 110 -58,18 = 21,82 DM

Bildet man anhand dieser Ergebnisse den Wert eines verkauften Calls nach, so ergeben sich keine Arbitragemöglichkeiten, was bedeutet, daß der ermittelte Wert für C der faire Preis ist. Dies zeigt die nachfolgende Tabelle.

t = 0	t = 1 gestiegener Aktienkurs	t = 1 gesunkener Aktienkurs
Verkauf eines Calls: + 21,82	Wert des Calls: -32,00	Wert des Calls: 0,00
Kauf von $0{,}\overline{72}$ Aktien: - 80,00	Wert der Aktie: + 96,00	Wert der Aktie: + 64,00
Kreditaufnahme: + 58,18	Kreditrückzahlung: - 64,00	Kreditrückzahlung: - 64,00
Portfoliowert: 0	Portfoliowert: 0	Portfoliowert: 0

Put-Call-Parität: $P_{t_0} = C_{t_0} + X_{\text{diskontiert}} - S_{t_0}$
mit X = Basispreis bzw. Ausübungspreis

Preis des Put: P_{t_0} P = 21,82 + 100/1,1 - 110 = 2,729 DM

136 Optionskennzahlen (Sensitivitätsmaße)

a) Was sagt das Optionsdelta aus und welcher andere Begriff wird äquivalent dafür verwendet?

Der Einfluß des Kassakurses auf den Optionspreis wird als Optionsdelta bezeichnet. Delta gibt an, um wieviele Einheiten sich der Optionspreis verändert, wenn sich der Kassakurs um eine Einheit verändert. Mathematisch ist das Optionsdelta die erste Ableitung des Optionspreises nach dem Kassakurs. Das Optionsdelta wird auch Hegde Ratio genannt.

b) Der Basispreis für eine europäische Kaufoption betrage 100 DM, die Restlaufzeit 90 Tage, die Volatilität σ = 20 % p.a. und der risikolose Zinssatz 7% p.a. Der Kassakurs liegt bei 110 DM. Berechnen Sie den Fair Value des Calls nach der Black/Scholes-Formel.

Setzt man S = 110; X = 100; r = 0,07; σ = 0,2; T = 90 / 360 = 0,25 in die Black / Scholes-Formel für einen europäischen Call ein:

$$C = S \cdot N(d_1) - X \cdot e^{-rT} \cdot N(d_2)$$

mit:

$$d_1 = \frac{\ln(S / X) + (r + 0{,}5 \cdot \sigma^2) \cdot T}{\sigma \cdot \sqrt{T}} \qquad \text{und} \qquad d_2 = d_1 - \sigma \cdot \sqrt{T}$$

dann erhält man:

$$d_1 = \frac{\ln(110 / 100) + (0{,}07 + 0{,}5 \cdot 0{,}2^2) \cdot 0{,}25}{0{,}2 \cdot \sqrt{0{,}25}} \approx 1{,}18$$

$$d_2 = 1{,}178 - 0{,}2 \cdot \sqrt{0{,}25} = 1{,}08$$

Damit ergeben sich die Werte der kumulierten Standard-Normalverteilung N (d_1) und N (d_2) (siehe Tabelle in Bleymüller, J./ Gehlert, G.: Statistische Formeln, Tabellen und Programme. 3. Aufl., Vahlen Verlag, München 1985, S. 114-115).

$N(d_1) = N(1{,}18) = 0{,}8810$

$N(d_2) = N(1{,}08) = 0{,}8599$

und weiterhin:

$$\begin{aligned} C &= 110 \cdot N(1{,}18) - 100 \cdot e^{-0{,}07 \cdot 0{,}25} \cdot N(1{,}08) \\ &= 110 \cdot 0{,}8810 - 100 \cdot 0{,}983 \cdot 0{,}8599 \\ &= 96{,}91 - 84{,}53 = 12{,}38 \end{aligned}$$

c) Berechnen Sie das Delta, das Gamma, das Theta, das Vega und das Rho des Calls. Erläutern Sie vor der Rechnung kurz, was die Begriffe Delta usw. bedeuten.

Das Call Delta gibt an, wie stark der Call-Optionspreis auf eine Kassakursänderung reagiert.

Call Delta $= N(d_1) = N(1{,}18) = 0{,}881$

N (d_1) = Flächeninhalt der Standardnormalverteilungsdichte von $-\infty$ bis zum Wert d_1

Das Call Gamma wird als Sensitivitätsmaß von Delta bezeichnet und gibt die Höhe der Deltaveränderung pro Kassakurseinheit an.

Call Gamma $= \dfrac{1}{S\sigma\sqrt{T}} \cdot N'(d_1) = \dfrac{1}{110 \cdot 0{,}2 \cdot \sqrt{0{,}25}} \cdot 0{,}1989 = 0{,}018$

$N'(d_1) = N'(1{,}18) = 0{,}1989$

$N'(d_1) = \dfrac{1}{\sqrt{2\pi}} e^{-0{,}5 d_1^2}$ wobei $N'(d_1)$ nicht der Flächeninhalt bis zum Wert d_1, sondern der Funktionswert der Standardnormalverteilungsdichte ist. (Werte siehe Tabelle in Bleymüller, J./ Gehlert, G.: Statistische Formeln, Tabellen und Programme. 3. Aufl. , Vahlen Verlag, München 1985, S. 113)

Das Call Theta zeigt den Einfluß von Restlaufzeitänderungen von einem Tag auf Optionspreise auf.

$$\text{Call Theta} \quad = \frac{S \cdot \sigma}{2\sqrt{T}} \cdot N'(d_1) + X \cdot r \cdot e^{-rT} \cdot N(d_2)$$

$$= \frac{110 \cdot 0{,}2}{2 \cdot \sqrt{0{,}25}} N'(1{,}18) + 100 \cdot 0{,}07 \cdot e^{-0{,}07 \cdot 0{,}25} \cdot N(1{,}08)$$

$$= 22 \cdot 0{,}1989 + 7 \cdot 0{,}9827 \cdot 0{,}8599 = 10{,}29$$

Das Call Vega stellt den Einfluß von Volatilitätsänderungen auf den Optionspreis dar.

$$\text{Call Vega} \quad = S \cdot \sqrt{T} \cdot N'(d_1) = 110 \cdot \sqrt{0{,}25} \cdot N'(1{,}18) = 10{,}94$$

Das Call Rho gibt an, um welchen Betrag sich Optionswerte ändern, wenn der risikolose Zinssatz variiert.

$$\text{Call Rho} \quad = T \cdot X \cdot e^{-rT} \cdot N(d_2) = 0{,}25 \cdot 100 \cdot e^{-0{,}07 \cdot 0{,}25} \cdot N(1{,}08) = 21{,}12$$

2. Teil: Märkte und Instrumente der Investmentanalyse

21 Haupteinflußfaktoren auf die Gesamt-Aktienmarktentwicklung

a) Bei der systematischen Analyse der historischen Aktienmarktentwicklung läßt sich die Aktienkursentwicklung als ein System von Überlagerungen verschiedenfristiger Zyklen bzw. Trends interpretieren. Kennzeichnen Sie die vier wichtigsten Bewegungen in der untenstehenden Tabelle anhand ihrer Zeitdauer und der sie bestimmenden Haupteinflußgröße.

Trend bzw. Zyklus	*Zeitdauer*	*Haupteinflußfaktor*
Basistrend	genereller Aufwärtstrend (mehr als 100 Jahre)	allgemein gesamtwirtschaftliches Wachstum, allgemeine Stärkung der Ertrags- und Finanzkraft der Unternehmen
Primärzyklus	ca. 50 Jahre	langfristige Ertragszyklen
Sekundärzyklus	ca. 4 - 5 Jahre	konjunkturell bedingte mittelfristige Ertragsschwankungen, Zins und Liquiditätseinflüsse
Tertiärzyklus	ca. 4 - 7 Monate	psychisch bedingte markttechnische Einflüsse

b) Ermitteln Sie aus dem langfristigen Verlauf des unten abgebildeten FAZ-Index zunächst auf graphischem Wege die Sekundärtrends von Ende 1976 bis Mitte 1992. Übertragen Sie in einem zweiten Schritt Ihre Ergebnisse in die folgende Tabelle und vervollständigen Sie die fehlenden Angaben.

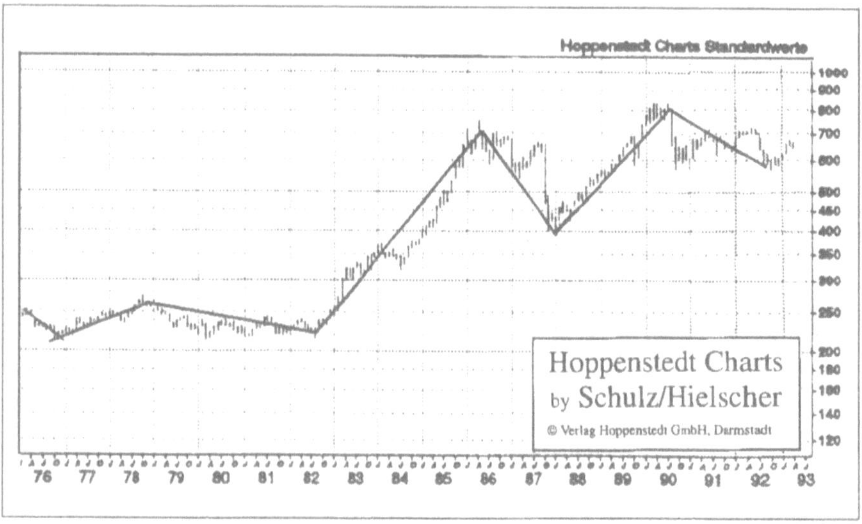

Abb. 68: Lösung zu Aufgabe 21 b)

<table>
<tr><th rowspan="2">Sekundärzyklen von - bis</th><th rowspan="2">Sekundär-bewegung</th><th colspan="2">Zykluslänge (Monaten)</th><th rowspan="2">Gesamt</th></tr>
<tr><th>aufwärts</th><th>abwärts</th></tr>
<tr><td>bis 11/76</td><td>abwärts</td><td></td><td></td><td></td></tr>
<tr><td>11/76 - 09/78</td><td>aufwärts</td><td>20</td><td></td><td rowspan="2">67</td></tr>
<tr><td>09/78 - 08/82</td><td>abwärts</td><td></td><td>47</td></tr>
<tr><td>08/82 - 04/86</td><td>aufwärts</td><td>44</td><td></td><td rowspan="2">63</td></tr>
<tr><td>04/86 - 11/87</td><td>abwärts</td><td></td><td>19</td></tr>
<tr><td>11/87 - 07/90</td><td>aufwärts</td><td>32</td><td></td><td rowspan="2">56</td></tr>
<tr><td>07/90 - 07/92</td><td>abwärts</td><td></td><td>ca. 24</td></tr>
</table>

c) Welche durchschnittliche Zykluslänge ergibt sich für den betrachteten Zeitraum 1976 - 1992?

$$\varnothing \frac{67+63+56}{3} = \frac{186}{3} = 62 \text{ Monate, d.h.} \approx 5 \text{ Jahre.}$$

d) Nennen Sie die wichtigsten Haupteinflußfaktoren auf die konjunkturell bedingte Gesamtaktienmarktentwicklung und geben Sie jeweils zusätzlich die wichtigste zugehörige Kennzahl an.

1. Ertrag der Aktiengesellschaften (durchschnittliche Gewinne pro Aktie)
2. Zinsniveau (Umlaufrendite festverzinslicher Wertpapiere)
3. Liquidität (Geldmenge M1 bzw. M3)

e) Die Aktienkurse (gemessen am Index) antizipieren die Gewinnentwicklung: Mit welchem Antizipationszeitraum muß man z.Zt. in Deutschland rechnen?

In der Regel sind die Unternehmensgewinne in 12 bis 14 Monaten bereits heute in den Aktienkursen enthalten (eskomptiert).

f) Führende deutsche Researchabteilungen tragen der Gewinnantizipation bei ihren Gewinnschätzungen Rechnung. Wenn z.B. im Juli/August 1998 Gewinne zum Zweck der Aktienkursbewertung geschätzt werden, um welche Gewinne handelt es sich dann?

Die Gewinne pro Aktie per Ende 1999.

g) Gesamtaktienmarktbewertungen werden antizipierte Gewinne und aktuelle Zinsniveaus zugrunde gelegt. Ist dies prinzipiell

☒ richtig.

Begründen Sie Ihre vorstehende Antwort.

Im Gegensatz zu den künftigen Zinserträgen, die bei bonitätsmäßig guten Schuldnern dem absoluten Betrag nach „sicher" sind (z.B. bei erstklassigen Staatsanleihen), sind die Gewinne pro Aktie unsicher und zudem nicht voll verfügbar (Ausschüttungsrisiko). Unsicher ist lediglich das künftige Zinsniveau. Das gegenwärtige Zinsniveau beinhaltet aber alle erkennbaren künftigen Einflußgrößen und damit als solches alle möglichen Antizipationen - es ist daher den antizipierten Gewinnen äquivalent und deshalb sinnvollerweise der Bewertung zugrunde zu legen.

h) Auf welchen gesamt- bzw. einzelwirtschaftlichen Ebenen würden Sie Informationen einholen und welchen zugehörigen Größen würden Sie für fundamentale Aktienanalysen im Maschinenbau-Segment besondere Beachtung schenken?

- Gesamtmarktanalyse
  - Konjunktur
  - Zinsen
  - Wechselkurse
  - Inflation
  - Geldmenge

- Branchenanalyse
  - Auftragseingänge
  - Kostengrößen
  - Produktionszahlen

- Unternehmensanalyse
  - kursbezogene Kennzahlen
  - bilanzbezogene Kennzahlen
  - aktienbezogene Kennzahlen

i) Welche Hauptprobleme treten bei der fundamentalen Aktienanalyse auf? Skizzieren Sie daran exemplarisch die Grenzen der Fundamentalanalyse.

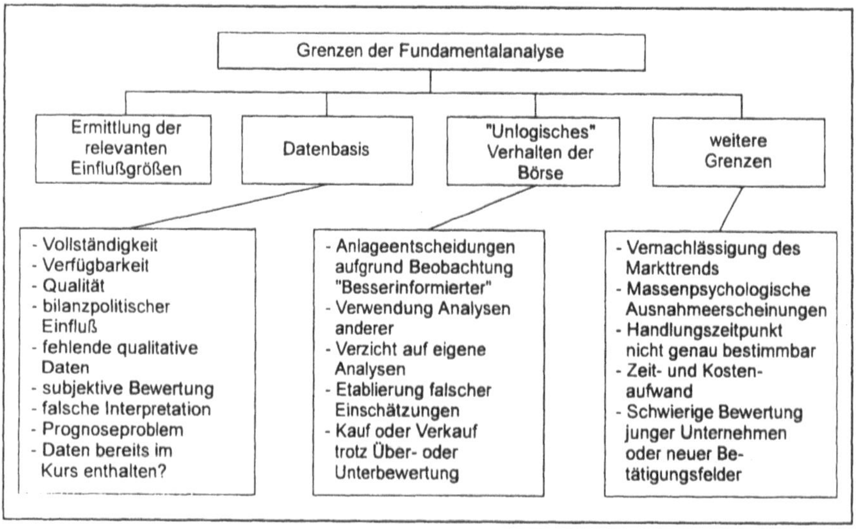

Abb. 69: Lösung zu Aufgabe 21 i)

22 Technische Aktienanalyse

221 Kursbereinigung und Operation Blanche

a) Bei einer Kapitalerhöhung erhalten die Altaktionäre in der Regel ein Bezugsrecht. Aus welchem ökonomischen Grund wird dieses Bezugsrecht in Deutschland meist eingeräumt?

Das Bezugsrecht soll nach dem Prinzip der Vermögenserhaltung die Wertminderung der alten Aktien durch die Kapitalerhöhung kompensieren, da in Deutschland der Bezugskurs der jungen Aktien i.d.R. deutlich unter dem Börsenkurs der Altaktien liegt.

b) Im Zusammenhang mit Kapitalerhöhungen taucht gelegentlich der Begriff „operation blanche" auf. Was ist darunter zu verstehen?

Mit dem Erlös aus einem Teilverkauf der Bezugsrechte werden die verbliebenen Bezugsrechte ausgeübt. Damit erfolgt der Bezug der neuen Aktien ohne neuen Geldeinsatz, m.a.W. die Finanzierung erfolgt durch Teilverkauf des Altbestandes. Damit wird zwar kein neuer Kapitaleinsatz erforderlich, doch die prozentuale Beteiligung am Grundkapital wird geringer.

Die Operation Blanche ist also eine spezielle Bereinigungsmethode, die den Zweck hat, die durch Bezugsrechte unterbrochene Vergleichbarkeit der längerfristigen Wertentwicklung von Aktienanlagen wiederherzustellen. Grundgedanke der Bereinigung ist, daß sich das Vermögen des Anlegers durch den rein technischen Vorgang einer Kapitalerhöhung nicht verändern soll, weil der Kauf der jungen Aktien ohne zusätzlichen Kapitaleinsatz durch einen Teilverkauf von Bezugsrechten finanziert wird.

c) Sie besitzen 200 Aktien der Finanz AG, die eine Kapitalerhöhung plant. Der Nennwert je Aktie beträgt 50 DM und der aktuelle Börsenkurs der alten Aktie sei 260 DM. Die Bezugskonditionen lauten 4:1:210.
Ermitteln Sie in nachvollziehbarer Weise den rechnerischen Kurs nach Bezugsrechtsabschlag.

Es sei: K_1 = Börsenkurs vor Bezugrechtsabschlag

K_2 = rechnerischer Kurs nach Bezugsrechtsabschlag

E = Emissionskurs der jungen Aktien

a = Anzahl Altaktien

b = Anzahl junge Aktien

V = Bezugsverhältnis (= a / b)

Die Operation Blanche basiert auf dem Ansatz (siehe Aufgabe b):

Vermögen vor Kapitalerhöhung	=	Vermögen nach Kapitalerhöhung
(Wert der alten Aktien + Barvermögen zum Kauf der jungen Aktien)	=	(Wert der alten + der neuen Aktien nach Kapitalerhöhung)

d.h. $aK_1 + bE = K_2(a+b)$

also: $$K_2 = \frac{aK_1 + bE}{a+b} = \frac{(a/b)\cdot K_1 + E}{(a/b)+1} = \frac{K_1V + E}{V+1}$$

$$K_2 = \frac{4\text{ Mio}\cdot 260\text{ DM} + 1\text{ Mio}\cdot 210\text{ DM}}{4\text{ Mio} + 1\text{ Mio}} = 250\text{ DM}$$

d) Berechnen Sie den rechnerischen Wert eines Bezugsrechts und den Rückwärtsbereinigungsfaktor unter Verwendung der Angaben von Aufgabe c).

Rechnerischer Bezugsrechtswert $B = K_1 - K_2 = 260 - 250 = 10$ DM

oder aus allgemeiner Formel:

$$B = K_1 - K_2$$

$$B = K_1 - \frac{K_1V + E}{V+1} = \frac{K_1V + K_1 - K_1V + E}{V+1} = \frac{K_1 - E}{V+1}$$

$$B = \frac{260 - 210}{\frac{4}{1}+1} = \frac{50}{5} = 10\text{ DM}$$

Rückwärtsbereinigungsfaktor: $f = K_2 / K_1 = 250 / 260 = 0{,}96$

222 Möglichkeiten, Grenzen und grundlegende Verfahren der Technischen Analyse im Überblick

a) Formulieren Sie den Grundansatz der Technischen Aktienanalyse als einen Teilbereich der Aktienanalyse. Berücksichtigen Sie dabei die in die Analyse einbezogenen Daten (Untersuchungsgegenstand).

Die Technische Analyse orientiert sich im Unterschied zur fundamentalen Aktienanalyse nicht an Unternehmensdaten, sondern vornehmlich an den Daten des Aktienmarktes selbst, insbesondere an Börsenkursen und Börsenumsätzen. Begründet wird die Vorgehensweise damit, daß sich zwangsläufig alle kursrelevanten Fakten unmittelbar in den Kursen und Börsenumsätzen niederschlagen und somit (oder auch mit Hilfe geeigneter Interpretationsverfahren) aus den Kurs- und Umsatzverläufen ablesbar bzw. die aktuelle Situation daraus diagnostizierbar sein müsse. Der Markt dient damit als sein eigenes Barometer.

b) Was kann die Technische Analyse nicht leisten und welche Aussagen kann man erwarten?

Die Technische Analyse beabsichtigt keine Prognosen für die Markttendenz von übermorgen. D. h.

- sie behauptet nicht, voraussagen zu können, wie lange der Trend anhalten wird.

Sie beabsichtigt vielmehr nur Aussagen darüber,

- in welchem Trend sich der gesamte Markt oder die einzelne Aktie augenblicklich befindet,
- ob sich der beobachtete Trend gegenwärtig noch fortsetzt oder ob eine Umkehrphase vorliegt.

c) Welche grundlegende Strategie verfolgt ein Anleger, der seine Dispositionen nur mit Hilfe der Technischen Analyse vorbereitet?

- Bei günstigen Trendverläufen Gewinne so lange wie möglich wachsen zu lassen,
- Verluste durch baldiges Aussteigen in Trendumkehrphasen möglichst begrenzen.

d) Welche Ausprägungsgrade unterscheidet Fama hinsichtlich der Informationseffizienz des Kapitalmarktes und welche Bedeutung hat diese Aussage für die Anwendbarkeit der fundamentalen und technischen Analyse?

- schwache Form (⇒ technische Analyse nicht anwendbar)
- halbstreng Form (⇒ auch fundamentale Analyse unanwendbar)
- strenge Form (⇒ neben technischer und fundamentaler Analyse sogar Insiderinformationen nicht vorteilbringend)

Fama differenziert also nach dem Grad der Reflektion der Marktinformationen in den Kursen, ohne jedoch die verschiedenen Formen operational voneinander abgrenzen zu können.

e) Nennen Sie die wichtigsten technischen Verfahren zur Erfassung der allgemeinen Börsen-Grundtendenz (Indexentwicklung).

- Odd Lot-Statistiken
- Short Interest-Statistiken
- Odd Lot-Short Interest-Statistiken
- Advance-Decline-Lines
- Chart Reading
- Filterregeln
- Short Range-Oszillatoren
- Momentum
- Sentimentindikatoren

f) Nennen Sie technische Verfahren zur Analyse einzelner Aktienkursverläufe

❑ Chart Reading mit Bar-Charts
- Trendlinien-Methode
  - Widerstands- und Unterstützungslinien
  - Widerstands- und Unterstützungszonen
  - Trendlinien und Trendkanäle
- Formationen
  - Trendumkehrformationen
  - Trendbestätigende Formationen
- Gleitende Durchschnitte

❑ Point & Figure-Charts

❑ Candle Stick Charts

❑ Momentum für Einzelwerte

❑ relative Stärke und Beta-Faktoren

223 Gesamtmarktindikatoren

2231 Momentum

a) Erläutern Sie die prinzipielle Vorgehensweise bei der Analyse des Momentum.

Das Momentum ermöglicht eine Aussage über die Dynamik einer Kursbewegung. Es wird als prozentuale Veränderung des laufenden Kurses zu einem bestimmten historischen Vergleichswert berechnet (z.B. mit 12 Monaten Zeitdifferenz, z.B. Indexstand Ende Oktober 1998 dividiert durch Indexstand Ende Oktober 1997).

Zur Elimination erratischer Schwankungen wird das Original-12-Monats-Momentum häufig durch einen gleitenden 6-Monats-Durchschnitt geglättet.

Konkrete Timingsignale können u.a. auf folgender Interpretation des Indikators basieren: ein Drehen des Momentums in einem extremen Bereich des Indikators zeigt eine schwächer werdende Kursdynamik in der bisher vorherrschenden Richtung an. Kaufsignale treten danach dann auf, wenn das Momentum im unteren Schwankungsbereich nach oben dreht, Verkaufsignale, wenn der Indikator im oberen Schwankungsbereich nach unten dreht.

Durch den Vergleich von Minima und Maxima im Zeitablauf läßt sich eine weitere Interpretationsmöglichkeit des Momentums ableiten. Markiert der Aktienkurs einen neuen Höchststand, der gleichzeitig von einem entsprechenden „High“ im Momentum bestätigt wird, existieren keine Anzeichen für eine technische Schwäche. Demgegenüber signalisiert ein Momentum, das neue Höchststände im Kurs nicht gleichfalls mit Höchstständen bestätigt, eine negativ zu beurteilende sog. Divergenz zwischen den beiden Kurven. Dies ist als Warnsignal für eine technische Marktschwäche zu interpretieren. Generell gilt: je größer die Zahl negativer Divergenzen, umso negativer ist der Kurstrend zu beurteilen.

b) Berechnung des Momentums

1. Für einen Aktienindex liegen Daten gemäß der folgenden Tabelle vor:

Monat / Jahr	J	F	M	A	M	J	J	A	S	O	N	D
1989	100	110	100	120	150	130	130	160	140	190	180	200
1990	200	240	260	230	200	240	220					

2. Berechnen Sie aus den Tabellenangaben das zugehörige 12-Monats-Momentum und tragen Sie die Ergebnisse in die folgende Tabelle ein.

Monat / Jahr	J	F	M	A	M	J	J	A	S	O	N	D
1989												
1990	2,0	2,18	2,60	1,92	1,33	1,85	1,69					

3. Da das Momentum oft starken erratischen Schwankungen unterliegt, ist es zweckmäßig, das Momentum durch Durchschnittsbildung zu glätten. Welcher Glättungszeitraum im Vergleich zum Zeitraum der Original-Momentumsberechnung hat sich in der Praxis als besonders geeignet erwiesen?

Als Glättungszeitraum hat sich der halbe Zeitraum als besonders geeignet erwiesen.

4. Berechnen Sie unter Verwendung der vorstehenden Ergebnisse so weit wie möglich das geglättete 12-Monats-Momentum und tragen Sie die Resultate in die nachfolgende Tabelle ein.

Monat / Jahr	J	F	M	A	M	J	J	A	S	O	N	D
1989												
1990						1,98	1,93					

5. Der Original-Aktienindex gemäß den Zahlen der ersten Tabelle sieht technisch noch gut aus. Zum Beleg dieser Behauptung zeichnen Sie bitte in das folgende Koordinatensystem den Index und die innere Trendgerade ein.

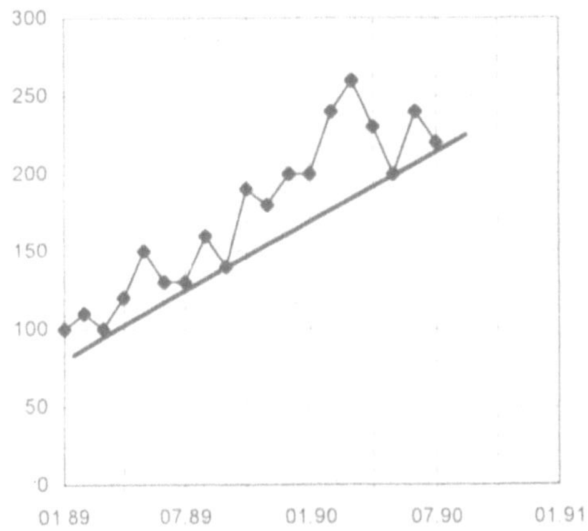

Abb. 70: Lösung zu Aufgabe 2231 b) 5.

6. *Was sagen die Berechnungen zum Kursmomentum aus? Bestätigen oder modifizieren diese die Aussage unter 5?*

Das Momentum ist bereits rückläufig und deutet somit darauf hin, daß die Schwungkraft der aufwärtsgerichteten Kursbewegung nachläßt (vgl. oben Nr. 2 und 4). Dies impliziert ein frühzeitiges Warnsignal. Das Momentum modifiziert in diesem Sinne die positive Aussage unter 5.

2232 Advance/Decline-Line

a) *Wie wird die Advance/Decline-Line (A/D-Line) berechnet und wie wird sie angewendet?*

Die A/D-Linie berechnet sich aus der kumulierten täglichen Differenz der Anzahl der im Kurs gestiegenen zur Anzahl der im Kurs gefallenen Aktien. Eine Indikatorfunktion wird aus dem Vergleich der A/D-Linie mit den üblicherweise gewichteten Aktienindices abgeleitet. Dabei wird auf eine gesunde Aufwärtsbewegung geschlossen, wenn A/D-Linie und Aktien-Index parallel steigen. Besteht hingegen eine Divergenz zwischen dem Verlauf der beiden Kurven, d.h. erreicht der Index z.B. weitere Höchstkurse, während die A/D-Linie sich kaum bzw. nach unten verändert, kann dies ein Warnzeichen für eine bevorstehende Trendwende des Gesamtmarktes nach unten sein und vice versa.

b) *Wie hätte ein Techniker die technische Verfassung des amerikanischen Aktienmarktes (NYSE) im Herbst 1993 anhand der beiden Grafiken in Abb. 71 beurteilt? Kennzeichnen Sie zuerst die wesentlichen Sachverhalte in der Grafik durch Einzeichnen von Trends usw. und erklären Sie dann Ihre Beurteilung verbal.*

Erläuterung:

Die technische Verfassung des Marktes ist augenblicklich als sehr gut zu betrachten. Zwar hat der breite NYSE - Composite Index die Widerstandslinie bei 250 noch nicht nach oben durchbrechen können. Die A/D-Linie hingegen hat bereits die Widerstandslinie von 70.500 eindeutig nach oben durchbrochen. D.h. der Markt ist in seiner ganzen Breite insgesamt aufwärts gerichtet (die Mehrzahl der Aktien steigt) während der marktgewichtete Index noch durch „schwere" Titel vergleichsweise niedrig gehalten wird.

2233 Oszillatoren und Sentimentindikatoren

a) *Die „Deviation" kann als sog. Oszillator betrachtet werden. Erläutern Sie zunächst kurz, was mit der Anwendung von Oszillatoren erreicht werden soll und welcher prinzipielle Kursverlauf an der Aktienbörse dabei unterstellt wird.*

Oszillatoren sollen Maßstäbe für das Marktgleichgewicht sein. Sie sind so konstruiert, daß sie in der Regel um eine Null-Linie schwanken. Der Grundgedanke bei der Verwendung von Oszillationen ist, daß der Kursverlauf an der Börse nicht gleichmäßig, sondern in Wellenbewegungen verläuft. Die dabei auftretenden Wellengipfel und -täler soll ein Oszillator als überkaufte bzw. überverkaufte Situation am Aktienmarkt anzeigen.

b) *Erläutern Sie verbal, wie die Deviation berechnet wird und wie dieser Indikator zu interpretieren ist.*

Bei der Deviation wird zunächst ein gleitender Durchschnitt gebildet und anschließend die prozentuale Abweichung der aktuellen Kurse zu diesem Durchschnitt berechnet. Je höher diese Differenz ist, um so übertriebener ist die Entfernung des aktuellen Kurses von seinem Trend (repräsentiert durch den gleitenden Durchschnitt) bzw. der überkaufte/überverkaufte Zustand.

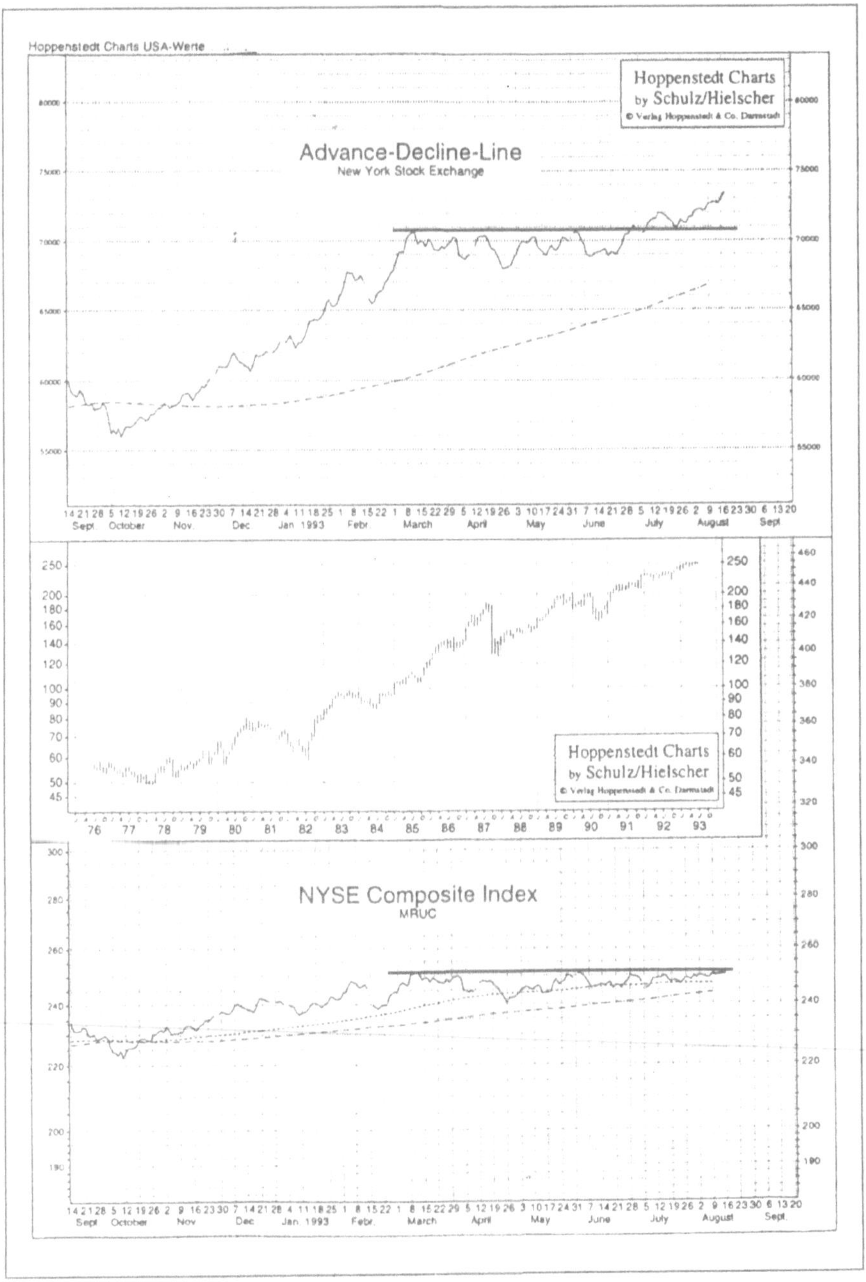

Abb. 71: Lösung zu Aufgabe 2232 b)

c) Die Put/Call-Ratio kann als sog. Sentimentindikator betrachtet werden. Erläutern Sie zunächst kurz, was im allgemeinen mit Hilfe von Sentiment-Indikatoren gemessen werden soll und wie die Put/Call-Ratio in Deutschland berechnet wird.

Es soll die Anlegerstimmung gemessen werden. Bei der Interpretation geht man üblicherweise davon aus, daß ein besonders hoher Pessimismus (hohe P/C-Ratio) in der Anlegerschaft für die zukünftige Tendenz eher positiv ist und umgekehrt ein übertriebener Optimismus (sehr niedrige P/C-Ratio) für den Aktienmarkt negativ ist. Die Berechnung erfolgt in Deutschland als Verhältnis der an der DTB gehandelten Puts zu den Calls eines Börsentages. Ein hoher Wert (übermäßig viele Puts) kann als Kaufsignal, ein niedriger Wert kann als Verkaufssignal gewertet werden.

224 Zusammenhang von Gesamtmarkt und Einzelaktienkursverläufen

a) Nennen Sie die zwei wichtigsten Verfahren zur Analyse der Zusammenhänge zwischen Börsengrundtendenz (Gesamtindexentwicklung) bzw. Branchenentwicklungen (Branchenindices) und Einzelaktienkursverläufen.

- Relative Stärke
- Beta-Faktoren

b) Erklären Sie die Aussagen, die mit Hilfe der Relativen Stärke gemacht werden sollen. Welcher Zweck wird mit diesem Instrument verfolgt?

Die relative Stärke gibt an, ob einzelne Aktien stärker, gleich stark oder schwächer als der Branchendurchschnitt bzw. Gesamtmarkt gestiegen oder gefallen sind. Um dies zu ermitteln, werden einzelne Aktienkursverläufe, Branchenindizes und Gesamtindizes miteinander optisch (setzt logarithmische Darstellungweise voraus, vgl. Aufgabe 2242 a)) und/oder rechnerisch verglichen. Es wird versucht, diejenigen Aktien herauszufiltern, die sich z.B. in Haussen überdurchschnittlich gut entwickeln (oder in Baissen am stärksten fallen werden).

c) Welche Vergleichsmöglichkeiten existieren im Rahmen der Relativen Stärke zur Untersuchung des Marktgeschehens?

- Vergleich zweier Aktienkursverläufe
- Vergleich des Aktienkursverlaufs mit dem Gesamtmarkt (Index)
- Vergleich des Aktienkursverlaufs mit einem Teilmarkt (Branche)
- Vergleich eines Teilmarktes mit dem Gesamtmarkt

225 Chart Reading von Einzelaktienkursverläufen

2251 Chartkonzepte

a) Stellen Sie die grundsätzlichen Prinzipien der Kursvisualisierung graphisch dar (Line-, Pole-, Bar-, P&F-, Anchor- und Candle-Charts).

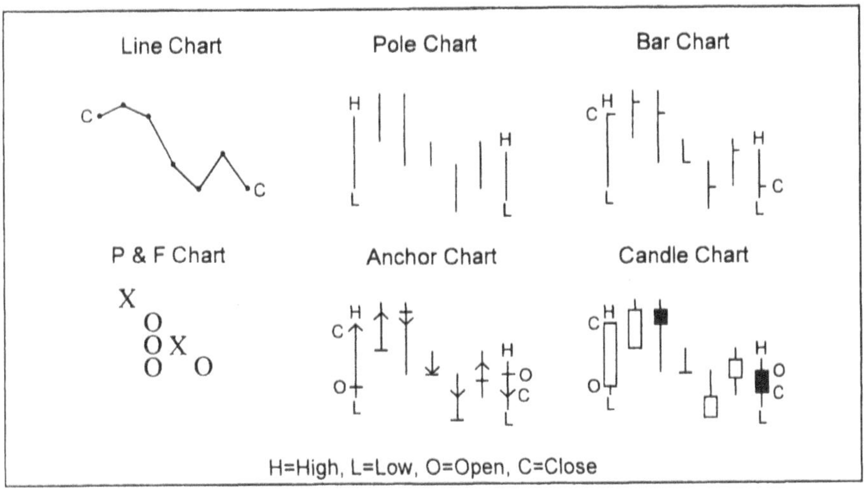

Abb. 72: Prinzip der Kursvisualisierung derselben Kursentwicklung in verschiedenen Chartkonzepten

b) Erläutern Sie die bei der Analyse mit Point & Figure Charts verwendete Symbolik. Fertigen Sie zusätzlich eine erläuternde Skizze an.

Erläuterung:

Wichtigste Symbole der Point & Figure Analyse sind Kreis und Kreuz. Es wird ohne eine Zeitachse und ohne Umsatzangaben gearbeitet. Ein Kreuz kennzeichnet steigende Kurse, während der Kreis auf fallende Kursnotierungen hinweist. Eintragungen erfolgen nur, wenn Kursveränderungen ein bestimmtes vorgegebenes Ausmaß erreichen bzw. übersteigen (z.B. 5 Punkte). Diese Symbole werden eingezeichnet in gleich große, meist quadratische Kästchen. Notierungen werden hierbei bei anhaltenden Auf- bzw. Abwärtsverläufen direkt über- bzw. untereinander vorgenommen. Erst bei Kursrichtungsänderungen über ein vorher festgelegtes Niveau hinaus wird eine neue Spalte begonnen. Höchstkurse werden immer abgerundet, Tiefstkurse hingegen aufgerundet.

Skizze:

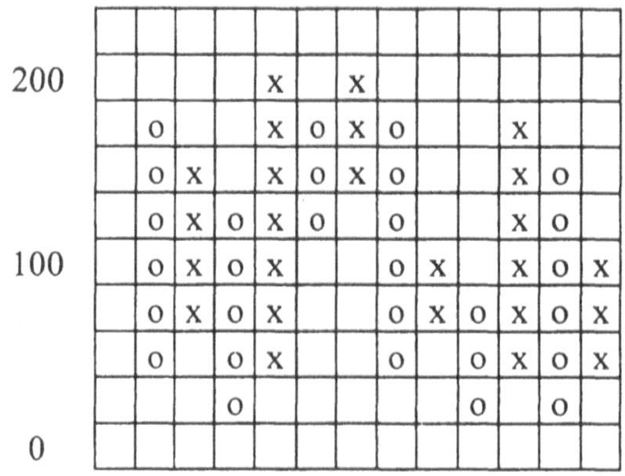

X = Kursanstieg, 0 = Kursverfall

c) *Skizzieren Sie graphisch den Aufbau der Kerzen eines Candlestick-Charts sowohl für steigende wie auch für fallende Kurse und geben Sie an, welche Informationen die Kerzen vermitteln.*

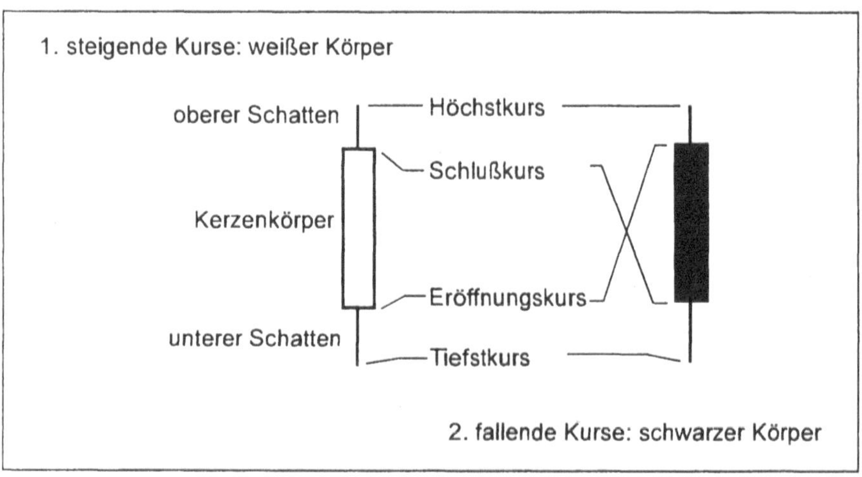

Abb. 73: Lösung zu Aufgabe 2251 c)

2252 Trendlinienmethode (1)

a) Warum ist die Kursskala heute üblicherweise logarithmisch aufgebaut?

1. Bei Verwendung von Logarithmenpapier bedeuten gleich große senkrecht gemessene Auf- bzw. Abschwünge gleich große prozentuale Kurssteigerungen bzw. -senkungen. Dadurch sind die Kursveränderungen der verschiedenen Aktien auch bei unterschiedlichen Kursniveaus unmittelbar optisch vergleichbar.
2. Bei Verwendung von Logarithmenpapier stellen sich weiterhin gleiche Wachstumsraten als konstante Steigung der Kurse dar, so daß insbesondere das Arbeiten mit der Trendlinienmethode erleichtert wird.

b) Zeichnen Sie in das nachfolgende Chart die wichtigsten Trends, Widerstände und Unterstützungen ein.

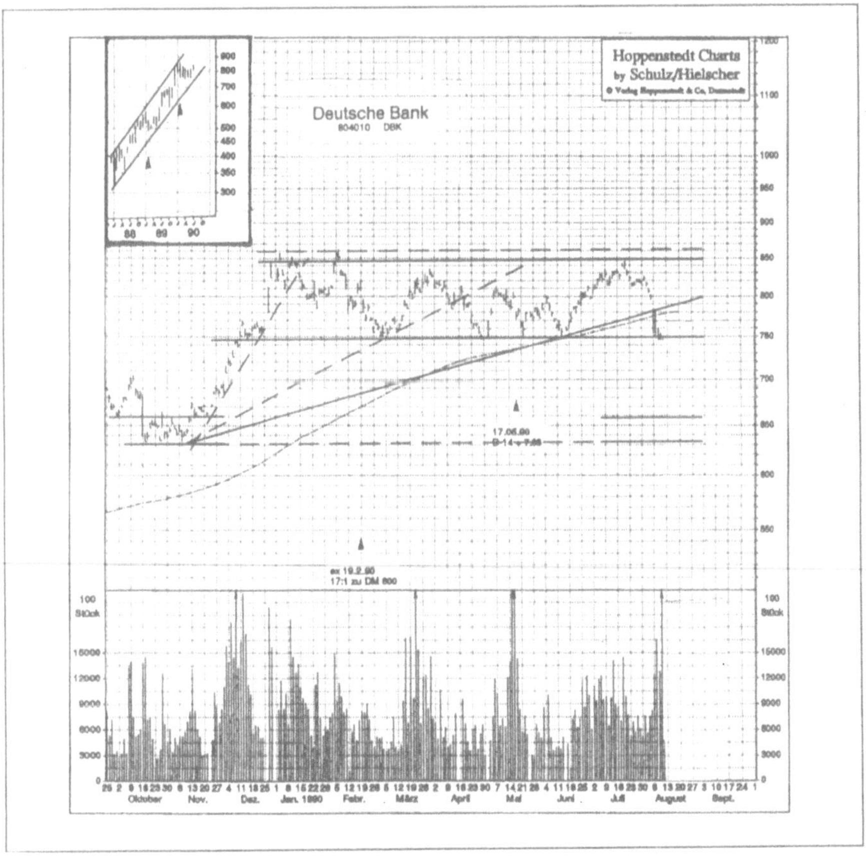

Abb. 74: Lösung zu Aufgabe 2252 b)

c) *Welche Aussage läßt sich aus dem kleinen Chart der monatlichen Höchst-Tiefstkurse ableiten?*

Der Aufwärts-Trendkanal ist noch intakt, so daß augenblicklich kein aktuelles Signal erkennbar ist.

d) *Kommentieren Sie Ihre Eintragungen in das Chart der täglichen Kurse mit Angabe von konkreten Kursen. Erläutern Sie auch, ob in den letzten 4 Wochen Kauf- und/oder Verkaufssignale gegeben wurden.*

Seit Januar bewegen sich die Kurse zwischen einer Unterstützungslinie bei 750 und einer Widerstandslinie bei 850 (bzw. engen Widerstandszone bei 850-860). Man könnte hier u.U. auch von einem seitwärts gerichteten Trendkanal oder von einer breiten Widerstandszone zwischen 750 und ca. 850 sprechen. Anfang August wird der gleitende Durchschnitt bei 775 von oben nach unten durchbrochen. Das ist ein erstes Verkaufssignal. Praktisch gleichzeitig wird die aufwärtsgerichtete Trendlinie von oben nach unten durchbrochen. Dies ist ein zweites Verkaufssignal. Beide Verkaufssignale werden dadurch bestätigt, daß die Kurse auch die 3 %ige Sicherheitsmarge bei 752 überschritten haben. Aktuell (Mitte August) haben die Kurse wieder die Unterstützungslinie von 750 erreicht.

e) *Begründen Sie aufgrund Ihrer obigen Chartanalyse, welche Kurse kurzfristig (bis Jahresende) realistischerweise erreichbar erscheinen. Welche Kurserwartung halten Sie für am wahrscheinlichsten? Kennzeichnen Sie diese Erwartung im Tageschart.*

Entweder „hält" die Unterstützungslinie bei 750, dann wäre zunächst ein erneuter Kursanstieg bis zur Widerstandslinie bei 850 denkbar. Bei einem Durchbruch durch die Unterstützungslinie nach unten hingegen ist eine erneute Unterstützung erst im Bereich von 630-660 zu erwarten. Diese Erwartung basiert auf der entsprechenden Zone vom Oktober/November des Vorjahres. Wahrscheinlicher erscheint die zweite (negative) Variante eines Kursrückgangs, und zwar wegen der zwei starken unter d) geschilderten Verkaufssignale (Trenddurchbruch und Durchbruch durch die 200-Tage-Linie und Überschreiten der 3 %igen Sicherheitsmarge) bei stark steigenden Umsätzen.

2253 Trendlinienmethode (2)

a) Bis zu welchem Ereignis bleibt ein einmal etablierter Kurstrend erhalten?

Kurstrends bleiben so lange erhalten, bis in der Angebots- und Nachfragestruktur eine grundsätzliche Änderung eintritt, die den Trend unterbricht und somit eine Umkehr definitiv signalisiert.

b) Zeichnen Sie in das nachfolgende VW-Chart die wichtigsten Trends, Widerstände und Unterstützungen ein, die für die Beurteilung der aktuellen Situation (Mitte Oktober 1994) von Bedeutung sind.

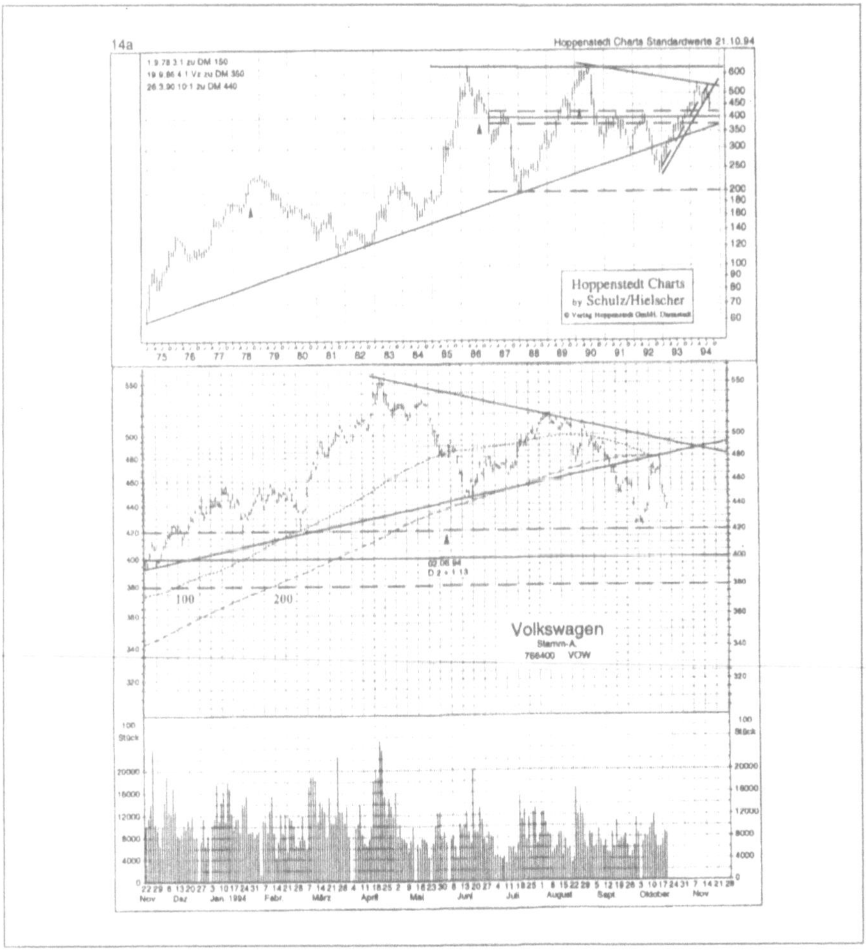

Abb. 75: Lösung zu Aufgabe 2253 b), c) und d)

c) Welche Aussage läßt sich aus dem oberen Chart der monatlichen Höchst- und Tiefstkurse ableiten?

Der langfristige Aufwärtstrend (seit 1975) wurde Ende 1992 kurzfristig nach unten durchbrochen. Bei ca. 610 DM befindet sich eine starke Widerstandslinie, die beim letzten Anstieg im Jahre 1994 nicht mehr erreicht wurde. Der mittelfristige Trend (seit Anfang 1993 mit dem Maximum April 1994) ist daher abwärts gerichtet. Bei 420 DM zeichnet sich eine Unterstützungslinie ab, die sich zu einer Unterstützungszone (420/400 bzw. 420/380) ausweiten kann. Eine untere kräftige Unterstützung stellt der langfristige Aufwärtstrend bei ca. 350 dar.

d) Analysieren Sie das untere Chart der Tageskurse nach der Trendlinienmethode.

Der kurz aufeinander erfolgende Durchbruch durch den 100 Tage- und den 200 Tage-Durchschnitt sowie durch die Aufwärtstrendgerade (Ende August/Mitte September 1994) nach unten liefert ein klares Verkaufssignal bei etwa 470. Der Abprall des Kurses an der 200 Tageslinie und an der Trendlinie deutet auf eine anhaltende Schwäche hin, zumal sich die 100- und die 200-Tageslinie einander annähern und schneiden. Kurzfristig ist bei einem Durchbruch durch den Widerstand bei 420 mit einem weiteren Kursrückgang auf wenigstens 400 bzw. 380 zu rechnen.

2254 Trendlinienmethode (3)

Am 20. September 1993 kommt zu Ihnen ein Kunde, der nach dem Motto „buy on bad news" möglichst bald Aktien der Auto AG kaufen möchte. Welchen Rat würden Sie Ihrem Kunden aufgrund der Technischen Analyse erteilen? Gehen Sie ausschließlich von dem aktuellen Informationsstand zum 17.9.1993 aus !

Bei dem Chart der Auto AG handelt es sich um das Daimler-Benz-Chart. Aus dem langfristigen monatlichen H-T-Chart geht hervor, daß der langfristige seit 1986 anhaltende Abwärtstrend im August 1993 bei einem Kurs von 750 DM noch nicht nach oben durchbrochen werden konnte, was ein Kaufsignal gewesen wäre. Der seit Anfang Juni 1993 bestehende kurzfristige steile Aufwärtstrend (Chart der Tageswerte) wurde Anfang September 1993 von oben nach unten durchbrochen, jedoch bei rückläufigen Umsätzen. Der alternative strich-punktiert eingezeichnete kurzfristige Aufwärtstrend ist hingegen noch nicht intakt. Einem stärkeren Abwärtstrend stehen weiterhin zahlreiche Unterstützungslinien (-zonen) bei 620 (- 630), 600, 550 (- 560), bzw. bei 500 DM gegenüber. Es empfiehlt sich daher abzuwarten, ob diese Unterstützungen getestet werden und ob sie dann halten. Eine klare Kaufempfehlung wäre andererseits dann zu geben, wenn der oben erwähnte langfristige Abwärtstrend (siehe Jahres-chart) von unten nach oben durchbrochen würde. Einem weiteren Kurs-anstieg würde allerdings noch ein (allerdings nicht allzu starker) Wider-stand bei 800 gegenüberstehen nach dessen Durchbruch nach oben „Luft" bis wenigstens 1200 wäre.

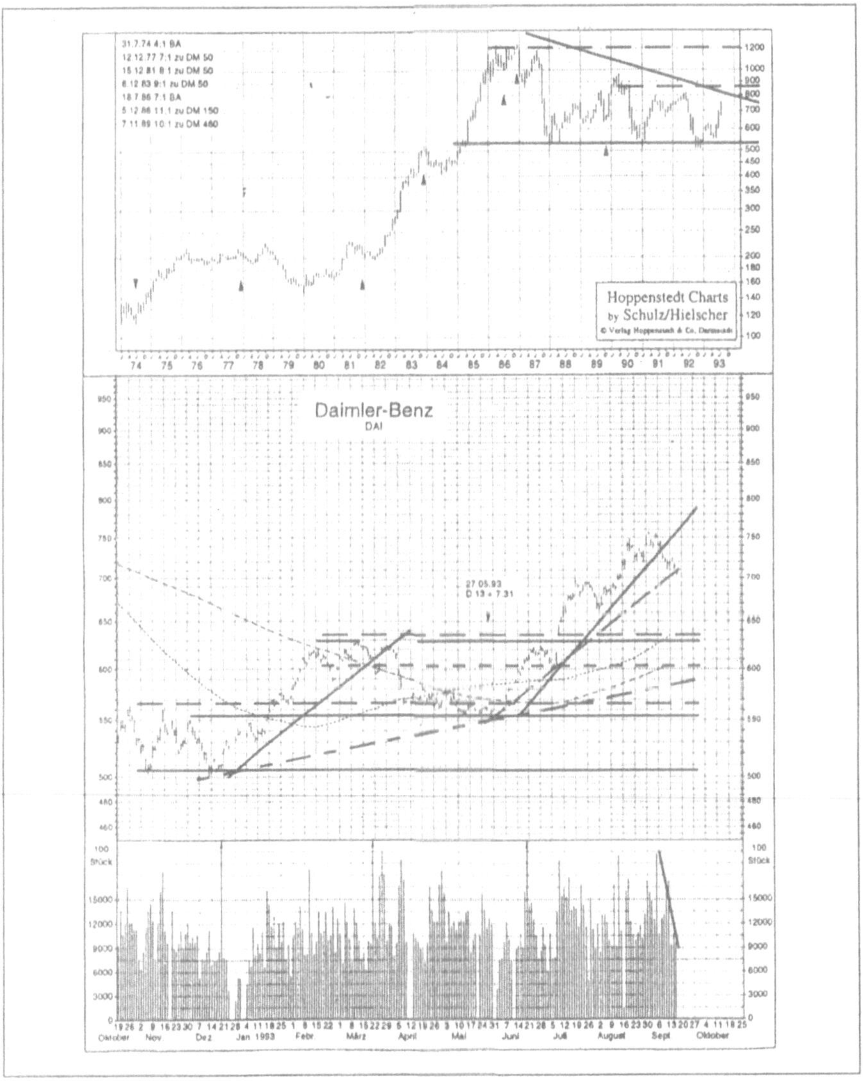

Abb. 76: Lösung zu Aufgabe 2254

226 Checkliste Technische Analyse

Bewerten Sie mit Hilfe der nachfolgenden Checkliste die beiden folgenden Aktien (Rheinelektra und BASF), sowohl anhand der langfristigen als auch der kurzfristigen Entwicklung. Zu welchem Gesamtergebnis kommen Sie?

	Rheinelektra				*BASF*			
	Quelle Abb. Nr.	+	*0*	–	*Quelle Abb. Nr.*	+	*0*	–
1. Lage der Kurse zur Glättungslinie	Abb. 77 (Abb. 80)			–	Abb. 78 (Abb. 81)	+	(0)	
2. Lage der Kurse im Trend	Abb. 77 (Abb. 80)			–	Abb. 78 (Abb. 81)	+		
3. Bestätigung/Divergen zur AD-Linie	Abb. 79 / Abb. 77		0	–	Abb. 79 / Abb. 78	+		
4. Überkauft/Überverkauft (Momentum)	Abb. 80		0	(–)	Abb. 81	(+)	0	
5. Relative Stärke	Abb. 80			–	Abb. 81	+		
6. Lage der Kurse zum Widerstand/zur Unterstützung	Abb. 77 (Abb. 80)			–	Abb. 78 (Abb. 81)		(0)	
7. Breakout	Abb. 77 (Abb. 80)		0		Abb. 78 (Abb. 81)		0	
8. Kurs/Umsatz-Konstellation	Abb. 77		0		Abb. 77		0	
9. Formation	Abb. 77		0		Abb. 77		0	
10. Gesamturteil			(0)	–		+	(0)	

Beurteilung BASF: positiv bis neutral

kurzfristig: Bei genereller Abwärtsbewegung eher unterdurchschnittlicher Rückgang.

Beurteilung Rheinelektra: neutral bis negativ

kurzfristig: Bei genereller Abwärtsbewegung überdurchschnittliche Schwäche zu erwarten.

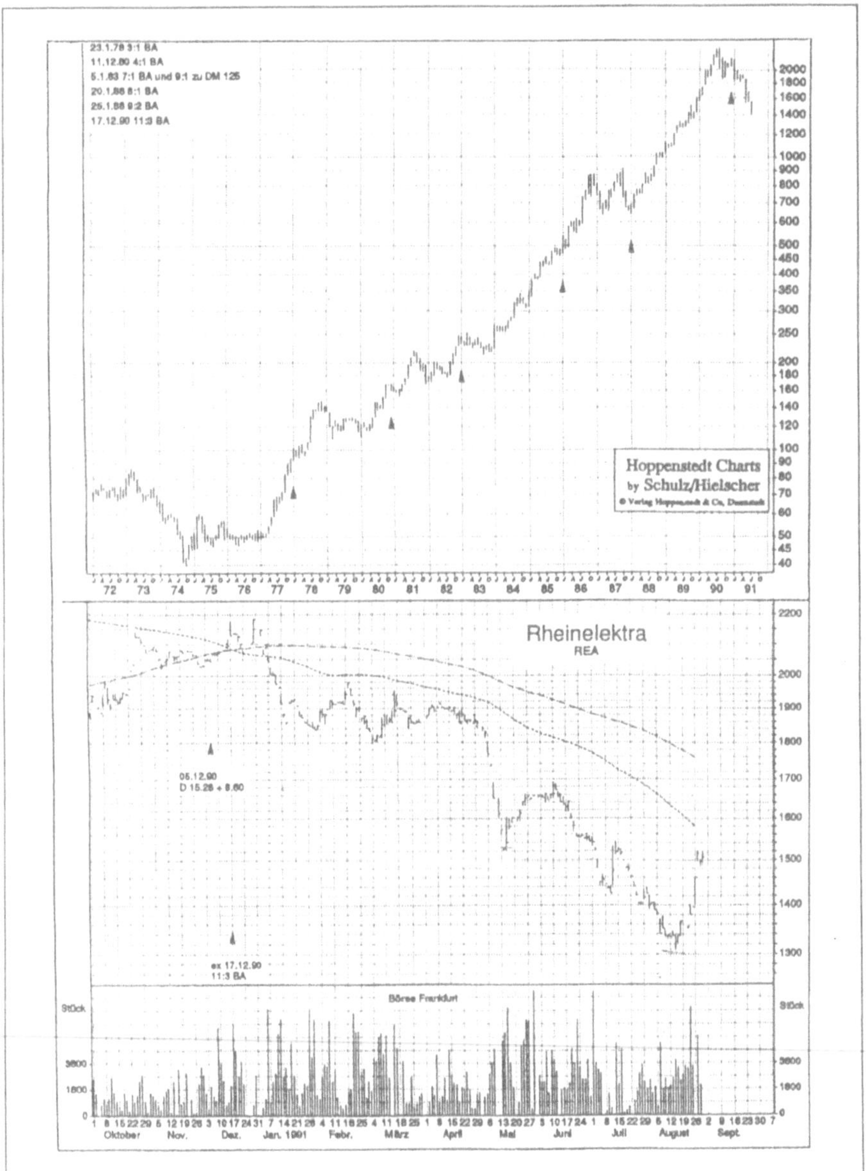

Abb. 77: Lang- und Kurzfristchart Rheinelektra

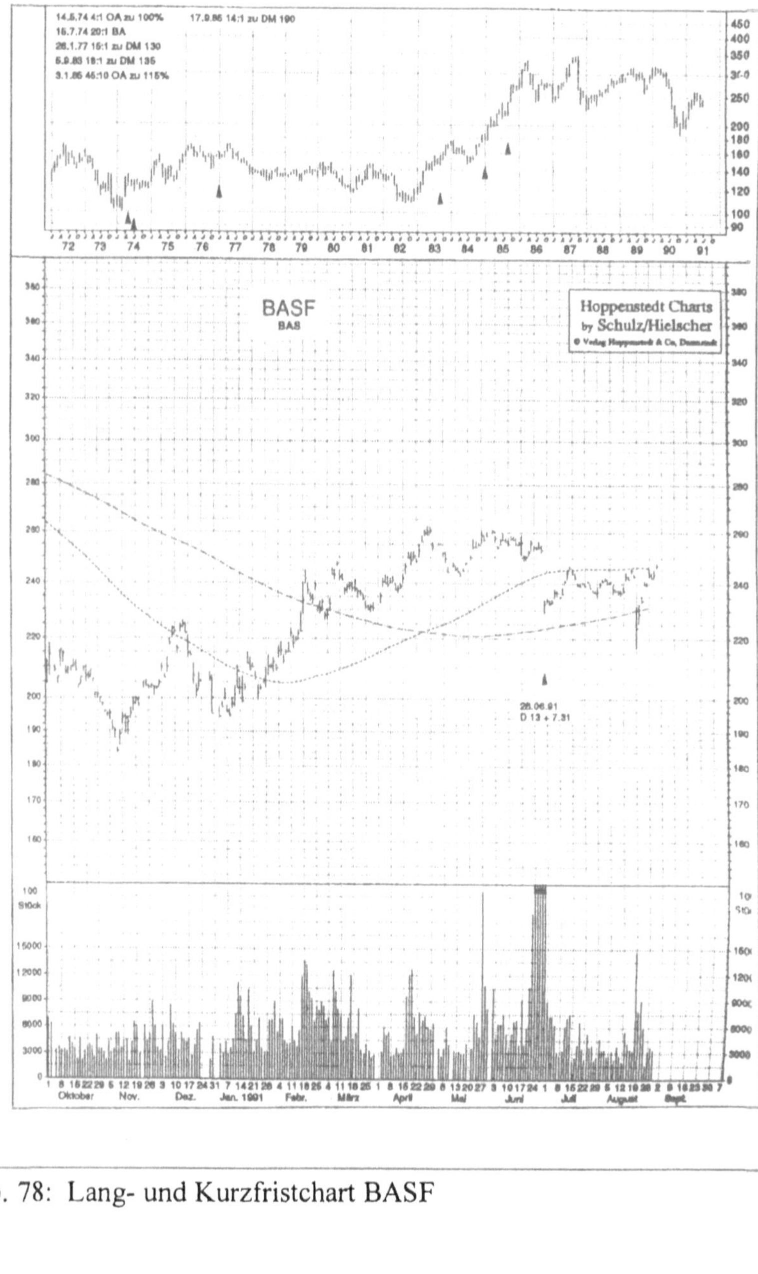

Abb. 78: Lang- und Kurzfristchart BASF

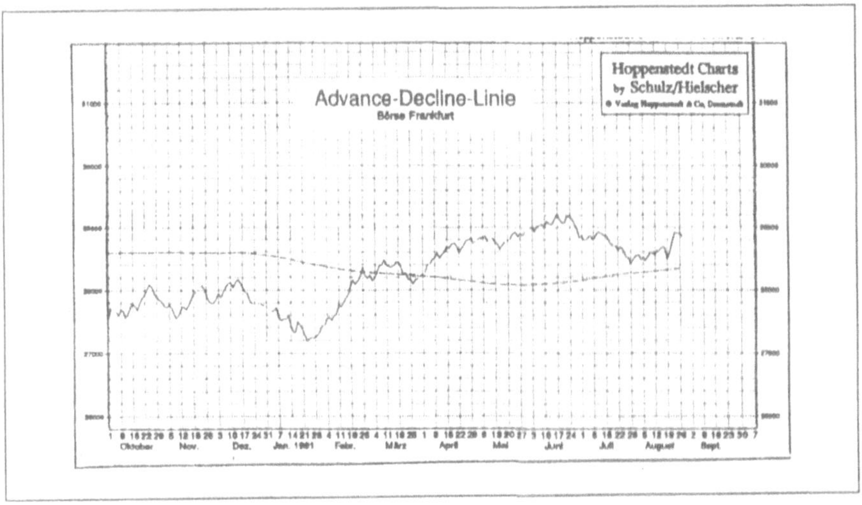

Abb. 79: A/D-Linie (Gesamtmarkt)

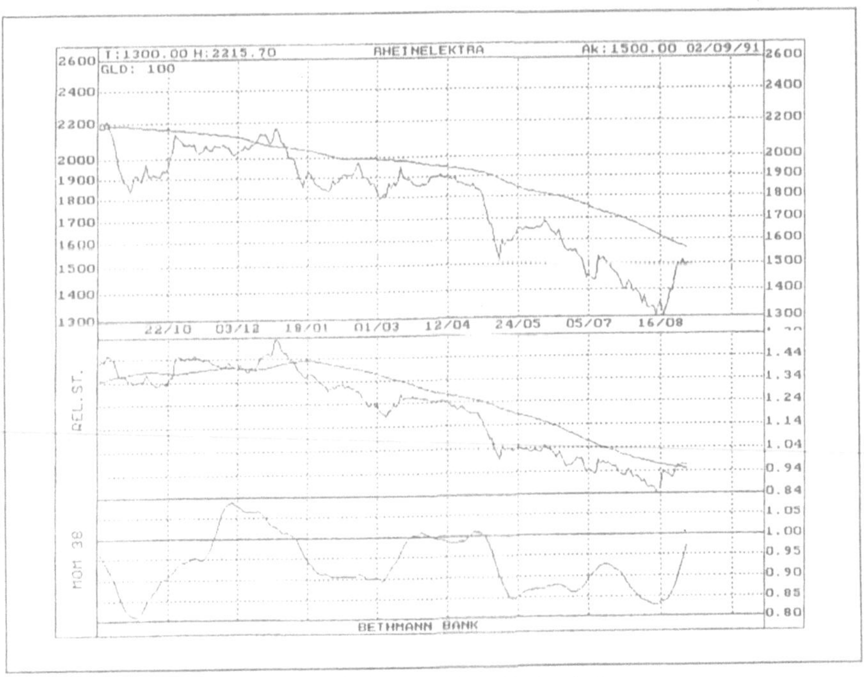

Abb. 80: Momentum und Relative Stärke Rheinelektra

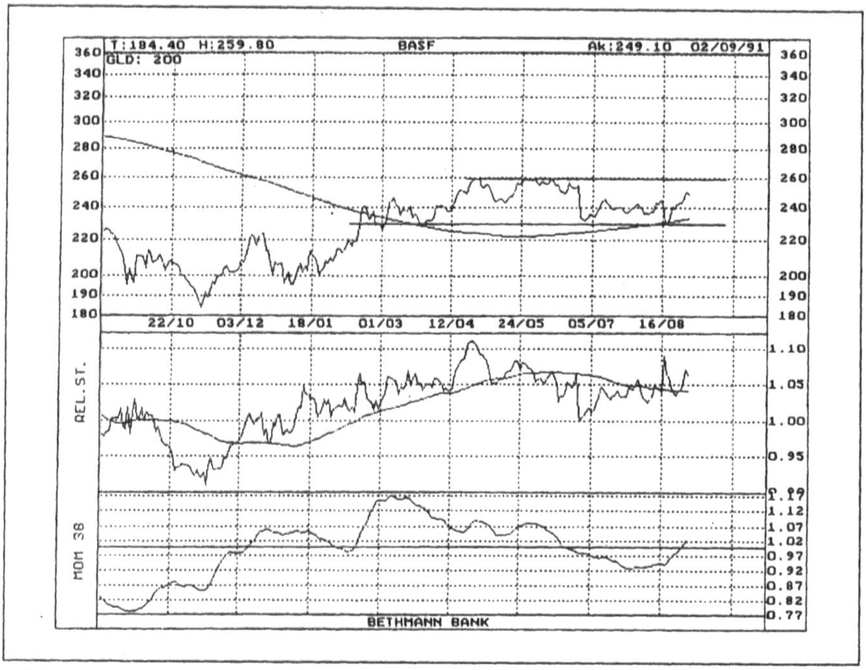

Abb. 81: Momentum und Relative Stärke BASF

23 Nationale und internationale Rentenmärkte

231 Allgemeine Tendenzen

Charakterisieren Sie die Begriffe Deregulierung, Globalisierung und Securitization.

Unter **Deregulierung** ist der Abbau staatlicher bzw. bankenaufsichtsrechtlicher Beschränkungen zu verstehen, also von Vorschriften, die z.B. das Bankensystem, den Marktzugang, den Kapitalverkehr, das Emissionsverfahren, die Emission bestimmter Wertpapierarten oder auch nur einzelne ihrer Ausstattungsmerkmale einschränkend regeln.

Unter der **Globalisierung** (Internationalisierung) des Finanzsektors ist die weltweite Ausrichtung der Aktivitäten international operierender Schuldner, Investoren und Banken zu verstehen, die eng mit einer Tendenz zu gleichlaufenden Entwicklungen auf den nationalen und internationalen Finanzmärkten verbunden ist. Insbesondere erfolgt eine immer engere Verzahnung von Geld- und Kapitalmärkten. Ein weiterer Aspekt der Globalisierung ist die inzwischen mögliche kontinuierliche Durchführung von Finanztransaktionen „rund um die Uhr", wobei sich die Geschäftstätigkeit im 24-Stunden-Rhythmus geographisch rund um die Erde verlagert. Eine grundlegende Voraussetzung der Globalisierung war die Weiterentwicklung im Bereich der Kommunikationstechnik, durch die die einzelnen Finanzzentren miteinander verbunden wurden. Während es den weltumspannenden Devisenhandel schon seit längerer Zeit gibt, existiert die Internationalisierung im Wertpapierbereich erst seit der Deregulierung des Kapitalverkehrs und der Kapitalmärkte.

Unter **Securitization** ist die Unterlegung von Krediten und Einlagen mit Wertpapieren zu verstehen. Ein entscheidender Aspekt für die Hinwendung der Banken zur Kreditverbriefung war die 1982 offensichtlich werdende internationale Schuldenkrise. Während Direktkredite vor allem an Länder der Dritten Welt einen hohen Abschreibungsbedarf erzeugten, wurden mit der Bedienung von Anleiheschulden bessere Erfahrungen gemacht. Darüber hinaus konnten eingefrorene Direktkredite an lateinamerikanische Entwicklungsländer im Rahmen von Sanierungen zumindest teilweise verbrieft und so, bei genügenden Abschlägen vom Nennwert, wieder aufgetaut werden. Daher wurde das Emissionsgeschäft forciert und der Versuch unternommen, Direktausleihungen wieder mehr auf Industrieländer zu verlagern. Im Unterschied zu den 1970er und den frühen 1980er Jahren erfolgten die Direktausleihungen Ende der 80er Jahre auch nicht mehr vornehmlich an staatliche Stellen sondern an Wirtschaftsunternehmen.

232 Innovationen

Stellen Sie strukturiert nach der Fristigkeit wesentliche Instrumente des Rentenmarktes sowie die wichtigsten Zusatz- bzw. Ergänzungsvereinbarungen dar.

1. Lang- und mittelfristige Anleihen
   a) Schuldverschreibungen mit vorfixierten Konditionen
      - „Klassische" festverzinsliche Anleihen (Straight Bonds)
      - Nullkuponanleihen (Zero-Bonds)
      - Doppelwährungsanleihen (Dual Currency Bonds)

   b) Schuldverschreibungen mit Optionsrechten
      - Wandelanleihen (Convertible Bonds)
      - Optionsanleihen (Warrant Bonds)
      - Anleihen mit Kündigungsklauseln (Callable Bonds)

   c) Variabel verzinsliche Anleihen
      - Einfache Floating Rate Notes
      - Sonderformen (Capped-, Collar-, Perpetual FRN u.a.)

2. Mittel- und kurzfristige Schuldverschreibungen (mit flexibler Begebungsmöglichkeit)
   a) garantierte Fazilitäten
      - Certificates of Deposit
      - Euronotes

   b) nichtgarantierte Fazilitäten
      - Euro Commercial Papers
      - Medium Term Notes

3. Neuere Zusatz- bzw. Ergänzungsvereinbarungen (in Verbindung mit Schuldverschreibungen)
   a) Swaps (insbes. Zins-, Währungs- und Equity Linked Swaps)
   b) Optionen (insbes. Währungs- und Zinsoptionen - incl. Caps, Floors u. ä.)
   c) Forward Rate Agreements und Financial (insbes. Interest und Currency) Futures

233 Forward Rate Agreement

a) Nennen Sie die gängigsten maßgeschneiderten Finanztermingeschäfte.

- Zinsswaps
- Währungsswaps
- Swaption
- Forward Rate Agreement
- Caps und Floors
- Devisenoptionen

b) Was versteht man unter einem Forward Rate Agreement (FRA)? Skizzieren Sie den grundsätzliche Aufbau eines FRA.

FRA ist Vereinbarung zweier Vertragsparteien über die Festlegung eines Zinssatzes für einen im voraus festgelegten zukünftigen Zeitraum. Die Zinsen werden auf einen vorher vereinbarten nominellen Kapitalbetrag berechnet, ohne daß Kapital zur Verfügung gestellt wird.

Es handelt sich also um eine beiderseitige Verpflichtung zu einer Zinsausgleichszahlung in Höhe der Differenz zwischen dem FRA-Zinssatz und dem Referenzzinssatz zu den jeweiligen Stichtagen. Referenzzinssatz ist i.d.R. der LIBOR. FRA 12 x 24 bedeutet ein Forward Rate Agreement mit einer Vorlaufperiode (Vertragsabschluß bis Starttag) von 12 und einer Gesamtperiode (Vorlauf plus Zeit zwischen Start- und Endtag) von 24 Monaten.

c) Bei einem FRA spricht man von einer symmetrischen Risikoverteilung. Was bedeutet das konkret?

Symmetrische Risikoverteilung bedeutet hier, daß beide Partner die Risiken gleichmäßig tragen. Dies wird durch folgende Konstruktion erreicht: Zwei Tage vor Beginn der vereinbarten Laufzeit (fixing date) des FRA wird dem Referenzzins (LIBOR) der bei Geschäftsabschluß vereinbarte Zinssatz gegenübergestellt. Der Differenzbetrag aus beiden Sätzen (auf Laufzeit und fiktiven Kapitalbetrag gerechnet) wird durch eine abdiskontierte Zahlung zwischen den Partnern ausgeglichen.

d) Welche traditionelle hilfsweise Finanzierungslösung bietet sich als Alternative zu einem FRA an?

Die traditionelle Lösung als Alternative zu einem FRA ist die Kombination gegenläufiger Termingeldoperationen.

Beispiel: FRA in 6 Monaten für 3 Monate (6 x 9). Hilfsweise Lösung dafür ist die Mittelaufnahme für 9 Monate und eine Wiederanlage nur für die ersten 6 Monate.

234 Reverse Floater

a) Bei der Analyse komplexer Instrumente geht man von einem Top Down Ansatz aus. Erläutern Sie die einzelnen Schritte der Vorgehensweise.

- Aufteilung des Gesamtkomplexes nach dem Duplizierungsprinzip in einfachere Einzelinstrumente bzw. Teilkomponenten
- Wertbestimmung der Einzelfaktoren
- Ermittlung der gesamten Chancen - Risikostruktur (Variation der Inputfaktoren)
- Summe der einzelnen Wertkomponenten = Gesamtwert

b) Ein Reverse Floater (Bull Floater) hat folgende Ausstattung:

- Kupon: 16 % (Festkupon) minus LIBOR 6 Monate
- Laufzeit: 10 Jahre

1) Erläutern Sie verbal die Funktionsweise des genannten Reverse Floater.

Die Emission von Reverse Floatern (teilweise auch als Inverse Floater bezeichnet) bzw. Double Reverse Floatern ist vor allem in Zeiten einer inversen Zinsstruktur zu beobachten. Bei einem Reverse Floater bestimmt sich die Rendite, indem von einem im voraus festgelegten Zinssatz (Festzinssatz) ein variabler Referenz-Zinssatz (z.B. LIBOR) abgezogen wird. Bei steigendem (sinkendem) Referenzzinssatz sinkt (steigt) die Verzinsung der Anleihe, d.h. es resultiert ein zur Marktzinsentwicklung inverser Renditeverlauf der Anleihe.

2) Welche Anleihe müßte sich ein Privatanleger zu diesem Reverse Floater kaufen, um sich eine Festzinsanleihe mit 8 % Kupon zu „konstruieren"?

Das Portefeuille, bestehend aus dem Reverse Floater mit der Gewichtung x_{RF} und einem Floater mit der Gewichtung x_{FL}, soll eine sichere Rendite von 8 % bringen.

$x_{RF} \cdot$ Reverse Floater (16 % − LIBOR) + $x_{FL} \cdot$ Floater (LIBOR) = 8%

bzw.

$x_{RF} \cdot 16\,\% - x_{RF} \cdot \text{LIBOR} + x_{FL} \cdot \text{LIBOR} = 8\,\%$

Da das Portefeuille eine sichere Rendite bringen soll, müssen sich die (zins-)variablen Komponenten (LIBOR) gerade kompensieren.

$x_{FL} \cdot \text{LIBOR} - x_{RF} \cdot \text{LIBOR} \overset{!}{=} 0$ also: $x_{FL} = x_{RF}$

Damit folgt für den Anteil x_{FR}:

$x_{RF} \cdot 16\,\% = 8\,\% \quad \Rightarrow x_{RF} = 0{,}5.$

Da $x_{FL} = x_{RF}$ wird $x_{FL} = 0{,}5$ und für das Portefeuille gilt:

Zusammensetzung:

$0{,}5 \cdot (16\,\% - \text{LIBOR}) + 0{,}5 \cdot \text{LIBOR} = 8\,\%.$

3) Wie muß die zu zukaufende Anleihe ausgestattet sein?

- 6 Monats-LIBOR
- Laufzeit 10 Jahre
- Kupontermin Floaters ≙ Kupontermin Reverse Floater

4) Welche andere Alternative würde sich in einem Industrieunternehmen anbieten?

Ein Swap - Geschäft.

c) Berechnen Sie formelmäßig die Duration des Reverse Floaters aus Aufgabe b). Gehen Sie so vor, als ob Sie ein Portefeuille aus dem Reverse Floater und der Aufgabe b2) gefundenen Anleihe bilden.

Die Duration des unter b2) gebildeten Portefeuilles ist gleich der Summe der mit x_{RF} bzw. x_{FL} gewichteten Duration des Reverse Floater D_{RF} und des Floaters D_{FL}. Da dieses Portefeuille einen identischen Zahlungsstrom wie eine Festzinsanleihe verbriefen soll, muß auch die Duration der „Festzinsanleihe“ D_{FE} mit der Portefeuille-Duration übereinstimmen.

$$D_{RF} \cdot x_{RF} + D_{FL} \cdot x_{FL} = D_{FE}$$

$$D_{RF} = \frac{D_{FE} - D_{FL} \cdot x_{FL}}{x_{RF}}$$

$$= \frac{D_{FE} - (0{,}5 \cdot 0{,}5)}{0{,}5} = 2\,D_{FE} - 0{,}5$$

D	=	Duration;	RF	=	Reverse Floater
FL	=	Floater;	FE	=	Festzinsanleihe
x_{RF}	=	0,5	x_{FL}	=	0,5;
D_{FL}	=	0,5	D_{FE}	=	Duration Festzinsanleihe

235 Spot- und Forwardrate

a) Erläutern Sie verbal, wie die Forwardrate $_tF_{t+1}$ ermittelt wird.

Aus den heute geforderten Renditen für unterschiedlich lange Laufzeiten (Spotrates) lassen sich direkt die erwarteten Verzinsungen für unterschiedliche zukünftige Zeiträume (Forwardrates) berechnen. Die Forwardrate $_tF_{t+1}$, ermittelt sich (schrittweise) als Quotient aus der mit t+1 potenzierten, vorher um Eins vermehrten Spotrate $_0S_{t+1}$ (zu entnehmen aus der normalen Zinsstrukturkurve) und dem Produkt der von Null beginnenden vorherigen Forwardrates.

b) Gegeben sei eine (normale) Zinsstrukturkurve mit den Spotrates $_0S_1 = 5\,\%$, $_0S_2 = 5{,}3\,\%$ und $_0S_3 = 5{,}5\,\%$. Berechnen Sie schrittweise und eindeutig nachvollziehbar aus diesen Angaben die zukünftigen erwarteten Verzinsungen für die Zeiträume 0/1 bis 2/3 (Forwardrates $_0F_1$, $_1F_2$ und $_2F_3$).

1. $_0S_1 = {_0F_1} \quad \Rightarrow \quad {_0F_1} = 5\ \%$

2. $(1+{_0S_2})^2 = (1+{_0F_1})\cdot(1+{_1F_2})$

$$ {_1F_2} = \frac{(1+{_0S_2})^2}{(1+{_0F_1})} - 1 = \frac{1{,}053^2}{1{,}05} - 1 \quad \Rightarrow \quad {_1F_2} = 5{,}6\ \% $$

3. $(1+{_0S_3})^3 = (1+{_0F_1})\cdot(1+{_1F_2})\cdot(1+{_2F_3})$

$$ {_2F_3} = \frac{(1+{_0S_3})^3}{(1+{_0F_1})\cdot(1+{_1F_2})} - 1 = \frac{1{,}055^3}{1{,}05\cdot 1{,}056} - 1 \quad \Rightarrow \quad {_2F_3} = 5{,}9\ \% $$

236 Fremdwährungsanleihe

Eine Wertpapieranlage in einer Fremdwährung unterliegt einem Wechselkursrisiko. Gerade die Wechselkursveränderung hat sich in der Vergangenheit bei Fremdwährungsanleihen vielfach als die entscheidende Verlustkomponente erwiesen. Ein Investor kommt auf die Idee, das Wechselkursrisiko über ein Devisentermingeschäft abzusichern.

a) Was würden Sie dem Investor auf seinen Vorschlag hin antworten?

In diesem Fall geht der Vorteil einer höher verzinslichen Fremdwährungsanleihe verloren, da die Absicherungskosten (Swapsatz) exakt die Zinsdifferenz widerspiegeln. Wenn dies nicht so wäre, könnte man risikolos Arbitragegewinne erzielen.

b) Von einer Bank, so der deutsche Investor, käme die Empfehlung, die zur Zeit vorherrschenden unterschiedlichen Zinsstrukturkurven für festverzinsliche Wertpapiere zwischen Deutschland und den USA auszunutzen (vgl. dazu Abb. 82). Unter Ausschaltung des Wechselkursrisikos, so die Bank, könnte der Anleger bei einer Wertpapieranlage eine interessante Verzinsung erreichen. Der Kunde möchte von Ihnen wissen, wie denn so etwas möglich sei. Erklären Sie den Sachverhalt verbal und anhand eines durchgerechneten Beispiels. Kassapreis 1 US-\$ = 1,6670 DM, 12-Monats-Swap = 0,08, Anlagebetrag 10 Mio. US-\$, Anlagezeitraum 12 Monate.

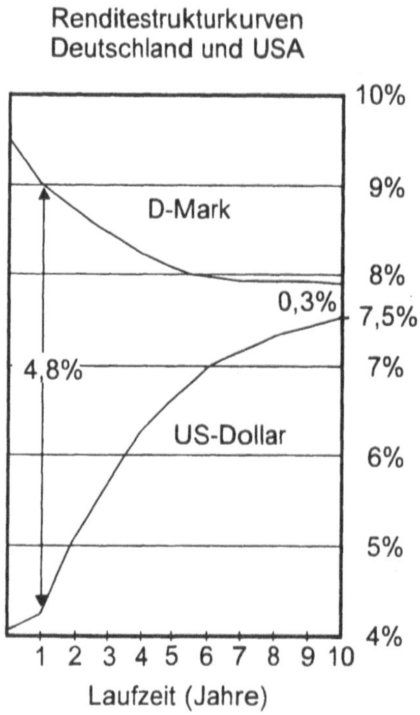

Abb. 82: Renditestruktur in Deutschland und den USA

Betrachtet man sich die Renditestrukturkurven der beiden Länder, so fällt auf, daß die kurzfristigen Zinsen in den USA momentan etwa 4,8 Prozentpunkte unter dem deutschen Niveau liegen, während im langfristigen Bereich der Spread nur ca. 0,3 Prozentpunkte beträgt.

Da das Zinsniveau in den USA niedriger ist als in der Deutschland, liegt der $-Kurs bei einem Devisenterminverkauf über dem heutigen Wert, d.h. die Wechselkursabsicherung bringt einen Ertrag. Die unterschiedlichen Renditestrukturkurven können nun dahingehend genutzt werden, indem man 10-jährige US-Staatsanleihen mit einem Anlagehorizont von einem Jahr kauft (Renditenachteil gegenüber DM-Papieren ca. 0,3 %) und gleichzeitig einen Devisenterminverkauf auf ein Jahr abschließt. Konkret sieht dies im einzelnen so aus:

- Kauf US-Staatsanleihe (10 Mio. US-$; 7,5 % Kupon; 100 % Kurswert; Laufzeit 10 Jahre)
  Kapitaleinsatz (1 US-$ = 1,6670 DM) = 16.670.000 DM

- Abschluß eines Devisenterminverkaufs in Höhe von 10.750.000 US-$ (= Nominalbetrag + Zinsen)
  Devisenterminkurs in einem Jahr = Kassakurs + 12-Monats-Swap
  Der 12-Monats-Swap bestimmt sich aus der Zinsdifferenz der beteiligten Währungen, also
  12-Monats-Swap = (0,09 − 0,042) · 1,6670 DM/$ = 0,0800 DM/$

  Devisenterminkurs = 1,6670 + 0,0800 = 1,7470 DM/$

- Ertrag nach einem Jahr:

	Verkauf US-Staatsanleihen (100 %)	=	10.000.000 $
+	Zinsen 7,5 % p.a.	=	750.000 $
	Gesamtertrag	=	10.750.000 $

- Verkauf der US-$ zum Devisenterminkurs
  (1 US-$ = 1,7470 DM) = 18.780.250 DM

Gegenüber dem Kapitaleinsatz von 16.670.000 DM bedeutet dies einen Ertrag von 12,65 % p.a. Im Vergleich zu einer einjährigen DM-Anlage mit einer Rendite von 9 % bedeutet dies eine Überrendite von 3,65 %.

c) Sehen Sie Risiken bei diesem auf den ersten Blick interessanten Modell?

Das Modell basiert auf der Annahme unveränderter Renditen auf Sicht eines Jahres. Im Falle steigender Zinsen in den USA z.B. fällt der Verkaufskurs unter 100 % und damit vermindert sich die oben berechnete „Überrendite". Aus diesem Zinsänderungsrisiko ergibt sich auch, daß nicht der exakte Betrag über ein Devisentermingeschäft abgesichert werden kann.

237 Rating

a) Erläutern Sie verbal, was man unter Rating versteht.

Ein Rating ist eine durch ein Symbol oder semantische Verkettung von Zeichen ausgedrückte Meinung einer auf Bonitätsanalysen spezialisierten Agentur über die wirtschaftliche Fähigkeit und rechtliche Bindung eines Emittenten von Anleihen, Commercial Paper (CP) und Certificates of Deposit (CD)

- alle zwingend fälligen Zahlungsverpflichtungen

oder

- die mit einem bestimmten Finanztitel verbundenen zwingend fälligen Zahlungsverpflichtungen

vollständig und rechtzeitig zu erfüllen.

b) Nennen Sie die Analysestufen des Ratingprozesses.

1. Länderanalyse
2. Branchenanalyse
3. Emittentenanalyse
4. Emissionsanalyse

c) In der untenstehenden Tabelle sind die vier Ratings AAA, A, BBB und B angeführt. Kennzeichnen Sie durch ankreuzen, ob das jeweilige Rating einen Investment- bzw. Speculative-Grade kennzeichnet. Geben Sie die zugehörigen empirischen, ungefähren durchschnittlichen Insolvenzquoten innerhalb eines Jahres bzw. innerhalb von 10 Jahren nach Erstveröffentlichung des jeweiligen Ratings an. Welche Zinssätze mußte ein Emittent mit dem jeweils angegebenen Rating Anfang November 1990 ungefähr zahlen, wenn ein AAA-Emittent an diesem Stichtag ca. 9,5 % p.a. aufzubringen hatte?

Rating		*AAA*	*A*	*BBB*	*B*
Investment Grade		x	x	x	
Speculative Grade					x
Insolvenzquote	*nach 1 Jahr*	0	0,01	0,2	8
(∅ 1970 - 1990)	*nach 10 Jahren*	0,4	1	4	24
Zinssatz (%) am 7.11.1990		9,5	10	11-12	20

24 Instrumente zur Begrenzung von Währungsrisiken

241 Währungsposition

a) Charakterisieren Sie kurz die Begriffe Position, Einzel- und Gesamtposition, offene und geschlossene, aktive und passive Position.

Position	Saldo aus Forderungen und Verbindlichkeiten
Einzelposition	Saldo aus Forderungen und Verbindlichkeiten in einer bestimmten Fremdwährung
Gesamtposition	Summe aller Einzelpositionen
offene Position	Der Saldo aus Forderungen und Verbindlichkeiten einer Einzel- bzw. der Gesamtposition ist ungleich Null
geschlossene Position	Der Saldo aus Forderungen und Verbindlichkeiten einer Einzel- bzw. der Gesamtposition ist gleich Null
aktive Position	Es besteht ein Forderungsüberhang in Fremdwährung
passive Position	Es besteht ein Schuldenüberhang in Fremdwährung

Erläutern Sie im Einzelnen folgende Begriffe:

b) Devisen-Einzelposition

Eine Währungs-Einzelposition erhält man durch tägliche Gegenüberstellung aller künftigen auf eine bestimmte Währung lautender Forderungen und Verbindlichkeiten. Die so gewonnenen Salden werden in Inlandswährung umgerechnet und kennzeichnen die Devisen-Einzelposition.

c) Devisen-Gesamtposition

Die Währungs-Gesamtposition ist die Summe aller in Inlandswährung bewerteter Devisen-Einzelpositionen.

d) geschlossene Gesamtposition

Eine Währungs-Gesamtposition gilt im allgemeinen als ausgeglichen, d.h. geschlossen, wenn die Summe aus allen Aktiva und Passiva, jeweils in Inlandswährung bewertet, gleich groß ist. Eine solchermaßen ausgeglichene Gesamtwährungsposition schaltet jedoch keineswegs alle Währungsrisiken aus, da die Kursveränderungen verschiedener Währungen sehr unterschiedlich ausfallen können. Eine vollständig geschlossene Devisenoption setzt daher voraus, daß jede darin enthaltene Einzelposition ausgeglichen ist, d.h. es muß sowohl eine betragsmäßige als auch laufzeitmäßige Deckungsgleichheit (Betrags- und Laufzeitkongruenz) zwischen Aktiva und Passiva in jeder einzelnen Währung herrschen.

e) Unter welcher speziellen Voraussetzung ist unter dem Aspekt der verschiedenen Währungspositionen das Währungsrisiko eines Unternehmens vollständig eliminiert?

Wenn jede in der Gesamtposition enthaltene Einzelposition ausgeglichen ist. Eine Einzelposition ist nur dann ausgeglichen, wenn sowohl Fristenkongruenz als auch Betragskongruenz realisiert sind.

242 Kurssicherungsstrategien

Charakterisieren Sie die grundsätzlich möglichen Währungskurssicherungsstrategien.

Grundsätzlich lassen sich folgende Kurssicherungsstrategien unterscheiden:

❒ Vollständige Absicherung

Wenn die Summe der Kursverluste vermindert um Kursgewinne generell größer als die Kurssicherungskosten ist. Mögliche Strategien:

- individuelle Einzelgeschäftskurssicherung,
- Absicherung jeder offenen Einzelposition oder nur der gesamten Valutaposition.

❒ Genereller Absicherungsverzicht

Wenn die Summe der Kursverluste vermindert um Kursgewinne generell kleiner als die Kurssicherungskosten ist.

❐ Flexible Absicherung

Mittelweg zwischen vollständiger Absicherung und generellem Absicherungsverzicht. Voraussetzung sind hinreichend konkrete Vorstellungen bezüglich der künftigen Kursentwicklung.

243 Risikopolitische Aktionsmöglichkeiten

Nennen Sie in systematischer Form die Instrumente zur Begrenzung von Währungsrisiken.

Risikovorbeugende Maßnahmen

1. Reservebildung
2. Risikozuschläge in der Kalkulation
3. Streuung des Wechselkursrisikos
4. Direktinvestitionen im Ausland

Risikomindernde Maßnahmen

1. Durch unternehmerische Anpassung
   - interner Devisenpositionsausgleich
   - Zahlungsverzögerung und -beschleunigung
2. Durch Vertragsgestaltung des Grundgeschäfts
   - Fakturierung in Inlandswährung
   - Kontrahierung in Drittwährungen
   - Währungsoptionsrechte
   - Kurssicherungsklauseln
   - Preisvorbehalt
   - Vorauszahlungen, Bar- und/oder Teilzahlungen
   - Vereinbarung einer Verlustteilung

Risikokompensierende Maßnahmen

1. Covering
   - Devisentermingeschäfte
   - Fremdwährungskredite
   - Wechselkursversicherung (z. B. Hermes)
   - Forderungsübertragung
2. Hedging
   - Currency Futures
   - Devisenoptionen

244 Wichtige risikokompensierende Kurssicherungsinstrumente im einzelnen

2441 Devisentermingeschäfte

a) Charakterisieren Sie kurz verbal die wesentlichen Eigenschaften eines Devisentermingeschäfts und erläutern Sie, wie sich das Währungsrisiko einer offenen Währungsposition verändert, wenn Sie ein kompensierendes Devisentermingeschäft abschließen.

Ein Devisentermingeschäft ist ein maßgeschneidertes, individuell vereinbartes Termingeschäft zwischen Banken und Nichtbanken über Fremdwährungen, das nicht sofort bei Vertragsabschluß, sondern erst zu einem vereinbarten späteren Termin zu erfüllen ist. D.h. der Kunde verkauft heute seine ausländische Währung zu einem „Festpreis“ an die Bank. Der Wechselkurs wird also bereits bei Vertragsabschluß festgeschrieben, so daß ein Wechselkursrisiko nicht mehr besteht (höchstens ein Insolvenzrisiko in Bezug auf den Geschäftskontrahenten). Die wechselseitige Erfüllung des Geschäfts erfolgt jedoch erst später zum vereinbarten Termin.

b) Der Terminkurs bei einem Devisentermingeschäft setzt sich zusammen aus dem Kassakurs, korrigiert um einen Auf- oder Abschlag (Swapsatz). Was bestimmt den Swapsatz?

Die (Eurogeldmarkt-)Zinsdifferenz der beteiligten Währungen.

c) Ein deutscher Investor möchte hohe Dollarzinsen (10 % p.a.) nutzen, da ihm die DM-Zinssätze von 5 % zu niedrig scheinen. Um sich vor Währungsrisiken zu schützen, erwägt er gleichzeitig einen Devisenterminverkauf. Der Investor bittet Sie zu prüfen, wie groß sein Vorteil bei einer einjährigen Anlage von 2.000.000 DM in DM gerechnet sein würde. Zur Zeit liegt der Kassakurs bei 2 DM/US-$. Begründen Sie Ihre Antwort auch verbal.

Bei einer DM-Anlage verfügt der Investor nach einem Jahr über 2,1 Mio. DM. Bei einem heutigen Tausch der 2 Mio. DM erhielte er 1 Mio. $. Diese verzinsen sich nach einem Jahr zu 1,1 Mio. $. Der Terminkurs muß daher unter 2 DM/$ liegen, da der Investor sonst einen völlig risikolosen Arbitragegewinn erzielen würde (1,1 Mio. $ mal 2 DM/$ = 2,2 Mio. DM und damit ein risikoloser Zusatznutzen von 5 % p.a.). Der 12-Monats-Terminkurs wird sich daher wie folgt einstellen:

$$2{,}1 \text{ Mio. DM} = 1{,}1 \text{ Mio. US-\$} \cdot x \quad \Rightarrow x = \frac{2{,}1 \text{ Mio. DM}}{1{,}1 \text{ Mio. \$}} = 1{,}9091 \text{ DM/\$},$$

so daß risikolos kein Zusatznutzen eintritt.

d) Ein Exporteur möchte eine in 3 Monaten fällige Fremdwährungsverbindlichkeit in Höhe von 2 Mio. US-\$ mit einem Devisentermingeschäft absichern, da er befürchtet, daß der \$ von gegenwärtig 1,45 DM/\$ auf 1,65 DM/\$ steigen wird. Zur Berechnung liegen ihm folgende Marktdaten vor:

Euro-\$-Zinsen:	*5,75 % p.a.*	*Bankenspanne :*	*(80 Stellen)*
Euro-DM-Zinsen:	*3,50 % p.a.*		*0,8 Pfennig/\$*

Ermitteln Sie nachvollziehbar folgende Größen.

Zinsdifferenz:	3,50 % – 5,75 % = –2,25 % (aus deutscher Sicht)
Terminabschlag:	3/12 · 0,0225 · 1,45 DM/\$ = 0,0082 DM/\$ = 0,82 Pf/\$
Terminkurs:	1,45 DM/\$ – 0,0082 DM/\$ = 1,4418 DM/\$
Bankenspanne:	80 Stellen = 0,8 Pf/\$ = 0,0080 DM/\$
Kaufpreis:	1,4418 DM/\$ + 0,0080 DM/\$ = 1,4498 DM/\$

e) Wieviel DM muß der Exporteur dann für seine Dollarverbindlichkeit in 3 Monaten aufbringen und um welchen Betrag übersteigen die Ausgaben ohne Absicherung die Ausgaben mit Absicherung, wenn sich ein Dollarkurs von 1,65 DM/\$ tatsächlich einstellt?

Ausgaben mit Absicherung:

1,4498 DM/\$ · 2.000.000 \$ = 2.899.600 DM

Ausgaben ohne Absicherung:

1.6500 DM/\$ · 2.000.000 \$ = 3.300.000 DM

Ausgaben in 3 Monaten ohne Absicherung minus Ausgaben in 3 Monaten mit Absicherung = 3.300.000 DM – 2.899.600 DM = 400.400 DM.

2442 Currency Futures (1)

a) Charakterisieren Sie verbal die exakte Konstruktion eines Futures.

Bei Futures handelt es sich um börsenmäßig getätigte Geschäfte über mengen- und gattungsmäßig standardisierte Einheiten (Kontrakte) von Finanztiteln oder in großem Umfang verbrauchten Naturprodukten (commodities). Dabei sind die Geschäfte nicht sofort bei Vertragsabschluß, sondern erst zu einem im ebenfalls standardisierten Einheitsvertrag bestimmten späteren Termin und zu einem von vornherein festgelegten Preis zu erfüllen.

Futures lassen sich in Warentermingeschäfte (commodity futures) und in Finanztermingeschäfte (financial futures) unterteilen. Es handelt sich um unbedingte Termingeschäfte, d.h. juristisch müssen sie erfüllt werden.

Die Risikoverteilung von Futures ist symmetrisch, d.h. Chancen und Risiken sind auf Käufer und Verkäufer gleichmäßig verteilt.

b) Ein deutscher Importeur möchte am 1.4. eine am 1.10. fällige Verbindlichkeit über 1 Mio. US-$ hedgen, da er befürchtet, daß der Dollar von derzeit 1,70 DM/$ auf 2 DM/$ in 6 Monaten steigen wird. Zeigen Sie an einem einfachen Rechenbeispiel den grundlegenden Mechanismus von Hedgingoperationen mit Currency Futures-Kontrakten. Unterstellen Sie dabei, daß der Dollar in 6 Monaten tatsächlich 2 DM kostet.

1 Kontrakt = 125.000 DM

Erforderliche Kontraktzahl für die Absicherung 1 Mio. $

$$= \frac{1.000.000\,\$ \cdot 1{,}70\text{ DM}/\$}{125.000\text{ DM}} = 13{,}6 \approx 14 \text{ Kontrakte}$$

Maßnahmen:

1. Verkauf der Kontrakte heute zu 0,5882 $/DM (= 1,7000 DM/$)

   Annahme: Futurekurs heute = Kassakurs heute,
   Laufzeit der Kontrakte = 6 Monate

2. Kauf der Kontrakte in 6 Monaten zu 0,5000 $/DM (= 2,0000 DM/$)

3. Ergebnis:

- Gewinn pro Währungseinheit

  = 0,5882 – 0,5000 = 0,0882 $/DM
- Gewinn pro Kontrakt

  = 0,0882 $/DM · 2,0000 DM/$ · 125.000 DM = 22.050 DM
- Gewinn auf 14 Kontrakte

  = 22.050 DM · 14 = 308.700 DM

Der Gewinn von 308.700 DM reicht, bei Spesen von ca. 30 bis 100 $ je Kontrakt, gerade aus, um die Verteuerung der Anschaffung von 1 Mio. US-$ in 6 Monaten zu kompensieren:

1 Mio. $ am 1.4.	=	1.700.000 DM
1 Mio. $ am 1.10.	=	2.000.000 DM
Differenz (Verteuerung)		300.000 DM

2443 Currency Futures (2)

a) Ein deutscher Exporteur stellt am 21.3.1996 eine Rechnung über 10 Mio. US-$ mit einem Zahlungsziel von 6 Monaten (21.9.1996) aus. Bei einem März-Dollarkurs von 1,70 DM/$, befürchtet er, daß der Kurs bis zum Zahlungszeitpunkt auf 1,50 DM/$ fällt. Berechnen Sie eindeutig nachvollziehbar den Verlust, den der Exporteur realisiert, wenn er sich keines Sicherungsinstruments bedient und seine Befürchtung tatsächlich eintritt.

	Kurs		Forderung in $		Forderung in DM
heute	1,70	·	10.000.000	=	17.000.000
in 6 Monaten	1,50	·	10.000.000	=	15.000.000
Verlust					2.000.000 DM

b) Der Exporteur möchte seine Fremdwährungsforderung mit einem Currency Futures absichern. Zur Berechnung liegen Ihm folgende Marktdaten vor:

Brokergebühren :	*50 $ / Kontrakt*
Kontraktwert:	*125.000 DM*
Auslaufen des Kontraktes:	*21.9.1996*

Ermitteln Sie nachvollziehbar folgende Größen.

Kontraktanzahl: $= \dfrac{17.000.000 \text{ DM}}{125.000 \text{ DM}} = 136$ Stück

Kauf*kurs der Kontrakte am 21.3.1996:* $= \dfrac{1}{1{,}70 \text{ DM / \$}} = 0{,}5882$ \$/DM

Verkaufs*kurs der Kontrakte am 21.9.1996:* $= \dfrac{1}{1{,}50 \text{ DM / \$}} = 0{,}6667$ \$/DM

Futuresgewinn in \$/DM: = 0,6667 \$/DM – 0,5882 \$/DM = 0,0785 \$/DM

Kontraktgewinn: = 0,0785 \$/DM · 125.000 DM · 1,5 DM/\$
= 14.718,75 DM

Gewinn aller Kontrakte in DM: = 14.718,75 DM · 136 Stück
= 2.001.750 DM

Brokergebühren: = 50 \$ ·1,7 DM/\$ · 136 Stück = 11.560 DM

Future-Gewinn in DM: = 2.001.750 DM – 11.560 DM = 1.990.190 DM

c) Auf welchen DM-Betrag reduziert sich der Verlust des Exporteurs mit Hilfe der Absicherung im Vergleich zum Verlust ohne Absicherung, wenn sich ein Dollarkurs von 1,50 DM/\$ tatsächlich einstellt?

Verlust ohne Absicherung = 2.000.000 DM

Verlust mit Absicherung = 2.000.000 DM – 1.990.190 DM = 9.810 DM

2444 Swaps

a) Was ist die allgemeine Grundvoraussetzung dafür, daß ein Swap überhaupt zustande kommt?

Ein Swap kommt nur zustande, wenn alle Beteiligten davon profitieren.

b) Welches ist der zentrale Grundgedanke bei den Swapkonstruktionen?

Trennung von Zins und Kapitalbetrag (Liquidität).

c) Nennen Sie wichtige Swap-Grundstrukturen von Liability Swaps.

1. Zinsswaps (interest rate swaps)
2. Währungsswaps (cross currency swaps)
3. kombinierte Zins-Währungsswaps (cross currency interest rate swaps)
4. Basisswaps
5. Amortisationsswaps
6. Swaptions.

d) Erläutern Sie im Einzelnen, was ein Zinsswap ist, welche Vorteile die Swap-Parteien haben und welche rechtlichen Verpflichtungen dabei bestehen bzw. tangiert werden.

Zwei Parteien tauschen ihre Zinszahlungen auf einem nominellen Kapitalbetrag, ohne dabei den Kapitalbetrag selbst zu tauschen. Getauscht wird üblicherweise Festsatz gegen variablen Satz. Das Ziel ist, komparative Kostenvorteile der Beteiligten auf den Finanzmärkten (z.B. auf ihren jeweiligen Heimatmärkten) auszunutzen, um für beide Partner die Finanzierungskosten zu senken.

Die ursprünglichen rechtlichen Verpflichtungen gegenüber Dritten bleiben völlig unberührt. Swaps sind zusätzliche, von den ursprünglichen Geschäften rechtlich getrennte Geschäfte, die nur die unmittelbar davon Betroffenen tangieren.

e) Ein deutscher Exporteur stellt am 19.8.1998 eine Rechnung über 5 Mio. Britische Pfund mit einem Zahlungsziel von 6 Monaten (19.2.1999) aus, bei einem aktuellen £-Kurs von 2,9200 DM/£. Zur Absicherung des Währungsrisikos hat der Exportuer ein Devisentermingeschäft mit seiner Bank abgeschlossen. Folgende Daten liegen diesem Geschäft zugrunde: £-Zins = 7,5 % p.a.; DM-Zins = 3,0 % p.a.

Im November 1998 signalisiert der britische Geschäftspartner, daß er seiner Zahlungsverpflichtung bereits am 19.11.1998 nachkommen werde. Die 3-Monats-Forward Rate wird mit Punkten 300 notiert, der Devisenkassakurs betrage zu diesem Zeitpunkt 2,9200 DM/£. Wie kann der Exporteur das mit der Bank vereinbarte Devisentermingeschäft zum 19.2.1999 aus Liquiditätsüberlegungen mit einem Swapgeschäft absichern? Berechnen sie zuerst den Terminkurs für das Devisentermingeschäft und stellen Sie dann den Swap dar.

Der Terminkurs berechnet sich wie folgt:

$$2{,}9200 - \frac{6}{12} \cdot (0{,}075 - 0{,}030) \cdot 2{,}9200 = 2{,}9200 - 0{,}0657 = 2{,}8543 \text{ DM/£}$$

Die vorzeitige Rückzahlung des Forderungsbetrages macht aus Sicherheitsgründen ein sog. pre-settlement des Devisentermingeschäfts erforderlich. Dazu schließt der Exporteur einen Devisen-Swap dergestalt ab, daß er am 19.11.1998 5 Mio. £ für 3 Monate gegen DM tauscht mit 300 Punkten (= 0,03 DM/£) zu seinen Gunsten. Nach 3 Monaten kann der Exporteur dann mit den zurückfließenden 5 Mio. £ seinen Verpflichtungen aus dem Devisentermingeschäft nachkommen.

Damit stellt sich für den Exporteur das Swapgeschäft wie folgt dar:

19.11.1998:

1. Tausch von 5 Mio. £ in DM zur Spot-Rate von 2,9200 DM/£ (Devisen-Swap)	+	14.600.000 DM
2. Anlage von 14, 6 Mio. DM auf 3 Monate zu 3 %	+	109.500 DM

19.2.1999:

3. Rücktausch von DM in 5 Mio. £ aus 3-Monats-Swap zu einem Kurs von 2,8900 DM/£ (= 2,9200 - 0,0300)	./.	14.450.000 DM
4. Lieferung von 5 Mio. £ gegen DM zum Devisenterminkurs von 2,8543 DM/£	+	14.271.500 DM

Für den Exporteur resultiert also ein Verlust in Höhe von:

5. Zinsen aus 2.	+	109.500 DM
6. Ergebnis aus Swapgeschäft (1. - 3.)	+	150.000 DM
7. Devisentermingeschäft (1. - 4.)	./.	328.500 DM
	./.	69.000 DM

Da der Pfund-Kurs unverändert bei 2,9200 DM/£ steht, entstehen dem Exporteur im Vergleich zur Situation ohne Abschluß eines Devisentermingeschäftes Kosten in Höhe von DM 328.500. Dem stehen ein Gewinn aus dem Swapgeschäft und die vereinahmten Zinsen gegenüber, so daß im Endergebnis ein Verlust von DM 69.000 resultiert.

f) Gibt es im vorliegenden Fall eine einfachere Alternative zur der vorstehenden Strategie, wenn die Liquidität planmäßig erst zum 19.2.1999 benötigt wird?

Die bereits zum 19.11.1998 eingehenden 5 Mio. £ werden 3 Monate verzinslich zu 7,5 % angelegt.

Anlage von 5 Mio. £ auf 3 Monate zu 7,5 % Rücktausch der Zinsen zu 2,9200 DM/£ (= £ 93.750 · 2,9200 DM/£)	+	273.750 DM

Der Exporteur hat Kosten aus dem Devisentermingeschäft in Höhe von DM 328.500 vereinahmt aber Zinsen auf die angelegten 5 Mio. £ in Höhe von DM 273.750, so daß im Endergebnis nur ein Verlust von DM 54.750 resultiert.

2445 Fremdwährungskredite und Devisenoptionen

a) In manchen Fällen ist der Abschluß eines Devisentermingeschäftes oder die Absicherung über Currency Futures nicht möglich. Hier kann man ein entsprechendes Termingeschäft mit Hilfe von Fremdwährungskrediten simulieren. Wie funktioniert dies? (Gehen Sie bei Ihrer Erklärung von einem Exportgeschäft aus).

Die Konstruktion lautet wie folgt:

1. Aufnahme eines Fremdwährungskredits bei Entstehung der Forderung aus Export
2. Sofortiger Umtausch des Fremdwährungsbetrages in Landeswährung
3. Anlage des umgetauschten Betrages im Inland
4. Rückzahlung des Fremdwährungskredits aus dem Exporterlös.

Die Kosten hängen von den Zinsunterschieden zwischen In- und Ausland ab.

b) Kreuzen Sie bitte die entsprechende Strategie für die Absicherung einer Fremdwährungsforderung und einer Fremdwährungsverbindlichkeit mit Devisenoptionen an.

	Strategien	
	Kauf einer Verkaufsoption	*Kauf einer Kaufoption*
Fremdwährungsforderung	⊗	
Fremdwährungsverbindlichkeit		⊗

25 Kassa- und Terminbörsen

251 Börsenbegriff

a) Nennen Sie die typischen Merkmale einer Börse.

- staatlich genehmigte Markt-Veranstaltung,
- die den Zweck verfolgt regelmäßig Kaufleute durch Bereitstellung
- geeigneter Organisationsstrukturen in die Lage zu versetzen,
- persönlich oder telekommunikativ als Anbieter oder Nachfrager
- nicht am Verhandlungsort befindliche, durch Standardisierung fungibilisierte Handelsobjekte (vertretbare Waren, Wertpapiere, Aktienindices, Devisen oder Kontrakte bzw. Optionen auf diese Handelsobjekte (assets))
- öffentlich zu standardisierten Vertragsbedingungen zu handeln.

b) Die Börsen lassen sich nach den untenstehenden Kriterien systematisieren. Ordnen Sie den einzelnen Kriterien die entsprechenden Börsenarten zu. Geben Sie in der letzten Spalte zusätzlich an, welche Börsenart für den deutschen Amtlichen Handel zutrifft.

Kriterium	*zugehörige Börsenarten*	*zutreffende Börsenart für den deutschen Amtlichen Handel*
Erfüllungsfrist der Geschäfte	Kassabörse Terminbörse	Kassabörse
Handels- bzw. Kursfeststellungsverfahren	Auktionsbörse Handelsbörse (Market-Maker Börse)	Auktionsbörse
Automationsgrad	Präsenzbörse Computerbörse	Präsenzbörse
Handelsobjekte	Effekten- (Aktien- und Renten-)börse Devisenbörse Futuresbörse Optionsbörse	Effekten- (Aktien- und Renten-)börse

Marktsegmente	*beim deutschen Effekten-kassamarkt:* Amtlicher Markt Geregelter Markt Neuer Markt Freiverkehr XETRA (früher IBIS)	Amtlicher Markt

c) *Nennen Sie stichpunktartig mögliche Vorteile der Computerbörse gegenüber der Präsenzbörse.*

- schnelle Reaktionszeit, Möglichkeit der Internationalisierung
- bessere Information und Marktübersicht, Transaktionskosten-senkung
- bessere Handelsüberwachung und lückenlose Dokumente
- Kapazitätserweiterung, Zuverlässigkeit
- erhöhte Handelszeit, Chancengleichheit

d) *Welche Funktion haben Wertpapierbörsen? Beantworten Sie die Frage am Beispiel des deutschen Kassa-Effektenmarktes.*

Ihre ursprüngliche Hauptaufgabe als Emissionsmarkt (Primärmarkt) zur Beschaffung hoher Eigenkapital- (für AG's) und langfristiger Fremdkapitalbeträge haben die Wertpapierbörsen schon frühzeitig eingebüßt.

Für bereits in den Verkehr gebrachte Wertpapiere spielen allerdings die Börsen als Sekundärmarkt eine entscheidende Rolle. Dabei stehen zwei Funktionen im Vordergrund:

1. Die Funktion des Kapitalaustausches, d.h. die Zirkulations- und Konsolidierungsfunktion.
2. Die Preisbildungs- bzw. Kapitalbewertungsfunktion.

e) *Nennen Sie den grundlegenden Unterschied zwischen Kassa- und Terminbörsen.*

Grundlegender Unterschied:

Erfüllungstermin der getätigten Geschäfte.

Kassabörsen:

Abschluß von (Kassa-)Geschäften bei denen Leistung und Gegenleistung sofort bei Vertragsabschluß bzw. (je nach organisatorischen Gegebenheiten) innerhalb weniger Börsentage zu erbringen sind.

Terminbörsen:

(Termin-)Geschäfte müssen nicht sofort bei Vertragsabschluß, sondern erst zu einem bestimmten späteren Termin erfüllt werden, wobei jedoch die Erfüllungsbedingungen (Preis, standardisierte Menge, Liefertermin) schon bei Vertragsabschluß fest vereinbart werden. Es besteht entweder ein Erfüllungs-(Glattstellungs-)Zwang (bei Futures) oder ein Wahlrecht (bei Optionen).

f) Welchen Zweck verfolgen Warenterminbörsen, welche Einheiten liegen den Warentermingeschäften zugrunde und was ist kennzeichnend für den börsenmäßigen Warenterminhandel?

Warenterminbörsen als staatlich genehmigte Marktveranstaltungen verfolgen den Zweck, regelmäßig spezialisierte Marktteilnehmer zusammenzuführen, die als Anbieter bzw. Nachfrager nicht am Börsenort befindliche, u.U. sogar noch nicht einmal existierende oder vertretbare, weltweit in großem Umfang verbrauchte Naturprodukte zu standardisierten Vertragsbedingungen handeln. Bei den Termingeschäften zugrundeliegenden Naturprodukten handelt es sich um mengen- und qualitätsmäßig standardisierte Einheiten (sog. Kontrakte) über landwirtschaftliche Produkte und Bergbauprodukte. Kennzeichnend für den börsenmäßigen Warenterminhandel ist, daß die standardisierten Geschäfte nicht sofort bei Vertragsabschluß sondern erst zu einem späteren Termin erfüllt werden müssen, wobei jedoch der Preis, zu dem das Geschäft zu erfüllen ist, bereits bei Vertragsabschluß vereinbart wird.

g) In welche beiden Unterarten lassen sich Futuresbörsen einteilen?

- Warenterminbörsen (Commodity Futures Exchanges)
- Finanzterminbörsen (Financial Futures Exchanges)

h) Differenzieren Sie die Börsengeschäfte nach der Handlungsmotivation der wichtigsten Marktteilnehmergruppen und charakterisieren Sie die jeweilige Handlungsmotivation kurz.

Trading:

Bewußte Schaffung offener Positionen zur Erzielung von Gewinnen aus Preisveränderungen (spekulative Ausnutzung von Preisveränderungen).

Arbitrage:

Risikoarme Ausnutzung von Preisdifferenzen, d.h. rasches Öffnen und Schließen von Positionen, um Preisdifferenzen bzw. temporäre Marktungleichgewichte zwischen räumlich und/oder zeitlich getrennten Märkten auszunutzen.

Hedging:

Absicherung gegen unvorhersehbare Preisänderungen, d.h. Schließung offener Positionen durch genau entgegengesetzt wirkende Geschäfte.

252 Einheitskurs

a) Erläutern Sie verbal die Preisbildung an einer Auktionsbörse, und zwar an dem Beispiel der deutschen amtlichen Kursfeststellung am Aktien-Kassamarkt.

Zum Einheitskurs (Kassakurs) werden sämtliche zum amtlichen Handel zugelassenen Aktien (einschließlich Bezugsrechte) gehandelt. Dazu sammeln die Kursmakler alle bei ihnen eingehenden Aufträge in ihrem Skontrobuch. Einige Zeit nach der Eröffnung der Börse, die genauen Zeitpunkte werden vom Börsenvorstand im voraus festgelegt, schließen die Kursmakler ihr Skontro und beginnen den Einheitskurs festzustellen. Der Einheitskurs wird nach dem Meistausführungsprinzip ermittelt, d.h. zu dem Kurs, zu dem die größten Umsätze möglich sind.

Da die Kursmakler verpflichtet sind, alle unlimitierten Aufträge auszuführen, „rechnen" sie den Kurs so lange hinauf bzw. herunter, bis zumindest alle unlimitierten Käufe bzw. Verkäufe ausführbar sind. Überwiegt die Verkaufsseite (Kaufseite), so wird der Kurs unter erneutem Ausruf herunter (herauf)-gerechnet, wobei unter (über) dem Tageskurs liegende Verkauf(Kauf)-orders wie unlimitierte Aufträge behandelt werden. Der Kurs, der sich einstellt, wenn alle unlimitierten Aufträge ausgeführt sind, ist der Einheitskurs. Zum Einheitskurs limitierte Aufträge haben keinen Anspruch auf Erfüllung, jedoch wird der Makler schon im eigenen Interesse (seine Courtage hängt vom Umsatz ab) um eine möglichst weitgehende Ausführung der Aufträge bemüht sein.

Für Aktien, Wandel- und Optionsanleihen, die „regelmäßige Umsätze" erkennen lassen, bestehen zusätzlich variable bzw. fortlaufende Notierungen. Zu Beginn der Börsenzeit wird dabei von den Kursmaklern aufgrund der ihnen bis dahin zugegangenen Aufträge der erste Kurs, der sog. Eröffnungskurs ermittelt, und zwar nach dem Prinzip der Einheitskursfeststellung. Im Anschluß an die Feststellung des Eröffnungskurses werden beim Kursmakler eintreffende Aufträge von diesem fortlaufend individuell vermittelt, wobei für jedes Geschäft auch der Preis gesondert vereinbart und als Kurs notiert wird. Voraussetzung für die Teilnahme am variablen Handel ist ein Mindestabschluß von 50 Stück, bei Wandel- und Optionsanleihen von 5.000 DM nominal.

b) Ermitteln und interpretieren Sie für folgendes Beispiel den Einheitskurs, den ein Kursmakler anhand der vorgegebenen Daten bestimmen würde.

	Nachfrage (Käufe)	*Gesamtumsatz in Stück*		*Angebot (Verkäufe)*	*Gesamtumsatz in Stück*
10	*Stück billigst (unlimitiert)*	(10)	*30*	*Stück bestens (unlimitiert)*	(30)
5	*Stück zu 126 DM*	(15)	*0*	*Stück zu 122 DM*	(30)
12	*Stück zu 125 DM*	(27)	*10*	*Stück zu 123 DM*	(40)
5	*Stück zu 124 DM*	(32)	*5*	*Stück zu 124 DM*	(45)
13	*Stück zu 123 DM*	(45)	*0*	*Stück zu 125 DM*	(45)
20	*Stück zu 122 DM*	(65)	*2*	*Stück zu 126 DM*	(47)

Mögliche Umsätze:

- zu 122 DM: 30 · 122 DM = 3.660 DM
- zu 123 DM: 40 · 123 DM = 4.920 DM
- zu 124 DM: 32 · 124 DM = 3.968 DM
- zu 125 DM: 27 · 125 DM = 3.375 DM
- zu 126 DM: 15 · 126 DM = 1.890 DM

Die höchsten Umsätze sind zu 123 DM möglich (4.920 DM), aber es besteht ein leichter Nachfrageüberhang von 5 Stück. Der Einheitskurs lautet somit: „123 bezahlt Geld".

c) *Ermitteln und interpretieren Sie für folgendes Beispiel den Einheitskurs, den ein Kursmakler anhand der vorgegebenen Daten bestimmen würde.*

Nachfrage (Käufe)	*Gesamtumsatz in Stück*	*Angebot (Verkäufe)*	*Gesamtumsatz in Stück*
15 Stück billigst (unlimitiert)	(15)	*37 Stück bestens (unlimitiert)*	(37)
10 Stück zu 246 DM	(25)	*4 Stück zu 242 DM*	(41)
8 Stück zu 245 DM	(33)	*13 Stück zu 243 DM*	(54)
0 Stück zu 244 DM	(33)	*7 Stück zu 244 DM*	(61)
12 Stück zu 243 DM	(45)	*0 Stück zu 245 DM*	(61)
25 Stück zu 242 DM	(70)	*9 Stück zu 246 DM*	(70)

Mögliche Umsätze:

- zu 242 DM: 41 · 242 DM = 9.922 DM
- zu 243 DM: 45 · 243 DM = 10.935 DM
- zu 244 DM: 33 · 244 DM = 8.052 DM
- zu 245 DM: 33 · 245 DM = 8.085 DM
- zu 246 DM: 25 · 246 DM = 6.150 DM

Die höchsten Umsätze sind zu 243 DM möglich (10.935 DM). Es besteht ein Angebotsüberhang von 9 Stück. Der Einheitskurs lautet somit: „243 bezahlt Brief".

253 Risk-Based-Margining

Erläutern Sie, was man innerhalb des Risk-Based-Margining Verfahrens bei Future-Long-Geschäften an Terminbörsen unter den folgenden Fachbegriffen versteht.

a) *Initial Margin*

Erstmaliges Mindestguthaben als bruchteiliger Einschuß (Originaleinschuß oder Anfangsmarge) (3-10 % des Kontraktgesamtwertes; wird von der Börse festgelegt), der gegenüber dem Clearinghaus bei Vertragsabschluß/Eröffnung eines Termingeschäftes zu erbringen ist und als Sicherheitsleistung dient.

b) Maintenance Margin

Erhaltungsmarge. Untere geforderte Sicherheitsgrenze (≈75 % der Initial Margin), ab der bei Unterschreiten sofort ein zusätzlicher Nachschuß (Additional Margin) geleistet werden muß, um das Konto auf einen der vollen Initial Margin entsprechenden Stand zu bringen. Dient zur Aufrechterhaltung der ursprünglichen Sicherheitsleistung. Vorgang DTB = Intraday Variation Margin Call (Nachzahlungsaufforderung an Kunden), Vorgang USA = Maintenance Margin Call.

c) Variation Margin

Veränderungsmargin. Eine Wertveränderung (Gewinn oder Verlust) der Netto-Future-Long-Position gegenüber dem Vortag, die dem Marginkonto börsentäglich zinswirksam belastet oder gutgeschrieben (saldiert) wird.

d) Additional Margin

Zusätzlicher erhöhter Nachschuß in bar (Nachzahlungsforderung), der dem Kunden vom Clearingmitglied (Broker) über die vom Clearinghaus geforderten Einschüsse hinaus berechnet wird. Er ist bei Überschreiten einer Sicherheitsgrenze am nächsten Handelstag für evtl. Glattstellungsverluste bei einer ungünstigen Preisentwicklung zu leisten. Die Additional Margin ist keine feststehende Größe. Sie ändert sich im Zeitablauf in Abhängigkeit von den einfließenden Risikofaktoren (z.B. Änderung der Volatilität) und wird je nach Marktlage vom Börsenvorstand festgelegt.

254 Arbitrage und Hedging

a) Was versteht man allgemein unter Arbitrage? Definieren Sie in diesem Zusammenhang den Begriff „execution slippage".

Arbitrage ist die nahezu risikolose Ausnutzung von (lokalen und intertemporalen) Preisdifferenzen zur Gewinnerzielung durch gleichzeitige kombinierte Käufe und Verkäufe (schnelles Öffnen und Schließen von Positionen).

Als „execution slippage“ wird die Zeitspanne bezeichnet, die benötigt wird, um bei Arbitrage für alle Geschäfte und Gegengeschäfte eine Glattstellung zu erreichen. Sie kennzeichnet das Arbitrage-Restrisiko, da in der Regel nicht alle Geschäfte völlig zeitgleich abgeschlossen werden können und sich somit die Kurse in der Zwischenzeit entgegen den Erwartungen des Arbitrageurs entwickeln können.

b) Ordnen Sie die Ihnen bekannten Arbitrageformen systematisch den Kategorien „Klassische Formen" und „Neuere Weiterentwicklungen" zu.

Klassische Formen:	Neuere Weiterentwicklungen:
– Inter-Market-Spread (Platzarbitrage)	– Cross-Market-Arbitrage
– Inter-Lieferungs-Spread (Zeitarbitrage)	– Cash-and-Carry-Arbitrage
– Inter-Commodity-Spread	– Arbitrage-Trading

c) Zwischen welchen Märkten findet Cash-and-Carry-Arbitrage statt, welche Geschäfte werden dabei getätigt und welche Mechanismen nutzt der Arbitrageur dabei aus?

Die Cash- and Carry-Arbitrage findet zwischen Future- und Kassamarkt statt. Der ausgenutzte Mechanismus sieht dabei wie folgt aus:

- Tatsächlicher (Markt-) Preis des Future-Kontraktes weicht von seinem theoretischen (fairen) Preis ab.
- Der theoretische Wert des Futures (z.B. DAX-Future) läßt sich unter Verwendung des Preises der entsprechenden Kassainstrumente (z.B. Kurse der im DAX enthaltenen Aktien) berechnen.
- Diese Fehlbewertung zwischen tatsächlichem und theoretischen Kurs des Futures hebt sich bis zum Ende der Futurelaufzeit auf und ermöglicht so die Gewinnerzielung durch den Arbitrageur, sofern der Terminaufschlag größer ist als die „cost of carry“ des Termingeschäfts zuzüglich der Kosten der erforderlichen Kassageschäfte.

Folgende Geschäfte werden dabei getätigt:

1. Kreditaufnahme um Kassaposition während der Futurelaufzeit zu finanzieren.
2. Kauf des relativ unterbewerteten Underlyings (Kassainstrumente) und
3. gleichzeitiger Verkauf des dazugehörigen relativ überbewerteten Futurekontraktes.

Der Mechanismus stellt also darauf ab, daß sich die Preisdifferenz zwischen (überbewerteten) Future und dem Underlying vermindert, gleichgültig in welche Richtung sich die allgemeine Börsentendenz entwickelt.

d) Welche Kosten und Erträge resultieren aus den o.g. Positionen und wie werden die Cost of Carry bei einem Future auf einen Aktien-Kursindex berechnet?

Futureverkauf:	(geringe) Kosten für die Finanzierung der Margineinzahlung
Kassaposition:	Finanzierungskosten für den Kauf des Indexportefeuilles abzüglich der Erträge aus Dividenden

Die Summe dieser Kosten bildet die Cost of Carry.

$$\text{Cost of Carry} = (i - d) \cdot Iw \cdot \frac{t}{360}$$

mit:

i	=	Zinssatz auf dem Geldmarkt p.a. (Finanzierungskosten)
d	=	Dividendenrendite aller Indextitel
Iw	=	Indexwert, dem Kontrakt zugrundeliegender Index in Indexpunkten (bewertet zu aktuellen Kassakursen)
t	=	Restlaufzeit des Kontrakts in Tagen

Die Margineinzahlung von ca. 3 - 5 % des Future Kontraktwertes ist in den vorstehenden Cost of Carry noch nicht enthalten. Sie beläuft sich also auf ca. 0,04 zu Iw, so daß in die Formel statt i der Wert 1,04 i einzusetzen wäre.

e) Wie sind die Überlegungen unter d) zu modifizieren, wenn dem Aktien-Future statt eines Kursindex ein Performance-Index zugrundeliegt?

Die Korrektur mit Dividendenerträgen fällt weg, da der Performance-Index im Unterschied zum Kursindex die Dividendenabschläge bereits enthält.

f) Definieren Sie die Begriffe Long Hedge- und Short Hedge-Absicherung.

Um Verluste aus extremen Preisschwankungen zu vermeiden, bedient man sich des Hedging, das darin besteht, die Preisentwicklung eines Geschäfts auf dem Effektivmarkt durch ein gleichzeitiges entsprechendes Geschäft auf dem Terminmarkt (Gegengeschäft) zu kompensieren. Die Absicherung gegen extreme Preisschwankungen wird vor allem im Waren-, Devisen-, Zins- und Aktienbereich vorgenommen.

Long Hedge (Sicherungskauf): Absicherung des Risikos steigender Kurse durch Kauf (von Terminkontrakten), z.B. bei Verbindlichkeiten im Underlying (Kassa-Short-Position).

Short Hedge (Sicherungsverkauf): Absicherung des Risikos sinkender Kurse durch Verkauf (von Terminkontrakten), z.B. bei Forderungen im Underlying (Kassa-Long-Position).

255 Stock Index Futures

a) Geben Sie den Berechnungsansatz für die Andienungssumme eines Aktien-Index-Futures verbal an!

Andienungssumme

= (Indexstand am Erfüllungstag − Vortagesschlußpreis des Futures)
· Kontraktmultiplikator · Anzahl der Kontrakte

Bis zum Vortagesschlußpreis werden die Kursveränderungen bereits über die Margin-Accounts (vgl. auch Aufgabe 253) verrechnet.

b) Sie beabsichtigen ein Aktienportefeuille, das sich aus 20 Standardwerten zusammensetzt, die auch im DAX enthalten sind, zu hedgen. Geben Sie die allgemeine Formel zur Berechnung der notwendigen Anzahl der Kontrakte an.

Notwendige Anzahl der Kontrakte

$$= \frac{\text{Kurswert des Portefeuilles}}{\text{Kontraktwert}} \cdot \text{Beta-Faktor des Portefeuilles}$$

Der Beta-Faktor ist dabei am DAX zu messen.

c) Was ist der Grundgedanke des Market Timing mit Aktienindexfutures?

Grundgedanke der Market Timing-Strategie ist es, ein Portefeuille aus Aktien und Aktienindexfutures so zusammenzusetzen, daß der Beta-Faktor des Gesamtportefeuilles einen bestimmten Wert annimmt, der die Sensitivität des Portefeuilles auf Aktienmarktentwicklungen den Markterwartungen des Investors anzupasst.

d) Ein Investor besitzt ein Aktienportefeuille im Wert von 3.000.000 DM und einem Beta-Faktor von βp = 1,2. Bei einem aktuellen Indexstand von 2.250 Indexpunkten beträgt das Kontraktvolumen 225.000 DM. In Erwartung einer Baisse am deutschen Aktienmarkt beschließt der Investor, sein Portefeuille-Beta auf 0,6 abzusenken. Berechnen Sie, welche Anzahl an DAX-Futures hierzu benötigt wird.

Zahl der Kontrakte = (3000000 / 225000) · (0,6 − 1,2) = − 8

Es müssen 8 DAX-Futures verkauft werden.

e) Da sich die Anzeichen für eine Baisse verstärkt haben, möchte der Investor sein Aktienportefeuille auf dem gegenwärtigen Kursniveau mit DAX-Futures völlig absichern. Welche Anzahl DAX-Futures werden hierfür benötigt und wie wird der gefundene Faktor zur Bestimmung der Anzahl der nötigen Futureskontrakte bezeichnet?

Zahl der Kontrakte = (3000000 / 225000) · (0 − 1,2) = −16

Es müssen 16 Kontrakte verkauft werden. Der gefundene Faktor wird auch als Hedge-Ratio bezeichnet.

256 Fixed Interest Rate Futures

a) Ein Trader hatte an der LIFFE zum 12.3.1990 5 Bund-Kontrakte zu liefern. Er wählte dazu die am 20.11.1998 fällige 6,375 % Bundesanleihe. Der Schlußkurs (Settlement Price) war 93,38, der Preisfaktor (Conversion Factor) 1,024369.

1. Welchen Nominalwert weist ein Kontrakt auf?

250.000 DM

2. Geben Sie die Formel zur Berechnung des Rechnungsbetrages (=Andienungspreis) an, den der Kontraktkäufer für die Lieferung eines Kontraktes zu zahlen hat.

Andienungspreis
= (Settlement Price · Conversion Factor · 2.500) + Stückzinsen

3. Berechnen Sie den Gesamtbetrag, den der obige Trader dem Kontraktkäufer in Rechnung stellen kann. Der Rechengang muß eindeutig nachvollziehbar sein.

$$\text{Stückzinsen S} = \frac{\text{Kupon} \cdot \text{Kontraktnennwert} \cdot \text{Zinstage}}{360}$$

Zinstage: Vom Beginn des laufenden Zinszahlungsjahres (hier 20.11.89) bis zum Liefertag (12.3.90) = 112 Tage, also:

$$S = \frac{0{,}06375 \cdot 250000 \cdot 112}{360} = 4958{,}33\text{DM}$$

Rechnungsbetrag = 5 · Andienungspreis
= 5 · (93,38 · 1,024369 · 2.500 + 4958,33)
= 5 · 244.097,27
= 1.220.486,35 DM

b) Ermitteln Sie in nachvollziehbarer Weise durch Gegenüberstellung von Gesamtkosten (= Marktpreis der gelieferten Anleihe) und Abrechnungsbetrag unter Verwendung der unten angegebenen Daten die Cheapest to Deliver-Anleihe.

	Anleihe A	*Anleihe B*
Kurs	*90,14 %*	*93,30 %*
Stückzinsen (d. 2500 Anleihen)	*16.111,11 DM*	*15.553,82 DM*
Conversion Factor	*1,085456*	*1,120382*

Der Exchange Delivery Settlement Price (EDSP) des Futures auf 100 DM Nominalwert beträgt 83,05.

Gesamtkosten (GK) = Kassakurs · Kontraktwert + Stückzinsen

Anleihe A: GK = 90,14 DM · 2.500 + 16.111,11 DM
= 241.461,11 DM

Anleihe B: GK = 93,30 DM · 2.500 + 15.553,82 DM
= 248.803,82 DM

Rechnungsbetrag (RB) = EDSP · Conversion Factor · Kontraktwert
+ Stückzinsen

Anleihe A: RB = 83,05 DM · 1,085456 · 2.500 + 16.111,11 DM
= 241.478,91 DM

Anleihe B: RB = 83,05 DM · 1,120382 · 2.500 + 15.553,82 DM
= 248.173,13 DM

Anleihe	A	B
Rechnungsbetrag	241.478,91	248.173,13
−Gesamtkosten	−241.461,11	−248.803,82
Mehr- bzw. Minderbetrag bei Lieferung	17,80	−630,69

Für Anleihe A folgt ein Überschuß von 17,80 DM auf den Rechnungsbetrag des Futures, während bei Anleihe B eine Zuzahlung in Höhe von 630,69 DM erforderlich wäre. Dementsprechend wird Anleihe A als Cheapest to Deliver ausgewählt.

3. Teil:
Juristische und steuerliche Aspekte der Vermögensplanung

31 Der zivil- und strafrechtliche Ordnungsrahmen bei der Empfehlung von Kapitalanlagen

311 Zivilrecht

a) Bei der Empfehlung von Kapitalanlagen ist zwischen „einfacher" und „qualifizierter" Anlagevermittlung und der Anlageberatung zu unterscheiden. Charakterisieren Sie diese drei Begriffe inhaltlich genauer. Berücksichtigen Sie dabei insbesondere auch Umfang und Inhalt der jeweiligen Aufklärungspflichten.

Bei der „einfachen" Anlagevermittlung kann der Anleger regelmäßig nur Auskünfte erwarten, bei denen der Vermittler zu richtiger und vollständiger Information über die für den Anlageentschluß wesentlichen tatsächlichen Umstände verpflichtet ist. Demgemäß ist auch das Unterlassen gebotener Information Schlechterfüllung. Eine Bewertung dieser Umstände ist jedoch nicht erforderlich, vielmehr steht der werbende und anpreisende Charakter der Information im Vordergrund.

Bei der „qualifizierten" Anlagevermittlung verschärft sich die Haftung des Vermittlers. Eine „qualifizierte" Anlagevermittlung liegt vor, wenn der Vermittler zusätzlich in erheblichem Maße persönliches Vertrauen in Anspruch nimmt oder den Eindruck besonderer Sachkunde erweckt. Dieser Eindruck kann z.B. entstehen, wenn der Vermittler nach eigener Aussage:

- erfahren und erfolgreich im Vertrieb von Kapitalanlagen ist oder
- eine Darstellung als branchenerfahrenes Finanz- und Wirtschaftsbetreuungsunternehmen oder
- internationale Anlageberatung und Vermögensplanung wählt.

Einen Anlageberater treffen weitergehende Verpflichtungen. Von ihm werden nicht nur objektive und vollständige Informationen über das Anlageobjekt erwartet. Er hat das Anlageobjekt vielmehr auf die persönlichen Verhältnisse des Anlegers zugeschnitten fachkundig zu bewerten und zu beurteilen. Er muß dabei notfalls eigene Ermittlungen anstellen und darf die Angaben Dritter keinesfalls ungeprüft übernehmen oder weitergeben. Es ist jedoch nicht die Aufgabe eines Anlageberaters darüber zu wachen, daß sich sein Kunde wie ein konservativer Anleger verhält. Ein Anlageberater hat Risiken transparent zu machen, nicht jedoch den Beratenen Risiken abzunehmen.

b) Unter welchen Voraussetzungen nimmt die Rechtsprechung bei der Anlagevermittlung regelmäßig einen stillschweigend abgeschlossenen Auskunftsvertrag an, auch wenn ein Vermittlungsvertrag nicht ausdrücklich abgeschlossen wurde und keine Vereinbarung eines Entgeltes vorliegt?

1. Wenn die Auskunft für den Empfänger erkennbar von erheblicher Bedeutung ist und die Auskunft Grundlage wesentlicher Entschlüsse oder Maßnahmen bildet,
2. wenn der Auskunftgeber sachkundig erscheint oder
3. der Auskunftgeber ein eigenes wirtschaftliches Interesse hat.

c) Kommt zwischen dem Anlageinteressenten und dem Vermittler ein Auskunftsvertrag zustande, dann führt ein Verstoß gegen die daraus resultierenden Pflichten zu welchem Anspruch des Anlageinteressenten?

Schadenersatzanspruch.

d) Welches Rechtsinstitut liegt der Rechtsprechung zur zivilrechtlichen Prospekthaftung zugrunde?

Verschulden bei Vertragsabschluß (culpa in contrahendo).

312 Anlagevermittler und Anlageberater

Kreuzen Sie im folgenden die zutreffenden charakteristischen Aussagen an.

	einfache Anlagevermittlung	qualifizierte Anlagevermittlung	Anlageberatung
Verpflichtung zur richtigen Information	☒	☒	☒
dem Kunden ist das Risiko abzunehmen	☐	☐	☐
vollständige Information über alle für den Anlageentschluß wesentlichen tatsächlichen Umstände ist erforderlich	☒	☒	☒
der werbende und anpreisende Charakter der Information steht im Vordergrund	☒	☐	☐
es erfolgt Inanspruchnahme persönlichen Vertrauens	☐	☒	☒
auf die persönlichen Verhältnisse des Kunden zugeschnittene fachkundige Bewertungen und Beurteilungen	☐	☐	☒
der Kunde ist an Spekulationen zu hindern	☐	☐	☐
Erweckung des Eindrucks besonderer Sachkunde	☐	☒	☒
ein Auskunftsvertrag kann stillschweigend zustande kommen	☒	☒	☒
die Überlassung von Material zur eigenen Durchsicht durch den Kunden genügt	☐	☐	☐
eigene Ermittlungen und Überprüfungen der Angaben Dritter sind ggf. notwendig	☐	evtl. ☒	☒
Prospektinhalte sind zu überprüfen auf:			
a) Plausibilität	☐	☒	☒
b) Kapitalanlage immanente Risiken	☐	☒	☒

313 Strafrecht

Die Anwendung der „klassischen" Straftatbestände Betrug (§ 263 StGB) und Untreue (§ 266 StGB) hat in der Praxis wegen ihrer Komplexität teilweise Schwierigkeiten bereitet. Das 2. Gesetz zur Bekämpfung der Wirtschaftskriminalität hat deshalb das Inkrafttreten einer weiteren Strafvorschrift, des § 264a StGB, zum 1.8.1986 gebracht.

a) Wie heißt dieser Straftatbestand?

Kapitalanlagebetrug.

b) Mit der Einführung von § 264a StGB hat der Gesetzgeber einen entscheidenden Schritt zur Verbesserung des Anlegerschutzes getan. Begründen Sie dies.

Da eine Strafbarkeit bereits dann vorliegen kann, wenn ein Schaden nicht oder noch nicht eingetreten ist, sind potentiell Betroffene gezwungen, im Vorfeld, d.h. also bevor die Investitionsentscheidung des Anlegers getroffen wird, richtig und vollständig aufzuklären. Eine besondere Besserstellung des Anlegers erfolgt dadurch, daß Strafbarkeit und damit staatsanwaltschaftliche Aufklärung möglich sind, bevor ein Schaden eingetreten ist. Obwohl die Strafandrohung relativ gering ist, dürfte für einschlägig in der Branche Tätige dennoch die bloße Tatsache abschreckend wirken, wegen Kapitalanlagebetrugs vorbestraft zu sein.

c) Welche Täuschungshandlungen werden nach § 264a StGB unter Strafe gestellt?

Unter Strafe gestellt werden Täuschungshandlungen durch

- falsche, vorteilhafte Angaben oder
- das Verschweigen nachteiliger Tatsachen

in Prospekten oder Darstellungen oder Übersichten über den Vermögensstand im Zusammenhang mit dem Vertrieb von Wertpapieren, Bezugsrechten oder von Anteilen, die eine Beteiligung an dem Ergebnis eines Unternehmens gewähren sollen.

Sanktioniert wird „massenhafter" Vertrieb mit Prospekten oder ähnlichen Vertriebsmethoden (z.B. Bild- und Tonträger, wie Btx, Werbefilme usw.). Als Täter kommt jeder in Betracht, der die Angaben macht, also auch Anlagevermittler und Anlageberater.

314 Allgemeine Berufspflichten der Investmentanalysten

Nach welchen Leitsätzen hat sich ein Investmentanalyst bei seiner Berufsausübung in Deutschland zu richten?

Der Berufsangehörige übt den Beruf unabhängig, eigenverantwortlich, gewissenhaft, verschwiegen und vornehmlich an der Interessenlage des Anlegers/Kunden oder eines anderen Auftraggebers orientiert aus.

Die einzelnen Berufspflichten beziehen sich auf:

1. Unabhängigkeit
2. Interessenkollision
3. Eigenverantwortlichkeit
4. Verbot der Nutzung von Insiderinformationen bei Eigengeschäften
5. Berufsbezeichnung und Ausbildung
6. Einhaltung rechtlicher Verpflichtungen.

315 Insiderhandels-Richtlinien

a) Welche Geschäfte dürfen Insider und ihnen gleichgestellte Dritte nicht tätigen?

Unerlaubt sind Geschäfte in Insiderpapieren unter Ausnutzung von Insiderinformationen, von denen Insider aufgrund ihrer Stellung Kenntnis erlangt haben. Solche Geschäfte dürfen Insider zu keinem Zeitpunkt und in keiner Weise zum eigenen Vorteil oder zum Vorteil Dritter abschließen oder abschließen lassen. Die Initiative des Insiders muß auf Insiderinformationen beruhen, die er als Insider erlangt hat.

b) Wer ist Insider?

Insider sind Personen, die aufgrund ihrer Tätigkeit über Vorgänge informiert sind, die Einfluß auf die Kurse von Insiderpapieren haben können, insbesondere gesetzliche Vertreter und Aufsichtsratsmitglieder der Gesellschaft und verbundener inländischer Unternehmen, inländische Aktionäre (einschließlich deren gesetzliche Vertreter und Aufsichtsratsmitglieder), sofern sie an der Gesellschaft mit mehr als 25 % beteiligt sind sowie Angestellte der Gesellschaft, der mit ihr verbundenen inländischen Unternehmen und der an ihr mit mehr als 25 % beteiligten inländischen Aktionäre, sofern die Angestellten in dieser Eigenschaft Kenntnis von Insiderinformationen zu erhalten pflegen. Insidern gleichgestellte Dritte sind Kreditinstitute, deren Aufsichtsratsmitglieder, Geschäftsleiter und Angestellte, die von der Gesellschaft eingeschaltet werden und dabei Insiderinformationen erlangen.

c) Was sind Insiderpapiere?

Insiderpapiere sind Aktien, Genußscheine, Wandel- und Gewinnschuldverschreibungen, Optionsscheine und Bezugsrechte, die von der Gesellschaft oder einem mit der Gesellschaft verbundenen inländischen Unternehmen ausgegeben und zur amtlichen Notierung an einer inländischen Wertpapierbörse oder dem Neuen Markt zugelassen oder in den geregelten Markt einbezogen sind. Der Zulassung steht das öffentliche Angebot der Papiere mit dem Hinweis auf die beabsichtigte Börseneinführung im Inland gleich.

d) Welche Regelung gilt im einzelnen für Bezugsrechte?

Der Bezug von Aktien aufgrund von Bezugs- und Optionsrechten ist kein verbotenes Insidergeschäft. Der Erwerb solcher Rechte kann hingegen ein verbotenes Insidergeschäft sein.

e) Was sind Insiderinformationen?

Insiderinformationen sind Kenntnisse von noch nicht bekannt gegebenen bzw. gewordenen Umständen, die Einfluß auf die Bewertung von Insiderpapieren haben können, z.B. Änderungen des Dividendensatzes oder wesentlichen Ertrags- und Liquiditätsänderungen. Ferner Kenntnisse von Kapitalerhöhungen und -herabsetzungen, Übernahme- und Abfindungsangeboten, Eingliederungen, Verschmelzungen, Vermögensübertragungen, Umwandlungen, Auflösungen, Abschluß von Beherrschungs- oder Gewinnabführungsverträgen.

316 Händler- und Beraterregeln

a) Auf welche Wertpapiere beziehen sich die Händler- und Beraterrichtlinien und welchen Zweck verfolgen sie?

Die Händler- und Beraterrichtlinien beziehen sich auf Wertpapiere, die zur amtlichen Notierung an einer inländischen Wertpapierbörse oder dem Neuen Markt zugelassen sind, in den geregelten Markt einbezogen oder öffentlich mit dem Hinweis einer beabsichtigten Einführung an einer inländischen Wertpapierbörse angeboten werden. Die Richtlinien verfolgen ausschließlich den Zweck, unlautere Empfehlungen zu unterbinden. Sie sollen nicht Art und Umfang der Beratungspflicht eines Kreditinstituts oder eines Anlageberaters gegenüber ihren Kunden regeln.

b) Wer gilt als Händler bzw. Berater im Sinne der Regeln?

Der personelle Anwendungsbereich umfaßt

1. Kreditinstitute, Geschäftsleiter und ihre Mitarbeiter. Sofern Mitarbeiter auf Weisung handeln gilt das Kreditinstitut als Händler und Berater.
2. Unternehmen und Personen, die, ohne Kreditinstitut zu sein, gewerblich in der Anlageberatung tätig sind, können sich durch schriftliche Erklärung den Regeln unterwerfen.
3. Makler fallen nicht unter die Regeln.

c) Welche Geschäfte dürfen nicht empfohlen bzw. getätigt werden?

Es dürfen keine Wertpapiergeschäfte aus nicht im Interesse des Kunden liegenden Gründen empfohlen werden, z.B. um die Eigenbestände zu ermäßigen oder zu erhöhen oder Kurse zur Durchführung von Eigengeschäften in eine bestimmte Richtung zu lenken. Unzulässig sind auch Eigengeschäfte aufgrund von Kundenaufträgen zum An- und Verkauf von Wertpapieren, die kursmäßige Nachteile für den Auftraggeber haben.

32 Steuerliche Aspekte der privaten Vermögensplanung

321 Effektenanlagen im Betriebs- versus im Privatvermögen

a) Wie ist das Reinvermögen eines buchführungspflichtigen Gewerbetreibenden zum Jahresende zu ermitteln (Wirtschafts- = Kalenderjahr)?

Das Reinvermögen am Jahresende ist die Summe aus Anlagevermögen und Umlaufvermögen (= Gesamtvermögen) abzüglich der Schulden am Jahresende

Oder:

Aktiva 31.12.19..	Passiva
Anlagevermögen Umlaufvermögen	} Differenz = Reinvermögen Schulden
Bilanz-Summe	Bilanz-Summe

b) Ein buchführungspflichtiger Gewerbetreibender ermittle seinen Gewinn durch Betriebsvermögensvergleich. Wie wird dieser Gewinn ermittelt?

	Reinvermögen zum 31.12. des laufenden Jahres
./.	Reinvermögen zum 31.12. des Vorjahres
+	Entnahmen des laufenden Jahres
./.	Einlagen während des laufenden Jahres
=	Gewinn (Verlust)

c) Bei im Privatvermögen gehaltenen Aktien brauchen Veräußerungsgewinne normalerweise nicht versteuert zu werden. Von dieser Regelung gibt es jedoch eine Ausnahme. Welche?

Die sog. Spekulationssteuer (§ 23 EStG).
Bei Wertpapieren sind Spekulationsgewinne zum vollen ESt-Satz zu versteuern, sofern sie innerhalb einer Spekulationsfrist von 6 Monaten (ab 1999 voraussichtlich 1 Jahr) erzielt werden.

d) Gemäß § 20(2) EStG ist das Emissionsdisagio von Anleihen steuerpflichtig. Unter bestimmten Bedingungen wird jedoch auf die Besteuerung verzichtet. Wie sehen die Regelungen im einzelnen aus?

Auf die Besteuerung wird verzichtet, wenn beim Emissionsdisagio und bei der Laufzeit bestimmte Größenordnungen eingehalten werden (Zweck: Feinabstimmung der Effektivrendite).

Größe des Disagios	Laufzeit
1 %	bis unter 2 Jahre
2 %	bis unter 4 Jahre
3 %	bis unter 6 Jahre
4 %	bis unter 8 Jahre
5 %	bis unter 10 Jahre
6 %	ab 10 Jahre

e) Ein Einzelunternehmer hält im Betriebsvermögen langfristig eine Liquiditätsreserve in Höhe von 20 Mio. DM und erzielt damit jährlich 5 % Zinseinnahmen. Berechnen Sie in eindeutig nachvollziehbarer Weise, wieviel davon nach Abzug aller relevanter Steuern (1998) netto übrig bleiben und wieviel DM Steuern abzuführen sind. (Zur Erleichterung der Berechnungen können die Zahlen auf 1.000 DM gerundet werden). Welche zuvor abzuführenden Steuern wurden zum 1.1.1997 bzw. 1.1.1998 abgeschafft?

Abgeschafft wurde zum 1.1.1997 die Vermögensteuer und zum 1.1.1998 die Gewerbekapitalsteuer.

Berechnung der Steuerbelastung:

5 % von 20 Mio. DM = 1.000.000 DM

Gewerbeertragsteuer

$$= \frac{(\text{Steuermeßzahl} \cdot \text{Hebesatz})}{1{,}2} \cdot \text{Betrag}$$

(Divisor 1,2 wegen im Hundert-Rechnung)

$= \frac{5\% \cdot 400\%}{1{,}2} \cdot 1\,\text{Mio. DM}$	=	167.000 DM
Einkommensteuer = 53 % von 833.000 DM	=	441.000 DM
Gesamter Steuerbetrag	=	608.000 DM
Netto verbleiben	=	392.000 DM

322 Spekulationsgeschäfte

a) Wann fällt ein Spekulationsgewinn an?

Wenn zwischen der Anschaffung und Veräußerung nicht mehr als 6 Monate (ab 1999 voraussichtl. 1 Jahr) liegen (§ 23 Abs. 1 Nr. 1 b EStG).

b) Machen Sie Angaben zur Höhe der „Spekulationssteuer".

Eine Spekulationssteuer als solche gibt es eigentlich nicht, es gilt vielmehr der normale ESt-Satz, wobei die Freigrenze von 999,99 DM pro Kalenderjahr gilt. Übersteigen die Gewinne diese Freigrenze, so ist der gesamte Spekulationsgewinn steuerpflichtig.

c) Eine Bank hat für einen Privatanleger am 4.1.1994 Wertpapiere mit einem Anschaffungswert von DM 10.000,00 erworben. Diese Papiere wurden am 4.7.1994 zu einem Verkaufspreis von DM 10.980,00 wieder verkauft.
Folgen für den Anleger?

Fristbeginn	am 5.1.1994	0.00 Uhr
Fristende	am 4.7.1994	24.00 Uhr

also steuerfreier Verkauf frühestens am 5.7.1994 möglich, sonst handelt es sich um einen steuerpflichtigen Spekulationsgewinn. Dieser liegt mit 980 DM jedoch unter der Freigrenze von 1.000 DM und ist daher steuerfrei.

d) Sie haben Wertpapiere gekauft. Die Käufe wurden von der Bank am
- 13.10.1989 (Wertstellung 16.10.1989) bzw. am
- 31.03.1990 (Wertstellung 02.04.1990) ausgeführt.

Rechnen Sie nach, wann Sie unter Beachtung der Spekulationsfrist die Wertpapiere frühestens verkaufen konnten.

Entscheidend ist, wann die Bank den Kaufauftrag ausgeführt hat.

Kauf am 13.10.1989, Verkauf ab 14.4.1990 möglich (6 Monate + 1 Tag). Der 14.4.1990 war jedoch Karsamstag, so daß der Verkauf steuerfrei erst am 17.4.1990 erfolgen konnte.

Kauf am 31.3.1990, Verkauf ab 1.10.1990 möglich (6 Monate später = 31.9.1990. Da es den 31.9. nicht gibt, endet die Frist mit dem letzten Tag dieses Monats, also am 30.9.1990. Zuzüglich 1 Tag = 1.10.1990). Dieser war aber ein Sonntag, so daß frühestens am 2.10.1990 verkauft werden konnte.

e) Ein Anleger hat folgendes Wertpapierdepot (Girosammelverwahrung) aufgebaut.

Ausführungstag	*Transaktion*	*Menge*	*Kaufkurs*
02.03.1989	*Kauf Coba*	*120 Stck*	*200 DM*
06.03.1989	*Kauf Coba*	*100 Stck*	*210 DM*
05.06.1989	*Kauf Coba*	*60 Stck*	*212 DM*
06.07.1989	*Kauf Coba*	*220 Stck*	*300 DM*

1. Der Anleger möchte nun 350 Stück Coba-Aktien am 8.9.1989 verkaufen. Er bittet um Auskunft, wieviel Aktien unter Spekulationsgeschäfte fallen. Erläutern Sie Ihre Antwort.

Da bei Girosammelverwahrung kein Identitätsnachweis geführt werden kann, gilt die Regel „last in - first out". D.h. alle nach dem 7.3.1989 gekauften Aktien, also (220 + 60) = 280 Stück sind steuerpflichtig.

2. Wie hoch ist die Spekulationssteuer bei einem Verkaufskurs von 312 DM?

$$\begin{aligned}\text{Steuer} &= [(312-212)\cdot 60\cdot \text{ESt-Satz} + (312-300)\cdot 220\cdot \text{ESt-Satz}]\\ &= (6000 + 2640)\cdot \text{ESt-Satz} = 8640\ \text{DM}\cdot \text{ESt-Satz}\end{aligned}$$

Bei dem Betrag von 1000 DM handelt es sich um eine Freigrenze und nicht um einen Freibetrag. Da der Betrag von 1000 DM erreicht bzw. sogar überschritten wird, ist der gesamte Spekulationsgewinn zu versteuern.

f) Hätte eine Möglichkeit bestanden, die Spekulationssteuer zu vermeiden?

Teilweise ja, und zwar bei Verwahrung der Aktien in Streifbandverwahrung oder bei Einbuchung der Nachkäufe jeweils in separate Unterdepots, da hier ein Identitätsnachweis möglich ist. In diesem Fall hätte der

Anleger zuerst die am 2.3. und 6.3. erworbenen Aktien (220 Stück) steuerfrei verkaufen können, so daß nur die restlichen 130 Stück (350 – 120 – 100) der Spekulationssteuer unterlegen hätten.

323 Zinsabschlag

a) Erläutern Sie kurz die wichtigsten Bestimmungen der sog. Zinsabschlagssteuer.

Seit Januar 1993 werden Zinsen aus Kapitalforderungen einem Abschlag von 30 % unterworfen. Bei Tafelgeschäften werden generell 35 % einbehalten.

Von dieser Regelung befreit sind u.a.:

- Einnahmen aus Lebens- und Rentenversicherungen, soweit sie die steuerlichen Mindestlaufzeiten erfüllen.
- Zinseinnahmen aus Girokonten mit einem Zinssatz bis zu 1 % p.a.
- Bagatellbeträge bis zu 20 DM im Jahr.

Der Sparerfreibetrag beträgt 6.000 DM für Ledige und 12.000 DM für zusammenveranlagte Ehegatten (eine Halbierung des Sparerfreibetrages ab 1999 ist geplant) (mit Werbungskostenpauschale 6.100 DM / 12.200 DM).

b) Setzt die Zinsabschlagsteuer als Abgeltungssteuer direkt beim Emittenten an?

Steuertechnisch ist die Zinsabschlagssteuer eine anrechenbare Vorauszahlung auf die Einkommensteuerschuld und keine Abgeltungssteuer; sie setzt bei der auszahlenden Stelle (Zahlstellensteuer) an und nicht bei Emittenten.

c) Ein Anleger verfüge über das folgenden Portefeuille:

Anlageart	*Betrag (DM)*	*Zinssatz p.a.*	*Zinstermin*	*Zinsbetrag (DM)*
Festverzins-	*50.000*	*10 %*	*01.02.*	5.000
liche	*30.000*	*5 %*	*01.03.*	1.500
	40.000	*8 %*	*01.04.*	3.200
Festgeld	*20.000*	*7 %*	*01.04.*	1.400
*Sparkonten**	*20.000*	*3 %*	*Jahresende*	600
			Summe	11.700

Der Anleger bittet Sie, ihm auszurechnen welcher Betrag von der Bank nach Erteilung des Freistellungsauftrages des Anlegers (ledig) an das Finanzamt abgeführt wird?

Gesamte Kapitalerträge:	11.700 DM
An die Bank gestellter Freistellungsauftrag	6.100 DM
Differenz	5.600 DM

Von diesen 5.600 DM führt die Bank einen Abschlag in Höhe von 1.680 DM (= 30 %) anonym an das Finanzamt ab.

d) Dem Investor fällt ein, daß er bei der Nennung seines Anlagenportefeuilles 50 Stück xy-Aktien vergessen hat. Die Dividendenzahlung im Mai beträgt 12 DM pro Aktie. Wie sieht die Rechnung unter Punkt c) bei einer rein schematischen Behandlung nun aus?

dto. wie unter c) zusätzlich 150 DM (25% von 600 DM Bardividende) Kapitalertragsteuer, also sind 1.680 + 150 = 1.830 DM von der Bank an das Finanzamt abzuführen.

e) Der Investor möchte wissen, wie in diesem Zusammenhang seine im Ausland anfallenden Zinserträge behandelt werden.

Zinserträge auf von Steuerinländern im Ausland unterhaltene Einlagen und Depots unterliegen nicht dem Zinsabschlag, wohl aber der „normalen" Einkommensteuer (aber Doppelbesteuerungsabkommen, siehe Aufgabe 324).

f) Ergänzend möchte der Investor für seinen Bekannten, der ständig im Ausland wohnt, sein Depot aber in der Bundesrepublik Deutschland hat, die generelle Behandlung wissen.

Steuerausländer werden generell vom Zinsabschlag ausgenommen (mit Ausnahme von Tafelgeschäften im Inland).

g) Von einem Bekannten hat der Investor den Rat bekommen, Zero-Bonds in sein Depot mit aufzunehmen. Ob sich diese Strategie denn lohne, will der Kunde wissen.

Kapitalerträge sind erst zum Zeitpunkt ihres Zuflusses (also bei Fälligkeit oder vorzeitiger Veräußerung) zu versteuern. De facto erhält der Investor also vom Finanzamt eine Art „Steuerstundung“. Evtl. ergibt sich die Zahlung einer geringeren Steuer, wenn der persönliche Steuersatz im Jahr der Veräußerung/Fälligkeit wesentlich niedriger ist als zuvor.

324 Besteuerung ausländischer Wertpapiererträge

Ein Anleger in der Bundesrepublik Deutschland besitzt 100 CH-Aktien in der Schweiz.

a) Über welchen Betrag kann der Anleger 1990 vorerst verfügen, wenn eine Dividende in Höhe von 35 sfr pro Aktie gezahlt wird. Der Rechengang muß eindeutig begründet und nachvollziehbar sein.

	Dividendenbetrag	=	3.500 sfr
./.	35 % schweiz. Verrechnungssteuer	=	1.225 sfr
	verbleiben vorerst		2.275 sfr

Auf Antrag erhält der Anleger von der eidgenössischen Steuerverwaltung 20 % Verrechnungssteuer (= 700 sfr) rückvergütet, so daß der deutsche Anleger insgesamt über einen Betrag von 2.275 + 700 = 2.975 sfr verfügen kann.

b) Der Anleger zahlt in der Bundesrepublik Deutschland aufgrund seiner Einkünfte (63.800 DM einschließlich der Dividende aus der Schweiz) Steuern in Höhe von 17.027 DM. Welchen Betrag kann er aufgrund der gezahlten schweizerischen Verrechnungssteuer in der Bundesrepublik anrechnen (100 sfr = 120 DM)? Welchen DM-Betrag spart der Anleger ungefähr durch diese Anrechenbarkeit?

Die verbleibenden 15 % Verrechnungssteuer sind in Deutschland anrechenbar = 525 sfr = 630 DM. Er spart also 630 DM deutsche ESt, da die schweizerische Steuer voll auf die deutsche Steuer anrechenbar ist und die auf die schweizerische Dividende anteilig entfallende deutsche ESt höher ist, als die in der Schweiz verbliebene Verrechnungssteuer in Höhe von 525 sfr. Die anteilige deutsche ESt beträgt:

$$3500 \cdot 1{,}2 \cdot \frac{17027}{63800} = 1120{,}90 \text{ DM}$$

www.ingramcontent.com/pod-product-compliance
Lightning Source LLC
LaVergne TN
LVHW091727021026
849161LV00003BB/356